COLLECTION ESSAIS LITTÉRAIRES

Le singulier pluriel d'André Brochu
est le onzième titre de cette collection
dirigée par Marie-Andrée Beaudet.

DU MÊME AUTEUR

Privilèges de l'ombre, poèmes, Montréal, l'Hexagone, 1961.

Nouvelles, avec Jacques Brault et André Major, Montréal, Cahiers de l'AGEUM, n° 6, 1963.

Délit contre délit, poèmes, Montréal, Presses de l'AGEUM, 1965.

Adéodat I, roman, Montréal, Éditions du Jour, 1973.

Hugo: Amour/crime/révolution, essai, Montréal, Presses de l'Université de Montréal, 1974.

L'instance critique, essais, Montréal, Leméac, 1974.

La littérature et le reste, essai, avec Gilles Marcotte, Montréal, Éditions Quinze, 1980.

L'évasion tragique. Essai sur les romans d'André Langevin, Montréal, Hurtubise HMH, 1985.

La visée critique, essais, Montréal, Boréal, 1988.

Les matins nus, le vent, poèmes, Laval, Éditions Trois, 1989.

Dans les chances de l'air, poèmes, Montréal, l'Hexagone, 1990.

Particulièrement la vie change, poèmes, Saint-Lambert, Éditions du Noroît, 1990.

La croix du nord, novella, Montréal, XYZ, 1991.

ANDRÉ BROCHU

Le singulier pluriel

essais

l'HEXAGONE

Éditions de l'HEXAGONE
Une division du groupe
Ville-Marie Littérature
1000, rue Amherst, bureau 102
Montréal (Québec)
H2L 3K5
Tél.: (514) 523-1182
Télécopieur: (514) 282-7530

Maquette de couverture: Éric L'Archevêque
Photo de l'auteur: Blacqueville

Distribution: Diffusion Dimedia inc.
539, boulevard Lebeau
Saint-Laurent, Québec
H4N 1S2
Téléphone: (514) 336-3941; télex: 05-827543

Dépôt légal: 1er trimestre 1992
Bibliothèque nationale du Québec
Bibliothèque nationale du Canada

Avant-propos

Il n'y a pas si longtemps, les livres étaient partout. Certes, il s'en publiait moins qu'aujourd'hui; mais on les achetait, on les lisait. Les éditeurs ne comptaient pas, comme ils le font maintenant, sur les subventions pour subsister. Les ventes étaient une part importante de leurs revenus. C'était avant la génération pop, qui a fait passer la culture loin après la *vie* — non pas l'aventure mais la sensation: musique, drogue, sexe, B.D., vidéo, cinéma, télévision. Un jeune étudiant en architecture ne comprenait pas mon étonnement devant son ignorance *totale* d'un écrivain pourtant grand public, Alexandre Dumas. Il n'en avait jamais entendu parler, jamais. Je me suis dit que le polygraphe avait peut-être le sort qu'il méritait, lui dont les succès ont éclipsé ceux d'écrivains plus profonds. Mais enfin, l'auteur des *Trois Mousquetaires* et du *Comte de Monte-Cristo* est sans doute le moindre des écrivains dont le disciple de Bofil vit sans soupçonner l'existence.

La littérature — me trompé-je? — n'est plus la grande référence qu'elle a été pendant des siècles. Elle se présente comme un bâtiment suspect, dont quelques pièces ont encore le privilège d'attirer le visiteur, mais dont le plus grand nombre croupit dans la désaffection. On entrevoit, dans un coin sombre, deux ou trois êtres bizarres qui déchiffrent, mi-fascinés, mi-dégoûtés, un recueil de poèmes cueilli au hasard parmi les centaines qui jonchent le sol. Ailleurs, des mères de famille (monoparentale) versent un pleur sur une héroïne que son vécu rend semblable à la bête et qui la fera mourir. Mais ce qu'on voit partout, traînant sur les planchers, dans les corridors, c'est la masse énorme de ce qui ne sera jamais lu.

Loin d'être vide, la maison Littérature meurt de ce qui l'encombre et qui, ne nous y trompons pas, est loin de mériter le mépris — et la mort. Trop de bons livres accable plus que trop de mauvais.

Ces réflexions noirâtres me viennent au moment de réunir les quelques analyses qui suivent. La forme de critique que je pratique est fondée tout entière sur le culte des œuvres (c'est-à-dire des textes littéraires; des textes en tant que littéraires). «Culte» connote le sacré, et en effet, je traite les textes comme des absolus. Je m'y enferme, je me fais devenir leur vérité, me pénètre d'eux au point de me rendre sourd et aveugle d'eux, comme coincé. Cela fait, j'oublie un peu que le goût des lettres se perd, ainsi que la culture. Quelque part dans la maison désaffectée, «je m'éblouis d'infini» («*M'illumino d'immenso*», écrivait Ungaretti — traduction: Jacottet).

Seul avec le texte, que j'ai longtemps appelé œuvre car chacun contient *tout,* tout de l'auteur, tout de la littérature, et réinvente le monde / le langage, je m'applique à comprendre c'est-à-dire à me laisser habiter par une vérité singulière et plurielle. Singulière, car l'écrivain a ses tics, ses thèmes, ses misères, son obscure damnation dont il doit obtenir vengeance; mais plurielle car, dans l'affrontement de sa fatalité intérieure, il rencontre celle de tous. En se disant lui-même — jusqu'au cœur, jusqu'au noyau de feu de son être —, il assume le destin commun.

Il faut être singulier. Par exemple: Québécois. Les vrais écrivains de ce pays sont chacun la planète. En eux, le vivre, l'écrire, et jusqu'à l'agir qui est sans doute notre conquête la plus récente, fondent un temps et un espace universels. J'écris depuis ce *nous,* tant honni des contempteurs et des culpabilisateurs, des nouveaux prêtres qui prêchent la démoralisation nationale. Je dis que l'écrivain doit s'affirmer ici d'abord, comme volonté et comme passion, dans la diversité de ses déterminations ethniques mais l'unité de son vouloir-être collectif. Mon entreprise, comme critique, n'a pas d'autre sens que l'exaltation de l'intelligence-langage, dans la communion de la vérité à construire ensemble. La littérature est affaire de sens, de significations multipliées par les formes. Elle est une machine à produire ce qui nous voue au réel, du plus fort de l'esprit.

Par ces mots, je voudrais faire sentir l'exigence qui détermine mon rapport au texte. Le savoir est pour moi le moyen d'une connaissance qui déborde infiniment la description, ou même l'analyse. C'est toujours une logique intime et essentielle de l'œuvre qui fait l'objet de ma visée, et elle ne peut s'obtenir qu'au terme d'une quête patiente, que l'écriture seule rend viable. Car l'écriture permet de transgresser ce qui doit l'être, de faire violence à cette vérité à dire *sur* l'œuvre et qui ne peut être dite que dans la re-création du texte, sa conversion en langage *autre*, différent. Le langage du livre ivre devenant l'immobile frénésie d'un comprendre.

Ce livre est consacré avant tout à l'exercice pratique de la liberté critique, mais les propos qui l'inaugurent, retombées d'un colloque qui eut lieu à l'Université de Rimouski en la présence d'A. J. Greimas, ont un caractère plus théorique. Ils permettent d'évaluer tout ce que j'ai pu consentir aux sollicitations du structuralisme, dans le sens de la formalisation, mais aussi ma résistance à faire de cette dernière l'instrument d'une appréhension de l'essentiel.

Les études portent surtout sur la poésie et le roman, mais elles débordent parfois du côté de l'essai et même — à propos de l'adaptation cinématographique d'un roman — du septième art. De là trois sections: *Poésies. Narrations. Autres*. L'autre, au fait, est toujours au cœur de l'ici.

A. B.

Le travail de la lecture

pour Renald Bérubé
et Paul Chanel Malenfant

Travail — lecture. Le rapprochement de ces deux mots sonne comme un oxymoron, dans la mesure où l'on conçoit volontiers la lecture comme le contraire d'un travail: un divertissement, ou encore la réception passive d'un texte. Mais la lecture peut être bien autre chose, et c'est ici que commencent les difficultés. Parmi les nombreux sens du mot *lecture*, lequel se prête à l'élaboration la plus féconde sur le plan méthodologique? J'ai décidé de procéder en deux étapes. Je présenterai d'abord un certain nombre de réflexions, assez disparates, qu'appelle l'énoncé même du thème. Puis je traiterai le sujet par un biais empirique, personnel, qui consistera à donner une idée d'un certain travail de lecture que j'ai mené depuis une vingtaine d'années. J'ai retenu en particulier quelques aspects de la logique textuelle faciles à circonscrire puisqu'ils se prêtent à la formalisation.

Ce qui me frappe d'abord dans l'énoncé du thème, c'est qu'il correspond vraisemblablement à un état récent de la réflexion sur la littérature ou sur le discours littéraire. La question de la lecture, même si elle n'est jamais totalement absente des débats littéraires depuis que ces débats existent, s'est posée avec une insistance particulière depuis quinze ou vingt ans en Allemagne — je pense à l'esthétique de la réception telle que conçue, du reste de façon fort différente, par Hans Robert Jauss et Wolfgang Iser — et elle commence seulement à inspirer des travaux d'envergure en France, d'ailleurs dans une perspective nettement sociologique. En critique, le mot *lecture*, du moins pour ceux qui, comme moi, ont subi l'attrait de la critique thématique au cours des années soixante, est à peu près synonyme *d'interprétation*. Jean-Pierre Richard appelait *lecture* son parcours de l'œuvre d'un auteur, visant à manifester la totalité de ses significations mais par une démarche qui n'excluait pas la subjectivité du critique, qui affirmait du moins la singularité de sa position, et nécessitait même le recours à une *écriture*, au sens plein du mot. L'établissement de la relation avec l'œuvre ne se faisait pas seulement sur le plan du savoir, elle requérait un acte proprement littéraire de mise en corrélation du savoir, dont les objets sont généraux, et de l'œuvre qui est, selon la formule de Sartre, un universel singulier.

Mais cette lecture du thématicien est une lecture travaillante, qui ne se distingue pas d'une écriture, ni d'une réflexion. C'est une lecture spécialisée, si l'on veut, en tout cas une lecture fort différente de celle du lecteur ordinaire — s'il en est.

L'école de Constance, bien qu'elle se réclame elle aussi de l'herméneutique, s'est intéressée à la lecture dans un sens différent, plus près du sens propre du mot *lecture*. Mais déjà, bien avant sa pénétration en France, les poéticiens jetaient les fondements tout au moins lointains d'une théorie de la lecture. Dans son schéma des fonctions du langage, Roman Jakobson faisait une place au destinataire, le Tu (ou le Toi) auquel correspond la fonction conative, explicitement marquée sur le plan grammatical dans le vocatif et l'impératif et, sur le plan rhétorique, dans la supplication et l'exhortation.

Ces indications de Jakobson restent sommaires et ne concernent pas spécifiquement la littérature. Claude Ollier, dans une communication qu'il présentait au colloque de Cerisy sur le Nouveau Roman, reprenait le schéma de Jakobson et l'appliquait aux textes de fiction. Il rebaptisait fonction *opératrice* la fonction conative et la définissait en ces termes: celle qui nomme «l'effort, la tension soutenue en direction du récepteur du message, c'est-à-dire de celui qui, par sa lecture, ou ses lectures, pousse à leur terme les desseins du texte, en boucle par ses parcours les virtualités, parachevant enfin l'opération». Le récepteur du message n'est donc pas passif mais actif, il réalise les programmes inscrits dans le texte, il est un auteur en second. Il y a un travail de la lecture, mais ce travail, dans l'esprit de Claude Ollier, concerne le texte contemporain, dans lequel la fonction opératrice a beaucoup plus d'importance que dans le texte classique. Le lecteur du texte classique a simplement pour tâche d'assimiler ce qu'on lui donne à lire, de faire la synthèse passive des données; le lecteur du texte moderne est un lecteur actif. Roland Barthes qualifie le texte à entrées multiples de *scriptible*, en opposition au texte *lisible* d'autrefois. C'est dire que le lecteur de maintenant participe à l'opération de l'écriture, que la fonction opératrice lui ménage en quelque sorte une position de sujet de l'écriture.

Dans un domaine qui n'était pas celui de la fiction, Paul Valéry réclamait déjà un lecteur actif.

Cette promotion du lecteur au rang d'instance travailleuse ne concerne cependant qu'une région bien délimitée de la production littéraire, le Nouveau Roman ou les textes de la modernité, sans doute aussi une bonne partie de la tradition poétique depuis Mallarmé. Est-ce là toute la littérature? Non, et même pas toute la littérature valable d'aujourd'hui si l'on songe à Michel Tournier ou, chez nous, à Michel Tremblay ou à Yves Beauchemin.

La fortune du texte pluriel, éclaté, du moins dans un cercle de lecteurs assez restreint, explique cependant l'intérêt actuel pour la lecture. Et sans doute est-ce l'école de Constance, avec Hans Robert Jauss et Wolfgang Iser, qui a poussé le plus loin la réflexion sur *l'acte de lecture* (tel est le titre d'un ouvrage d'Iser, récemment traduit en français). Iser veut construire une «théorie de l'effet esthétique». Peu importe, selon lui, le «sens précis que transmet l'interprétation», ce sont les «conditions de constitution du sens» qui doivent retenir l'attention. Il faut examiner l'effet que l'œuvre produit sur le lecteur et non quelque vérité intrinsèque du texte. L'œuvre est ainsi perçue comme capacité de produire du sens, mais en relation étroite avec un décodeur qui est pour moitié dans l'opération; ce décodeur accueille en lui un texte qui bouleverse, au moins en partie, son expérience, ses valeurs. Ce qui compte, ajoute Iser qui commente alors le philosophe américain John Dewey, c'est d'ailleurs moins «la nouvelle expérience qui résulte de l'interaction que [...] l'examen du processus de formation» de la nouvelle totalité expérientielle. Si j'interprète bien, la lecture nous enrichit moins de contenus précis que d'une aptitude générale à décoller de notre expérience et à nous transformer.

À ce moment, le contenu spécifique du texte littéraire risque d'être complètement disqualifié au profit de la lecture en soi, et la théorie de l'effet esthétique ne nous est plus d'aucun profit pour la connaissance de l'œuvre.

Il n'est pas question ici de faire le tour complet des problématiques de la lecture mais simplement d'indiquer quelques tendances de la réflexion générale sur le thème. Il faudrait aussi mentionner, bien entendu, le chapitre de *Qu'est-ce que la littérature?* de Sartre, intitulé «Pour qui écrit-on?»; évoquer la notion d'horizon d'attente dans l'esthétique de la réception de Jauss; signaler les essais récents de sociologie de la lecture, en particulier *Lire la lecture* de Jacques Leenhardt et Peter Jozsa. Ces derniers distinguent, dans un public non spécialisé, divers types de lecture du roman littéraire: une lecture factuelle, qui se contente d'enregistrer les faits; une lecture identifico-émotionnelle, qui va au-delà des faits par l'identification du lecteur au personnage, identification qui suppose une subjectivité active, une partialité; enfin, une lecture analytico-synthétique qui, elle, comporte un véritable travail et consiste à «dégager des articulations conçues comme propres au matériau narratif lui-même».

Ce rapide survol a permis d'entrevoir plusieurs conceptions différentes de la lecture: il y a la lecture du thématicien, qui est une recherche active du sens à travers la multiplicité des significations; il y a la lecture-écriture du lecteur, par exemple, de Sollers (et encore, précisons: le Sollers de *Paradis*, non de *Femmes!*); il y a le travail sur soi du lecteur selon Iser; et les lectures plus ou moins critiques, plus ou moins travaillantes que repèrent Leenhardt et Jozsa. Que retenir de tout cela? Une chose: que la lecture n'est pas un travail en soi, à moins d'adopter une perspective proche de la psycholinguistique et de s'intéresser à l'activité d'assimilation du matériau proprement linguistique. Lire, c'est faire des synthèses de mots, de relations, de significations immédiates. Il y a certainement là un travail, mais il n'est guère pertinent pour la réflexion littéraire. La lecture devient un véritable travail à partir du moment où elle est relecture, c'est-à-dire retour réflexif sur le texte, comme c'est le cas pour la critique thématique ou pour la «lecture analytico-synthétique» de Leenhardt et Jozsa; comme c'est le cas aussi, sans doute, pour le lecteur du texte moderne qui ne peut accomplir vraiment les programmes du texte qu'en adoptant à son égard une attitude de réflexion proche de celle du critique, même s'il est associé au travail de l'auteur.

Bref, du moment où l'on parle de travail de la lecture, le mot *lecture* me semble perdre son sens propre et je comprends: travail de la critique. Ce n'est donc plus un oxymoron que je lis dans l'énoncé du thème, c'est une métonymie, celle qui donne *lecture* pour *critique*, à moins qu'il s'agisse d'une synecdoque particularisante, la lecture étant partie intégrante de la réflexion sur le texte.

Le mot *lecture*, au sens large, est adéquat pour désigner la critique, mais laquelle? Je dirais: la critique au sens *étroit* du terme, au sens le plus strict, la critique pour autant qu'elle est un corps à corps avec le texte. Ce corps à corps, bien entendu, peut prendre une infinité de formes différentes. Une même visée cependant s'y accomplit: la compréhension ou, disons mieux, l'intelligence du texte comme champ singulier de signification. Comment parvenir à cette intelligence? Par un travail qui est, pour une part, description (ou identification des éléments constitutifs du texte, sur les plans de l'expression et du contenu) et, d'autre part, interprétation (c'est-à-dire intégration des données établies par la description, dans une thèse sur la signification d'ensemble du texte).

Tels sont en gros mes présupposés «théoriques», qui n'ont rien de révolutionnaire, j'en conviens sans difficulté. Là-dessus, je voudrais donner une idée de mon travail personnel sur les textes, mais je précise qu'il s'agit là d'une partie seulement des procédures d'analyse que j'utilise et que, pour percevoir celles-ci plus nettement, il faudrait pouvoir les replacer dans leur contexte, voir comment elles s'harmonisent avec d'autres façons d'éclairer l'œuvre. J'ai choisi de présenter ces éléments de méthode à cause de leur aspect quelque peu machinique, qui en facilite la visualisation, et aussi parce que *machine* et *travail* sont des notions qui font assez bon ménage — sauf du point de vue syndical!

Bref, il s'agit de procédures d'analyse du texte qui, il me semble, tiennent à la fois de la description et de l'interprétation en ce qu'elles identifient des unités signifiantes, d'une part, et les intègrent dans un dispositif unitaire, d'autre part; mais l'interprétation ici se fait à même la substance du texte et ne le met d'aucune façon en rapport avec un en-dehors qui lui servirait de clef, comme le font la sociocritique ou la psychocritique. En ce sens, il s'agit bien de lecture *du* texte, d'un travail sur le texte qui ne le divertit pas de lui-même.

Certaines des méthodes de lecture que je vais présenter sont, en tout ou en partie, de mon invention, d'autres pas. L'important, du reste, c'est ce qu'on en fait. Mais comme je m'intéresse depuis toujours aux significations du texte littéraire, il est normal que j'aie croisé à plusieurs reprises sur mon chemin la sémantique structurale, et contracté une dette envers monsieur Greimas, qui a donné des fondements rigoureux et des développements particulièrement féconds à cette discipline. Le modèle actantiel, le carré sémiotique m'ont été, comme à tant d'autres, fort utiles dans mon enseignement et dans ma recherche, et je donnerai une idée des services qu'ils m'ont rendus.

Mais d'abord, je voudrais présenter de façon assez détaillée un type d'analyse (ou de lecture) que j'ai beaucoup pratiqué il y a une vingtaine d'années, surtout en relation avec certains textes préromantiques, notamment ceux de Chateaubriand. Je crois que ces textes se prêtent particulièrement bien à ce genre d'analyse, mais la procédure s'appuie aussi sur une conviction d'ordre théorique qui était la mienne à cette époque, et selon laquelle le texte littéraire, dès les premières lignes, déploie une opposition (pose un couple de significations contraires), opposition qui se relaie de thème en thème et qui est peu à peu surmontée, résolue par l'invention de médiations.

Je donne un exemple, forcément incomplet car il n'est pas question d'analyser un texte littéraire dans toute son étendue. Il s'agit du Prologue d'*Atala*, de Chateaubriand, où est développée l'opposition entre la *magnificence* et la *grâce*. Dans l'extrait à l'étude (*voir texte en annexe*), j'ai souligné les éléments qui développent les divers aspects de cette opposition. Considérons la double chaîne thématique, ou chaîne des équivalences, qu'on en peut tirer.

Comme l'écrit Chateaubriand lui-même, «la grâce est toujours unie à la magnificence dans les scènes de la nature», et ce couple de significations contraires régit le développement du texte. La polarité se réfléchit d'abord dans le couple du Meschacebé, fleuve majestueux, «qui tombe du nord au midi, dans le golfe du Mexique», et de la «délicieuse contrée» qu'il arrose, la Louisiane. Je lis: «Mille autres fleuves, tributaires du Meschacebé, [...] engraissent [la Louisiane] de leur limon et la fertilisent de leurs eaux.» Les fleuves sont donc les fécondateurs des rives, de la terre; un symbolisme masculin, paternel leur est associé. La Louisiane est au Meschacebé ce que la femme est à l'homme:

magnificence		Meschacebé		fleuve		fécondateur		masculinité
	~		~		~		~	
grâce		Louisiane		rives		fécondé		féminité

Cependant, la description du fleuve laisse entrevoir une opposition interne. Le courant du milieu, qui est le courant principal, charrie vers la mer les «cadavres des pins et des chênes» alors que «les deux courants latéraux», ceux qui touchent aux rives, remontent, emportant des îles flottantes de pistia et de nénuphar qui ont l'apparence magique de vaisseaux de fleurs. Au milieu, donc, les cadavres d'arbres majestueux; sur les bords, de gracieuses formations qui semblent défier les lois de la nature, qui remontent miraculeusement le cours du fleuve. D'un côté le grandiose, l'épique, mais aussi l'informe car les arbres déracinés et cimentés ensemble ne sont plus que débris; de l'autre, une profusion ordonnée qui ravit le regard, qui a quelque chose de lyrique ou de bucolique: «Des serpents verts, des hérons bleus, des flamants roses, de jeunes crocodiles s'embarquant, passagers sur ces vaisseaux de fleurs.» C'est une symphonie de formes et de couleurs, une épiphanie de la fête. Alors que les arbres morts étaient l'objet d'une description peu imagée, les îles flottantes sont métaphorisées en vaisseaux, et la faune ambiante, en passagers anthropomorphes. C'est le contraste de la nature et de la culture qui se dégage de leur comparaison:

$$\frac{\text{courant principal}}{\text{courants latéraux}} \sim \frac{\text{centre}}{\text{périphérie}} \sim \frac{\text{formation de débris}}{\text{vaisseau de fleurs}} \sim \frac{\text{grandiose}}{\text{ravissant}}$$

$$\sim \frac{\text{épique}}{\text{lyrique}} \sim \frac{\text{informe}}{\text{formé}} \sim \frac{\text{«nature»}}{\text{«culture»}} \sim \frac{\text{terne}}{\text{coloré}}$$

L'opposition de la magnificence et de la grâce est ensuite reprise dans la description des deux rives: la rive occidentale, avec ses «savanes [qui] se déroulent à perte de vue» et dont les «flots de verdure, en s'éloignant, semblent monter dans l'azur du ciel où ils s'évanouissent», est bien du côté du grandiose, du monochrome, bref du Meschacebé lui-même. On peut dire aussi que ces vastes étendues sans arbres, où paissent des milliers de buffles sauvages, sont un espace horizontal, contrairement à la rive orientale avec ses montagnes, ses rochers et ses arbres qui font triompher partout la verticalité. Autant la rive occidentale est un espace découvert, autant la rive orientale est un entrelacs de végétations «formant mille grottes, mille voûtes, mille portiques», lieux de l'intériorité et de l'intimité. L'espace ouvert de la savane débouchait sur le ciel, sur l'infini. L'espace de la forêt est celui de la finitude, qu'habite une faune très diversifiée — ours, caribous, écureuils, oiseaux de toutes les formes et de toutes les couleurs. La rive occidentale est résumée, pour ainsi dire, par le «bison chargé d'années» qui vient se coucher dans une île du Meschacebé et qui semble être le «dieu du fleuve», avec son «front orné de deux croissants» et sa «barbe antique et limoneuse». La rive orientale est plutôt symbolisée par le superbe magnolia qui élève son cône immobile au-dessus des autres arbres; le magnolia est toute verticalité alors que le bison, lui, *se couche* dans les hautes herbes; «surmonté de ses larges roses blanches, [le magnolia] domine toute la forêt» et semble une matérialisation de la fête et de la grâce:

$$\frac{\text{rive occidentale}}{\text{rive orientale}} \sim \frac{\text{étendue horizontale}}{\text{dimension verticale}} \sim \frac{\text{espace découvert}}{\text{profondeur intime}} \sim \frac{\text{infini}}{\text{fini}}$$

$$\sim \frac{\text{savane}}{\text{forêt}} \sim \frac{\text{faune uniforme}}{\text{faune différenciée}} \sim \frac{\text{bison-dieu}}{\text{magnolia-cône}}$$

La description des rives du Mississipi (ou Meschacebé) se termine par le parallèle suivant: «Si tout est silence et repos dans les savanes de l'autre côté du fleuve, tout ici, au contraire, est mouvement et murmure.» Et l'enchantement du lieu est merveilleusement décrit dans ces lignes: «Mais quand une brise vient à animer ces solitudes, à balancer ces corps flottants, à confondre ces masses de blanc, d'azur, de vert, de rose, à mêler toutes les couleurs, à réunir tous les murmures; alors il sort de tels bruits du fond des forêts, il se passe de telles choses aux yeux, que j'essaierais en vain de les décrire à ceux qui n'ont point parcouru ces champs primitifs de la nature.» La rive orientale est vraiment le prolongement de ces îles flottantes, merveilleux vaisseaux aux voiles d'or qui remontaient le fleuve, portés par les courants latéraux.

$$\frac{\text{silence}}{\text{murmure}} \sim \frac{\text{repos}}{\text{agitation}}$$

Et que perçoit-on, dans cette opposition du magnifique et du gracieux, du grandiose et du ravissant, ici à l'œuvre dans la description de la nature, sinon cette opposition plus fondamentale encore de la religion et de la passion, qui fait le fond de l'histoire d'amour entre Atala et Chactas. La religion est du côté du grandiose, de l'épique, de tout ce qui refuse l'intimité au profit d'un regard totalisant. Une phrase de *René* l'affirme clairement. Le père Souël dira au malheureux jeune homme: «Étendez un peu votre regard, et vous serez bientôt convaincu que tous ces maux dont vous souffrez ne sont que purs néants.» Le «fond des forêts», au contraire, est le lieu de la passion, où l'on néglige ses devoirs; et ce n'est pas un hasard si Chactas fait la connaissance d'Atala après s'être égaré dans les bois. C'est au plus profond de la forêt et au plus noir de la tempête que Chactas vient tout près de triompher des dernières résistances d'Atala. Il apprend alors que sa bien-aimée est sa sœur, c'est-à-dire la fille de son père adoptif, ce qui installe l'interdit au cœur de la passion. Aussitôt survient le père Aubry qui leur apporte le secours de sa cabane et de la religion et qui les soustrait aux enchantements de la forêt. La première partie du récit s'intitulait «Les chasseurs» et l'action se déroulait dans les bois; la deuxième s'intitule «Les laboureurs» et les champs succèdent aux bois, la société à la solitude, la religion à la passion. «Ô René, s'écrie Chactas, si tu crains les troubles du cœur, défie-toi de la solitude: les grandes passions sont solitaires, et les transporter au désert c'est les rendre à leur empire.» Ce que nous pouvons formaliser ainsi:

champs		devoir		les laboureurs		société		religion
forêts	~	passion	~	les chasseurs	~	solitude	~	passion

On constate donc, dès le début du texte littéraire, la présence agissante d'une opposition, d'un couple de significations de signe contraire, en l'occurrence le magnifique et le gracieux. Cette opposition est reprise de proche en proche dans le texte, à travers des couples de significations équivalentes. Il y a ainsi création de chaînes thématiques, selon la double logique de la synonymie et de l'antonymie. Ainsi, l'épique est synonyme du magnifique, mais pour autant qu'il s'oppose au lyrique et que le magnifique s'oppose au gracieux.

Dans son ouvrage intitulé *Sémiotique — dictionnaire raisonné de la théorie du langage*, monsieur Greimas a bien défini, sous le nom d'homologation, cette «opération d'analyse sémantique» qui relève du raisonnement par analogie. Je ne suis pas sûr, cependant, n'ayant pas la formation d'un sémioticien, de l'utiliser avec la même rigueur. Mon travail est d'inspiration avant tout thématique. Il me semble cependant retrouver quelque chose de la féconde intuition de Jakobson, qui définissait la fonction poétique du langage comme la projection du principe d'équivalence de l'axe de sélection sur l'axe de la combinaison. En effet, j'essaie de montrer que le développement du texte, son engendrement syntagmatique, procède par le marcottage naturel d'une opposition, une dyade qui fait système et qui contient d'emblée l'avenir du texte, ses significations majeures. Le texte est ainsi le déploiement de son propre système.

Par ailleurs, une analyse de texte plus étendue permettrait de voir comment la tension sémantique, inhérente à l'opposition, est peu à peu surmontée au cours du texte. On peut observer déjà une partie du travail de médiation quand on constate par exemple que le Meschacebé se situe globalement du côté de la magnificence, par rapport à la Louisiane qui est du côté de la grâce; mais que le courant principal s'oppose aux courants latéraux — le fleuve reproduit donc à l'intérieur de lui-même le contraste dont il est partie prenante dans un contexte plus vaste. Même chose pour les rives: globalement, elles s'opposent au fleuve et sont du côté de la grâce; mais en ce qui concerne le détail, seule la rive orientale reprend le caractère gracieux, la rive occidentale étant associée, comme le fleuve, à la magnificence.

L'un des termes d'une opposition peut donc se subdiviser, donner naissance à une autre opposition dont une partie seulement sera en synonymie avec lui. Le courant principal est en synonymie avec le Meschacebé, les courants latéraux sont en synonymie avec les rives, avec la Louisiane.

Le travail de médiation prend plus de consistance encore quand un terme associé d'abord, par le jeu des rapports analogiques, à un des deux pôles, supérieur ou inférieur, est ensuite associé au pôle contraire. On peut l'observer plus loin dans le texte, où se présente le conflit du monde et du moi. Le monde, c'est cette création magnifique dont se préoccupe l'homme conscient de ses devoirs, alors que le passionné vit replié sur soi. Le monde, qu'il faut entendre comme la totalité des choses visibles, est la préoccupation naturelle de celui qui vit selon la religion; le passionné est prisonnier de sa subjectivité. Or Atala, dans sa relation avec Chactas, est nettement du côté de la religion: c'est elle qui refrène l'ardeur de son amant et qui empêche la consommation de la relation amoureuse à cause, on le sait, du vœu de virginité que sa mère, sur son lit de mort, lui a fait prononcer. Chactas, lui, est tout entier passion; il est donc, très significativement, du côté de la grâce, de la féminité; et Atala, de par son vœu, se retrouve du côté de l'autorité, de la transcendance. Cependant, si l'on examine la relation d'Atala et du père Aubry, le missionnaire qui recueille les amants égarés, on voit sans surprise Atala figurer du côté de la passion. Atala connote donc tantôt la religion, tantôt la passion, et cela dépend de la relation dans laquelle elle se trouve engagée. Ainsi Chactas, qui est essentiellement du côté de la passion, pourra se retrouver du côté de la religion, ou du moins des valeurs apparentées, quand, devenu un vieillard, il considérera le jeune homme qu'il était.

$$\frac{\text{monde}}{\text{moi}} \sim \frac{\text{Atala}}{\text{Chactas}} \sim \frac{\text{père Aubry}}{\text{Atala}} \sim \frac{\text{religion}}{\text{passion}} \sim \frac{\text{Chactas vieux}}{\text{Chactas jeune}}$$

Le passage d'un pôle à l'autre est un facteur important de progression du texte, sur le plan thématique. Cependant, il faut bien noter une chose: d'aucune façon, on ne saurait aboutir, directement ou indirectement, au renversement pur et simple du rapport analogique, par exemple à la relation suivante:

$$\frac{\text{religion}}{\text{passion}} \sim \frac{\text{passion}}{\text{religion}}$$

Ou encore:

$$\frac{\text{Atala}}{\text{Chactas}} \sim \frac{\text{Chactas}}{\text{Atala}}$$

Un tel renversement minerait sans recours la logique du texte et équivaudrait à une contradiction insurmontable.

C'est donc bien une *logique* du texte que j'ai cherché à mettre en lumière, logique fondée sur les rapports d'analogie qui se tissent dans tout texte *polarisé* sémantiquement et promis, par là, à la médiation, ce qui est, je crois, le propre du texte littéraire. Le travail de lecture consiste donc à établir soigneusement les chaînes thématiques et à suivre les transformations de l'opposition initiale, particulièrement favorisées par les renversements partiels qui font passer une signification d'un pôle à l'autre, ce qui est d'ailleurs conforme à la thèse bachelardienne de l'ambivalence des symboles. Mais cette ambivalence n'est pas contradiction, négation de toute logique, comme on a pu le constater.

On peut dire aussi que la lecture critique consiste à établir, à partir du texte et par un travail serré d'analyse, un deuxième objet de lecture — la chaîne des équivalences — qui à la fois résume le premier et en manifeste l'intelligibilité. Et cela, on peut le dire de tout modèle, de toute figure qui prétend rendre compte d'un fonctionnement textuel. Cependant le privilège qu'on peut accorder à la chaîne des équivalences en tant qu'objet de lecture tient au fait de sa linéarité, même si les termes sont constitués de deux éléments de signe contraire. Cette linéarité reproduit celle du texte premier, conserve l'image de son déroulement. Le modèle garde une allure de discours.

Je passe maintenant à la présentation d'un autre modèle, plus économique puisqu'il comprend six termes seulement; plus «puissant» par conséquent, comme on dit en grammaire générative. Ce modèle a été obtenu à la suite d'un travail d'analyse considérable effectué sur *Les Misérables*, de Victor Hugo. Face à cet imposant monument de quinze cents pages, j'ai cherché un moyen de dominer la diversité des significations, notamment sur le plan narratif. Les comportements, les conduites, les actions des personnages me semblaient pouvoir être ramenés à un petit nombre d'actions simples, dont la combinaison générerait toute la gamme des actions complexes[1].

Les six actions simples sont, en fait, des catégories susceptibles de recevoir des investissements sémantiques très variés. De plus, elles ne sont pas sans lien les unes avec les autres mais forment une totalité. On peut distinguer les actions intransitives, qui ne comportent pas de relation du sujet avec les autres (la Montée et la Chute); les actions transitives, qui mettent le sujet en relation unilatérale avec les autres (la Bonne Action et la Mauvaise Action), et les actions réfléchies qui comportent une relation bilatérale entre deux sujets (l'Affrontement et la Conjonction). Les actions peuvent être distinguées non seulement selon leur aspect relationnel mais aussi selon leur caractère positif ou négatif — disons *diurne* ou *nocturne*, pour employer des termes qui connotent l'analyse thématique et qui ne sont nullement dépaysés en contexte hugolien.

---

1. On trouvera un exposé plus complet de ces travaux dans mon *Hugo: amour / crime / révolution*, Montréal, P.U.M., 1974, 258 p.

	intransitif	transitif	réfléchi
nocturne	Chute	Mauvaise Action	Affrontement
diurne	Montée	Bonne Action	Conjonction

Les actions intransitives diurnes sont les Montées: par exemple, Jean Valjean s'évade du bagne ou échappe à Javert en escaladant une haute muraille. Ou encore, Valjean soulève des poids très lourds, comme la charrette du père Fauchelevent — les galériens ont surnommé Valjean Jean-le-Cric. Mais c'est aussi l'élévation sur le plan moral; Valjean se convertit, grâce à monseigneur Myriel, et réalise d'immenses progrès dans l'ordre moral. Toute l'idéologie du progrès, si chère à Hugo, relève de cette catégorie.

Les actions intransitives nocturnes sont les Descentes ou les Chutes, dans l'ordre physique ou moral. Il y a en particulier cette très fameuse descente aux enfers qu'est la fuite dans les égouts de Paris. Valjean vient tout près de se noyer dans une fondrière. Cette équipée dans les entrailles de la terre est explicitement comparée au chemin de la croix. La descente sur le plan physique est alors doublée d'une montée sur le plan intérieur. Ce n'est pas le cas quand il s'agit, par exemple, de Thénardier. Pour s'évader, Valjean gravissait des murailles; Thénardier, lui, doit se laisser descendre d'un toit. Le mouvement vers le bas lui est naturellement associé.

L'action transitive diurne est la Bonne Action, très importante chez Hugo qui place, au seuil des *Misérables*, la figure bienfaisante de monseigneur Myriel. La Mauvaise Action, action transitive nocturne, est incarnée par Thénardier, cette crapule que nous avons vue associée déjà à la Descente.

Les actions réfléchies nocturnes sont les Affrontements. Deux sujets sont engagés dans une relation de réciprocité qui fait, l'un de l'autre, le complément d'objet direct de leur action: nous nous combattons. Les affrontements sont nombreux et capitaux dans *Les Misérables*. Deux guerres y sont racontées, Waterloo et la guerre des barricades de 1832. À l'opposé, on trouve la Conjonction, en particulier la Conjonction amoureuse (Hugo intitule «La conjonction de deux étoiles» le récit de la rencontre entre Marius et Cosette). Cette action réfléchie diurne prend spontanément la forme de l'idylle.

Il peut arriver que l'action réfléchie revête un caractère intérieur et concerne alors une seule personne, aux prises avec elle-même. C'est le cas de la fameuse «tempête sous un crâne», où Valjean affronte le terrible dilemme dont les deux termes sont: ou bien se dénoncer lui-même à la justice et compromettre non seulement son avenir à lui mais celui de nombreux êtres qu'il a soustraits à la misère; ou bien laisser condamner un innocent. Dans le conflit intérieur, le sujet est divisé contre lui-même et on peut alors parler de deux sujets, comme pour les Affrontements extérieurs.

Tous ces types d'actions peuvent encore se combiner pour donner naissance à d'autres catégories, plus particulières: par exemple la Poursuite, incarnée par le policier Javert, qui allie le Combat et la Montée, l'aspect progressif de l'une et l'aspect négatif de l'autre. Jean Valjean, pour sa part, va incarner le Sacrifice, qui allie la Bonne Action et la Chute. En effet, chaque bonne action du héros l'expose immédiatement à la perte de la sécurité matérielle et surtout affective qu'il avait si chèrement acquise, en attirant sur lui l'attention de son implacable ennemi, Javert.

Non seulement les actions fusionnent-elles pour en former d'autres, mais elles se constituent en séquences types pour régir le développement syntagmatique; par exemple, le schème de la Conversion comprend successivement la Chute, l'Affrontement et la Montée.

Chacune des actions, simple ou complexe, peut prendre diverses formes. La Mauvaise Action par exemple, ce peut être le vol, l'assassinat, le mensonge, toutes les formes d'injustice. La sémantique de l'action comporte donc une particularisation par rapport aux catégories actantielles et permet de dégager une spécificité des *Misérables* vis-à-vis d'autres textes où se retrouverait le même modèle des actions. Mais par-delà la sémantique de l'action, les thèmes proprement dits viennent singulariser en profondeur l'univers romanesque. Ainsi, la Poursuite dans *Les Misérables* est associée à un motif très précis, celui de l'œil-étoile (qu'on retrouve dans un poème célèbre, «La conscience»: «L'œil était dans la tombe et regardait Caïn»).

Mon modèle des actions dans *Les Misérables* prétend donc rejoindre, immédiatement ou médiatement, l'ensemble des significations du roman. Il ne le fait pas, cependant, de façon aussi directe que le modèle précédent, qui dégageait une opposition, à l'œuvre dès le début du texte, et s'attachait à en observer les transformations. Ici il a fallu un long travail d'analyse pour reconstituer une matrice dont les éléments couvraient tout le champ des possibles, du moins des possibles hugoliens.

Quelques mots, maintenant, au sujet du carré sémiotique. Je l'ai utilisé surtout pour l'étude de *Bonheur d'occasion*, de Gabrielle Roy, et de *La Nausée*, de Sartre. Dans les deux cas, j'ai cherché à rendre compte de l'ensemble du roman à partir de significations fondamentales, mais moins générales que celles de Vie et de Mort à l'aide desquelles monsieur Greimas aborde habituellement les textes littéraires. Il n'y a pas là d'ailleurs une contestation de ma part puisque l'opposition Vie/Mort se voit très vite associée à des contenus concrets, dans l'étude de Bernanos comme de Maupassant; et inversement, quand je fais du Rêve et de la Réalité le fondement de mon schéma — cette opposition étant capitale non seulement chez Gabrielle Roy mais dans une bonne partie de la tradition romanesque québécoise — je sais que le Rêve chez Gabrielle Roy est la manifestation par excellence de la Vie, et que la Réalité est fréquemment synonyme de Mort (c'est aussi le cas chez André Langevin, comme je l'ai montré dans un ouvrage récent).

Pour se convaincre que le Rêve, chez Gabrielle Roy, est affaire de Vie et que la Réalité est affaire de Mort, il suffit de considérer, en se reportant au tableau ci-dessous, les principales avenues thématiques qui leur sont associées: d'un côté l'amour, l'évasion, et on pourrait ajouter la jeunesse, le printemps, toutes les formes de fête et de bonheur. De l'autre, la quotidienneté misérable, ses contraintes et son enfermement, la maison vécue comme une prison. Et Florentine est partagée entre ces deux destins, jusqu'au moment où elle sacrifie sa passion, inévitablement malheureuse, à son sens des réalités[1].

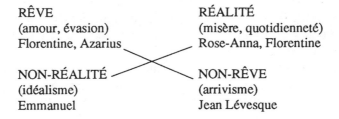

RÊVE
(amour, évasion)
Florentine, Azarius

RÉALITÉ
(misère, quotidienneté)
Rose-Anna, Florentine

NON-RÉALITÉ
(idéalisme)
Emmanuel

NON-RÊVE
(arrivisme)
Jean Lévesque

1. *Cf.* mon étude intitulée «La structure sémantique de *Bonheur d'occasion*», dans *La Visée critique*, Montréal, Boréal, 1988, p. 169-185.

En ce qui concerne *La Nausée*, j'ai construit le carré sémiotique directement à partir des personnages et non des significations qu'ils incarnent, bien que ces significations transparaissent clairement dans la qualification des personnages. Ici aussi, le personnage principal, Roquentin, occupe deux places dans le schéma. Florentine Lacasse passait du Rêve à la Réalité; Roquentin, qui a un passé d'Aventurier ou, plus exactement, de coureur d'aventures et qui se passionne pour un de ses semblables, M. de Rollebon, qui vivait au XVIIIᵉ siècle, est arraché à ce qui faisait l'intérêt de sa vie par la découverte de l'existence; et le voilà condamné à une solitude essentielle et sans recours, dont l'humanisme de l'Autodidacte est la caricaturale contrepartie[1].

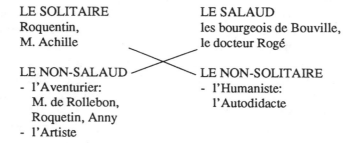

LE SOLITAIRE
Roquentin,
M. Achille

LE SALAUD
les bourgeois de Bouville,
le docteur Rogé

LE NON-SALAUD
- l'Aventurier:
  M. de Rollebon,
  Roquetin, Anny
- l'Artiste

LE NON-SOLITAIRE
- l'Humaniste:
  l'Autodidacte

Il peut sembler difficile, à première vue, de retrouver les catégories sémantiques de Vie et de Mort dans les figures du Solitaire et de son contraire, le Salaud — le Salaud étant le bourgeois voué au confort idéologique, aux «essences». L'expérience de l'existence menée par Roquentin peut sembler à bon droit nocturne, dysphorique. Pourtant l'existence, même si elle est le sentiment d'être de trop, d'échapper à toute détermination, voilà bien la vie authentique, alors que le bourgeois, à son insu, est un homme mort, fossilisé dans la représentation, laquelle fait de lui un de ces «beaux lis tout en finesse dans leurs petits sanctuaires peints», un être-pour-le-musée.

Je ne m'attarde pas davantage sur le carré sémiotique. Un dernier modèle, qui concerne le déroulement du récit et que j'appelle le schème narratif, va maintenant retenir notre attention.

---

1. Cette analyse est développée dans mon ouvrage en collaboration avec Gilles Marcotte, *La Littérature et le reste*, Montréal, Éd. Quinze, 1980, p. 84 et *sq.*

Le récit — j'entends par là essentiellement l'œuvre narrative de fiction — est un texte qui raconte une transformation: un événement a lieu, une action s'accomplit, on passe d'une situation à une autre. Mais chaque écrivain a une façon bien à lui de concevoir la transformation qui fait le fond du récit. On peut poser l'hypothèse d'un schème particulier à chaque écrivain et qui se retrouve dans toutes les histoires qu'il nous raconte, déterminant en particulier le rythme de la représentation du vécu. Pour donner une idée de ce rythme, je cite un passage de *La Nausée* où le schème narratif est en quelque sorte thématisé dans les propos de Roquentin:

> ... je dois reconnaître que je suis sujet à ces transformations soudaines. Ce qu'il y a, c'est que je pense très rarement; alors une foule de petites métamorphoses s'accumulent en moi sans que j'y prenne garde et puis, un beau jour, il se produit une véritable révolution. C'est ce qui a donné à ma vie cet aspect heurté, incohérent.

La vie de Roquentin, on le voit, est sous-tendue par une structure dynamique, une sorte de matrice qui génère les mouvements de son existence. Ce schème comporte trois moments. Le premier est caractérisé par l'inconscience («je pense très rarement»), et c'est un moment pendant lequel s'accumulent de petits faits, des signes, des ruptures sans conséquence immédiate, ce qu'on peut appeler des événements ponctuels. Puis, «un beau jour» (formule rituelle qui introduit au deuxième moment) se produit un changement remarquable, événement encore là ponctuel mais décisif, et conscient; et enfin ce moment se prolonge dans la durée, il devient révolution, la vie repart sur des bases complètement nouvelles.

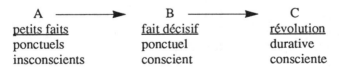

Ce schème qui sous-tend la vie du personnage, il sous-tend aussi l'ensemble du roman puisqu'on y voit Roquentin éprouver d'abord des secousses mineures qui ne réussissent pas à l'éveiller au problème de l'existence; puis une rupture s'accomplit et on le voit s'enfoncer dans ce qu'il appelle la Nausée et qui est le sentiment continu, horrible d'exister, sans justification. Et on pourrait montrer le même schème à l'œuvre dans toute sorte de séquences de détail du roman.

Ce schème sans doute évolue, tout au long de l'œuvre de Sartre, mais on pourrait montrer qu'il n'est pas vraiment abandonné au profit d'un autre, qu'il se maintient pour l'essentiel. La démonstration peut se faire plus directement à propos de Simone de Beauvoir qui, dans *La Force de l'âge*, évoque une matrice du vécu sous-jacente à toute son existence (mais aussi bien, à toute son œuvre):

> Je m'abandonnais (au remords et à la peur) selon un rythme qui depuis ma petite enfance a réglé à peu près toute ma vie. Je traversais des semaines d'euphorie; et puis, pendant quelques heures, une tornade me dévastait, elle saccageait tout. Pour mieux mériter mon désespoir, je roulais dans les abîmes de la mort, de l'infini, du néant. Je n'ai jamais su, quand le ciel redevenait calme, si je m'éveillais d'un cauchemar ou si je retombais dans un long rêve bleu.

Ce passage nous livre la clé de toute la dynamique existentielle des *Mémoires* de Simone de Beauvoir, et sans doute de son œuvre entière. Le schème existentiel (et narratif) comporte, comme chez Sartre, trois moments, le deuxième étant celui de la transformation proprement dite. Cette transformation prend nettement une allure de rupture, de destruction, elle est ponctuelle mais d'une violence extrême. Elle monopolise tout le négatif, s'opposant au premier moment qui est euphorique et duratif («des semaines d'euphorie»). Le troisième moment est un retour à un bonheur sans mélange — il n'y a donc pas de *révolution* comme chez Sartre, c'est-à-dire de modification profonde et permanente de l'existence; mais ce retour comporte tout de même un gain de conscience puisque le moi se demande maintenant où est la réalité: dans le bonheur calme, auprès duquel la dévastation ne serait qu'un cauchemar vite oublié; ou dans cette expérience terrible du désespoir, qui ferait du bonheur un rêve c'est-à-dire une évasion.

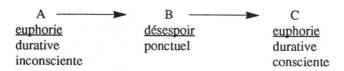

A ⟶	B ⟶	C
euphorie	désespoir	euphorie
durative	ponctuel	durative
inconsciente		consciente

Il faudrait montrer maintenant que les épisodes de sa vie que nous raconte Simone de Beauvoir dans ses *Mémoires* reprennent ce schème, de façon très variée mais constante.

À travers ces exemples, on entrevoit que le schème narratif a son fondement dans ce mouvement premier vers le monde qui anime chaque écrivain et que l'écrivain exprime à travers des fabulations diverses, lesquelles sont autonomes certes mais lui doivent tout de même une part essentielle de leur vérité.

Les divers modèles que j'ai présentés prétendent tous montrer le fonctionnement du texte littéraire, à l'un ou l'autre de ses niveaux. Le texte littéraire réussi est un texte structuré de part en part, et on en peut donc dégager, à des niveaux fort différents, les lois rigoureuses qui le gouvernent. Aucun de ces modèles, certes, n'épuise le sens du texte, et il importe de rappeler que le modèle est un moyen, non une fin. Il est un moyen pour réaliser ce que Jean Starobinski appelle la relation critique, qui est la rencontre d'un savoir et d'un texte. L'avantage du modèle est de donner une consistance à la lecture quand la lecture ne fait pas appel à des significations extérieures à l'œuvre, significations d'ordre psychologique ou social. Le travail de la lecture suppose la prise d'une distance par rapport au texte, et le modèle permet la confrontation du texte à un autre que lui-même, un autre qui est cependant le même — tout comme mon squelette, soyons macabre, est à la fois moi-même et un autre.

Cela dit, je pense avoir montré qu'on peut construire plusieurs modèles différents de l'œuvre et qu'ils seront aussi efficaces que possible, si on les subordonne à une démarche véritablement critique. D'autre part, le travail de la lecture peut faire appel à beaucoup d'autres instruments de connaissance et d'analyse, notamment à tous ceux qui mettent le texte littéraire en relation avec son contexte historique et social. Il me semble cependant que, plus on s'éloigne du texte, de sa dimension d'immanence, plus on dilue le sens du mot *lecture*; le travail de la lecture ne saurait équivaloir à la pleine activité critique. Il en est la partie indispensable, sans laquelle aucune interprétation ne saurait prétendre à la justesse, mais il doit être complété par une réflexion qui s'alimente à des perspectives extérieures au texte.

Le travail de la lecture débouche ainsi sur un travail de compréhension qui est, de droit, sans limites et embrasse tout le champ du savoir.

Octobre 1985

ANNEXE

Le «prologue» d'*Atala* (extrait)

La France possédait autrefois, dans l'Amérique septentrionale, un vaste empire qui s'étendait depuis le Labrador jusqu'aux Florides, et depuis les rivages de l'Atlantique jusqu'aux lacs les plus reculés du haut Canada.

Quatre grands fleuves, ayant leurs sources dans les mêmes montagnes, divisaient ces régions immenses: le fleuve Saint-Laurent qui se perd à l'est dans le golfe de son nom, la rivière de l'Ouest qui porte ses eaux à des mers inconnues, le fleuve Bourbon qui se précipite du midi au nord dans la baie d'Hudson, et *le Meschacebé*, qui tombe du nord au midi dans le golfe du Mexique.

Ce dernier *fleuve*, dans un cours de plus de mille lieues, arrose une *délicieuse contrée* que les habitants des États-Unis appellent le nouvel Éden, et à laquelle les Français ont laissé le doux nom de *Louisiane*. Mille autres fleuves, tributaires du Meschacebé, le Missouri, l'Illinois, l'Akanza, l'Ohio, le Wabache, le Tenase, *l'engraissent* de leur limon et la *fertilisent* de leurs eaux. Quand tous ces fleuves se sont gonflés des déluges de l'hiver; quand les tempêtes ont abattu des pans entiers de forêts, les *arbres déracinés* s'assemblent sur les sources. Bientôt les vases les cimentent, les lianes les enchaînent, et des plantes y prenant racine de toutes parts, achèvent de *consolider ces débris*. Charriés par les vagues écumantes, ils descendent au Meschacebé. Le fleuve s'en empare, les pousse au golfe Mexicain, les échoue sur des bancs de sable et accroît ainsi le nombre de ses embouchures. Par intervalles, il élève sa voix, en passant sous les monts, et répand ses eaux débordées autour des colonnades des forêts et des pyramides des tombeaux indiens; c'est le Nil des déserts. Mais la *grâce* est toujours unie à la *magnificence* dans les scènes de la nature: tandis que *le courant du milieu* entraîne vers la mer *les cadavres des pins et des chênes*, on voit sur *les deux courants latéraux remonter* le long des rivages, des *îles flottantes de pistia et de nénuphar*, dont les roses jaunes s'élèvent comme de petits pavillons. Des serpents *verts*, des hérons *bleus*, des flamants *roses*, de jeunes crocodiles s'embarquent passagers sur ces *vaisseaux de fleurs*, et la colonie, déployant au vent ses *voiles d'or*, va aborder endormie dans quelque anse retirée du fleuve.

Les deux rives du Meschacebé présentent le tableau le plus extraordinaire. Sur le *bord occidental*, des *savanes se déroulent à perte de vue*; leurs flots de verdure, en s'éloignant, semblent monter dans l'azur du ciel où ils s'évanouissent. On voit dans ces prairies sans bornes errer à l'aventure des *troupeaux* de trois ou quatre mille buffles sauvages. Quelquefois un *bison chargé d'années*, fendant les flots à la nage, se vient coucher parmi de hautes herbes, dans une île du Meschacebé. À son *front orné de deux croissants*, à sa *barbe antique et limoneuse*, vous le prendriez pour *le dieu du fleuve*, qui jette un œil satisfait sur la *grandeur* de ses ondes, et la sauvage abondance de ses rives.

Telle est la scène sur le bord occidental; mais elle change sur le *bord opposé*, et forme avec la première un *admirable contraste*. Suspendus sur les cours des eaux, groupés sur les rochers et sur les montagnes, dispersés dans les vallées, des arbres de *toutes les formes*, de *toutes les couleurs*, de *tous les parfums*, se mêlent, croissent ensemble, montent dans les airs à des *hauteurs* qui fatiguent les regards. Les vignes sauvages, les bignonias, les coloquintes, s'entrelacent au pied de ces arbres, escaladent leurs rameaux, grimpent à l'extrémité des branches, s'élancent de l'érable au tulipier, du tulipier à l'alcée, en formant *mille grottes, mille voûtes, mille portiques*. Souvent égarées d'arbre en arbre, ces lianes traversent des bras de rivières, sur lesquels elles jettent des ponts de fleurs. Du sein de ces massifs, *le magnolia élève son cône immobile*; surmonté de ses *larges roses blanches*, il *domine toute la forêt*, et n'a d'autre rival que le palmier, qui balance légèrement auprès de lui ses éventails de verdure.

Une *multitude d'animaux* placés dans ces retraites par la main du Créateur, y répandent l'enchantement et la vie. De l'extrémité des avenues, on aperçoit des *ours* enivrés de raisins, qui chancellent sur les branches des ormeaux; des *caribous* se baignent dans un lac; des *écureuils noirs* se jouent dans l'épaisseur des feuillages; des *oiseaux-moqueurs*, des *colombes* de Virginie de la grosseur d'un passereau, descendent sur les gazons rougis par les fraises; des *perroquets* verts à tête jaune, des *piverts* empourprés, des *cardinaux* de feu, grimpent en circulant au haut des cyprès; des *colibris* étincellent sur le jasmin des Florides, et des *serpents-oiseleurs* sifflent suspendus aux dômes des bois, en s'y balançant comme des lianes.

Si tout est *silence et repos dans les savanes de l'autre côté du fleuve*, tout *ici, au contraire, est mouvement et murmure*: des coups de bec contre le tronc des chênes, des froissements d'animaux qui marchent, broutent ou broient entre leurs dents les noyaux des fruits, des bruissements d'ondes, de faibles gémissements, de sourds meuglements, de doux roucoulements, remplissent ces déserts d'une tendre et sauvage harmonie. Mais quand une brise vient à *animer ces solitudes*, à balancer ces corps flottants, à *confondre ces masses de blanc, d'azur, de vert, de rose*, à *mêler toutes les couleurs*, à *réunir tous les murmures*; alors il sort de tels bruits du fond des forêts, il se passe de telles choses aux yeux, que j'essaierais en vain de les décrire à ceux qui n'ont point parcouru ces champs primitifs de la nature.

François-René de Chateaubriand

Poésies

Ébauche d'une rhétorique de
«La Malemer»

La critique n'existerait pas sans le présupposé, bien entendu contestable et cependant rentable, selon lequel l'œuvre est la transformation d'un *autre* texte, soit par exemple celui du désir (psychocritique), d'une praxis collective (sociocritique) ou encore celui d'une parole aussi quotidienne ou inexpressive, «positive», que possible (stylistique). La rhétorique, récemment ressuscitée par le structuralisme, étudie les figures du discours c'est-à-dire les effets de ce travail par lequel un message, qu'on peut toujours au départ imaginer transitif — échange d'informations entre un destinateur et un destinataire — se fait intransitif, se fait formule, champ clos pour une signifiance indéfinie, et par là donne une extension maximale à l'identité émettrice et à l'identité réceptrice. La parole du poète à lui-même ou à quelques-uns devient le chant irrécusable de l'être, analysable (inépuisablement) comme forme et comme sens dans ses unités petites (les mots) et grandes (les propositions et leur au-delà textuel).

Le groupe *Mu*, auteur de la *Rhétorique générale*[1], propose la terminologie suivante:

> métaplasmes: figures concernant la forme des mots (morphologie)
> métataxes: figures concernant la forme des propositions (syntaxe)
> métasémèmes: figures concernant le sens des mots (sémantique)
> métalogismes: figures concernant le sens des propositions (logique).

Il serait trop long d'exposer les thèses des auteurs en ce qui a trait aux diverses opérations (suppression partielle ou complète,

---

1. Paris, Larousse, 1970, 206 p.

adjonction simple ou répétitive, suppression-adjonction partielle, complète ou négative, permutation quelconque ou par inversion) qui, en ordonnée, permettent le classement des figures de la rhétorique traditionnelle. Je renvoie à l'ouvrage et en particulier au tableau des figures (page 49) dont tout le livre est en quelque sorte l'explicitation et la justification.

Venons-en à «La Malemer», l'un des plus beaux textes de la poésie québécoise et, certes, sa plus ample réussite. Je veux faire ressortir son exceptionnelle richesse rhétorique par l'étude exhaustive des premiers versets (qui sera accompagnée d'aperçus sur l'ensemble du poème) et montrer le parti qu'on peut tirer de l'analyse rhétorique pour une meilleure compréhension du signifié et pour l'appréciation corrélative du signifiant.

❏

Avant de passer à l'analyse du premier groupe de versets — parlons de strophe, pour simplifier —, il convient de nous interroger sur le titre du poème, qui en formule très exactement le sujet. Qu'est-ce que la «malemer»? C'est une invention du poète, qui comprend un «versant» réaliste (les profondeurs sous-marines) et un versant fabuleux (sorte de royaume de la nuit mère). Il y a donc *fabulation*, et ce métalogisme (figure de pensée, si l'on veut) se double d'un symbole (autre métalogisme): les profondeurs de la mer sont celles de l'être même. Mais le symbole n'est ni transparent ni simple: s'agit-il des profondeurs de la conscience humaine ou de la conscience individuelle? ou, comme l'affirme généralement la critique, de la création poétique, ce que suggère le sous-titre de la cinquième strophe: «Naissance obscure du poème»? ou du travail secret de la maternité? ou encore, de la lutte entre la matière et l'esprit, telle qu'elle est assumée par le Verbe?

Symbole au sens moderne du mot, la malemer est le signifiant d'un signifié ouvert. Elle est une sorte d'hyper-métaphore concrète renvoyant à un ensemble de significations jamais nommées, jamais circonscrites une fois pour toutes, et qu'on aurait tort de réduire à une seule (par exemple, le signifié «création poétique»). Et c'est la diversité et la précision des notations concernant le signifiant symbolique qui doivent, au premier chef, retenir notre attention.

D'autre part, le mot-titre comporte un métaplasme (jeu sur la forme du mot) par l'adjonction, au mot *mer*, du préfixe *male-* qui signifie mauvais, funeste, mortel. Cette préfixation a valeur archaïsante et connote globalement un univers de pensée médiéval. La référence au Moyen Âge est chose assez courante dans la littérature religieuse du XXe siècle (Claudel, Péguy).

La mise en œuvre d'une imagination métalogique et métaplasmique situe donc d'emblée la recherche de Rina Lasnier en des régions fort différentes du travail sur le langage et laisse pressentir l'ampleur de son aventure poétique.

L'étude de la première strophe nous en donnera une idée plus précise.

1 Je descendrai jusque sous la malemer où la nuit jouxte la nuit — jusqu'au creuset où la mer forme elle-même son malheur,

2 sous cette amnésique nuit de la malemer qui ne se souvient plus de l'étreinte de la terre,

3 ni de celle de la lumière quand les eaux naissaient au chaos flexueux de l'air,

4 quand Dieu les couvrait du firmament de ses deux mains — avant la contradiction du Souffle sur les eaux,

5 avant ce baiser sur la mer pour dessouder la mer d'avec la mer — avant le frai poissonneux de la Parole au ventre de l'eau la plus basse,

6 avant la division des eaux par la lame de la lumière — avant l'antagonisme des eaux par l'avarice de la lumière.

À l'échelle de la strophe, on relève une première figure relative à la syntaxe. Nous sommes en présence d'une phrase unique, complexe, et qui s'épanouit en de nombreuses circonstancielles de lieu puis de temps. Le groupe *Mu* appelle *concaténation* (métataxe par adjonction) la figure par laquelle «la ligne de la phrase se brise sous la surcharge d'éléments annexes qui la font dévier de sa direction initiale». Dans sa principale, la phrase exprime le projet de descente du moi «jusque sous la malemer», puis le complément circonstanciel fait l'objet d'un long développement comportant d'abord une description en termes matériels, concrets (verset 1A) puis en termes abstraits (vst 1B), et ensuite le rappel d'un temps premier que la malemer a oublié (vsts 2-4) et qui a précédé un *autre temps* à l'origine de la situation présente (vsts 4-6). On voit que l'essentiel de l'information réside dans les subordonnées: aussitôt posé, le *je* et son projet sont occultés par le «complément circonstanciel»; on retrouvera quelque chose de cette structure dans tout le poème, où la part du moi restera minime. Si l'on conclut de la forme au sens, on peut affirmer que, dans la relation du moi au monde qui s'ouvre devant lui, le monde l'emporte largement et le submerge — c'est le cas de le dire — de sa richesse. Il y a congruence du signifiant et du signifié. Le moi est devant la malemer comme un petit mot (le «je», sujet de la phrase) devant un déluge de mots (le groupe circonstanciel).

D'autre part, il y a peut-être un métalogisme (faible, peu senti), une sorte de *paradoxe* dans le luxe de précisions que le moi donne sur ce lieu dont l'exploration est encore à venir: la connaissance de la malemer précède, en somme, sa découverte, et la lecture des strophes subséquentes ne révélera aucun hiatus entre l'idée préalable et l'idée consécutive à l'expérience. De même que le circonstanciel-malemer submerge le je-sujet, le descriptif se subordonne le narratif. La raison nous en apparaîtra bientôt: c'est que la relation du moi à la malemer est duelle, non médiatisée et ne se distingue nullement, par conséquent, d'une relation de la malemer à elle-même.

Revenons au plan métataxique qui englobe de droit les faits de *métrique* (métataxes par adjonction répétitive). Chacun des versets, sauf les deuxième et troisième, est formé de demi-versets (A et B) sensiblement de même longueur. Dans les versets déviants, l'absence de césure formelle est compensée par la présence de rimes pour l'oreille: malemer-terre (vst 2) et lumière-air (vst 3). On peut d'ailleurs y voir un jeu de rimes embrassées. Notons que ces mots désignent les quatre éléments soit par dénomination directe (terre, air), soit indirectement (malemer $\simeq$ eau, lumière $\simeq$ feu). La cohésion sémantique renforce l'homophonie.

L'ampleur du verset et sa structure binaire sont propres à évoquer les immensités marines et le mouvement de flux et de reflux des eaux, peut-être aussi le rythme itératif d'une quête qui, orientée vers les profondeurs, doit sans cesse consolider sa progression.

Autres métataxes par adjonction répétitive: les *reprises*, qu'il s'agisse d'anaphores (jusque... jusque..., 1er vst; quand... quand..., vsts 3 et 4; avant... 5 fois, vsts 4-6) ou encore d'épistrophes (...nuit, ...nuit,

1er vst; ...mer ...mer, vst 5; ... lumière ... lumière, vst 6). Les reprises concernent non seulement quelques mots mais aussi les structures syntaxiques:

1   jusque + prép. + art. + N + *prop. circ. lieu* (où + N + V + N)
     jusqu' + prép. + art. + N + *prop. circ. lieu* (où + N + V + N)

2   prép. + (...) + N + (...) + ne plus + *compl. obj.* (N + de + N)

3   ni   + *compl. obj.* (N + de + N) ...
     ... quand + *prop. circ. temps*

4   quand + *prop. circ. temps* + avant + *comp. circ. temps*

5   avant + *comp. circ. temps*
                         avant + *comp. circ. temps*

6   avant + (N + des eaux + par + N +
                                              de la lumière)
                         avant + (N + des eaux + par + N +
                                              de la lumière)

Ce jeu complexe de reprises a pour effet de réduire l'hétérogénéité du message dont nous avons parlé à propos de la concaténation (surcharge d'éléments annexes). Dans le sens de cette réduction, on note aussi la coïncidence fréquente de la coupe sémantique de la phrase avec la coupe métrique, un verset ou un demi-verset correspondant à une proposition ou un noyau de proposition complets.

❑

Mais nous sommes loin d'avoir épuisé la richesse rhétorique de la strophe, comme le montrera l'étude détaillée des versets.

PREMIER VERSET

On peut discerner une sorte d'hyperbole dans l'expression: descendre *jusque sous* la malemer; comme s'il y avait un en dessous de l'en dessous. L'expression non figurée, ou degré zéro, serait: jusqu'*au fond de* la malemer. L'hyperbole est doublée d'une antilogie, terme que nous utilisons pour toute figure de pensée qui heurte la logique (ici une classe logique, l'en dessous, est posée comme égale à deux classes).

Est-ce dans la malemer ou dans son «en dessous» que «la nuit jouxte la nuit»? Cette juxtaposition ne serait-elle pas celle de l'eau profonde et du fond sous-marin, tous deux ramenés par métaphore à un terme commun?

Nous abordons ici le domaine des métasémèmes. Je rappelle la thèse du groupe *Mu* selon laquelle la métaphore est une double synecdoque. La synecdoque consiste à remplacer un mot, plus précisément un sémème (ensemble de sèmes, unités minimales de signification) par un autre qui représente soit une diminution de sèmes — c'est la synecdoque généralisante —, soit une augmentation — c'est la synecdoque particularisante. Dire le noir pour la nuit, c'est réduire un ensemble sémique à un seul de ses sèmes, qui a une extension plus générale. Au contraire, parler comme le poète Georges Schéhadé de «nuit zoulou», c'est particulariser la signification «noire» qui sert de point de départ à l'opération adjonctive: noire —> nègre —> zoulou.

La métaphore est une double synecdoque en ce qu'elle substitue, à un sémème, un autre sémème ayant un sème (ou plusieurs sèmes) en commun avec le précédent, mais aussi des sèmes non communs. Le premier verset nous servira d'exemple:

fond sous-marin   —>   obscurité   —>   nuit
(*synecdoque général.*) / (*synecd. partic.*)
eau profonde (malemer)   —>   obscurité   —>   nuit
(*synecdoque général.*) / (*synecd. partic.*)

Dans «la nuit jouxte la nuit», on peut donc supposer la présence de deux métaphores qui toutes deux transforment l'eau et la terre en nuit. Mais on peut tout aussi bien interpréter la nuit comme une synecdoque particularisante de l'obscurité sous-marine, et son dédoublement, qui en fait le sujet et le complément d'objet du verbe «jouxter», constituerait alors une *antilogie* puisqu'une même classe logique serait égalée à deux classes distinctes.

Notons, au surplus, que la relation de juxtaposition entre la nuit et elle-même suppose un fait de délimitation matérielle précise, bien compréhensible s'il s'agit de l'eau et du fond sous-marin mais plus surprenant s'il s'agit de la simple obscurité. Appelons *matérialisation* le procédé qui consiste à doter de propriétés tangibles un phénomène qui en est dépourvu. Ce type d'images est analogue à la personnification et aux diverses formes d'animisme.

Il reste à souligner le métaplasme que constitue le verbe *jouxter*, néologisme à saveur archaïque qui, par là, fait écho au métaplasme du titre.

Le demi-verset B identifie l'en dessous de la malemer à un creuset où la mer forme elle-même son malheur, c'est-à-dire se fait «malemer». Le creuset est une métaphore pour le fond de la mer (fond —> creux —> creuset) et sa connotation alchimique est en accord avec la référence médiévale rencontrée plus haut. La métaphore est explicitée dans la proposition circonstancielle, qui précise la nature dysphorique de l'opération alchimique. De même que, dans le demi-verset A, la «nuit» était le sujet et l'objet du procès de juxtaposition, la mer est ici le sujet et l'objet du procès de dégradation. Nous retrouverons, dans les versets suivants, cette notion de l'Un double, de la dissociation du Même, génératrice d'antilogies. Il y a, en plus, personnification de la mer qui est le sujet d'un faire anthropomorphe. Devenue «je», sujet «humain», la mer est en relation symétrique avec le je-poète du début du verset. Le sémantisme de l'humain (ou de l'animé) et de la matière (ou de l'inanimé) se dispose en chiasme:

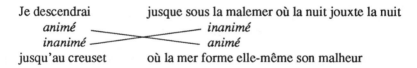

Cette métataxe étaie avec précision une équivalence de l'ordre des contenus. N'y a-t-il pas, en effet, parallélisme entre l'action du moi qui descend, la descente connotant fréquemment quelque chose de négatif — enlisement dans la nuit, dans la matière — et l'action de la mer formant son malheur? Descendre dans la malemer, n'est-ce pas «former soi-même son malheur»? N'y a-t-il pas, de part et d'autre, même autodétermination, du moins apparente? La malemer apparaît ainsi comme le double du moi; leur relation de contiguïté n'est, au fond, qu'une relation de similitude, le récit de la descente du moi ne saurait être que la description de la mer déchue.

VERSET 2

Malheureuse, la malemer est aussi amnésique — ou peut-être cet oubli de l'alliance originelle avec la terre, l'air et la lumière est-il à l'origine de son malheur, ce malheur étant par ailleurs absolument constitutif d'elle-même. Ainsi la psychanalyse place-t-elle, à l'origine de la formation du moi, le refoulement et la dissociation. Les Écritures font, de la connaissance du Bien et du Mal, laquelle suggère l'introjection du personnage paternel («vous serez semblables à des dieux») et la naissance d'un surmoi générateur de culpabilité et de refoulement, le point de départ de l'aventure humaine. Rina Lasnier ne précise pas le type de relation entre le malheur présent et l'oubli du passé — causalité ou implication — mais le parallélisme syntaxique (métataxe) suggère un lien étroit entre les deux.

La malemer est, ici encore, l'objet d'une personnification: en fait, c'est la simple reconduction de celle du premier verset.

La nuit qui, dans le premier verset, était un contenu de la mer lui est maintenant coextensive: la malemer *est* nuit, il y a métaphore *in præsentia*:

$$\text{malemer} \quad \longrightarrow \text{obscurité} \quad \longrightarrow \text{nuit}$$
$$(synecd.\ général.)\ /\ (synecd.\ part.)$$

à quoi s'ajoute une autre métaphore *in præsentia,* celle de la nuit = amnésie:

$$\text{nuit} \quad (\longrightarrow \text{obscurité}) \quad \longrightarrow \text{absence} \quad (\longrightarrow \text{oubli}) \quad \longrightarrow \text{amnésie}$$
$$(synecd.\ général.)\ /\ (synecd.\ part.)$$

L'idée d'amnésie est développée dans le reste du verset et le verset suivant qui tous deux, comme on l'a vu, «oublient» la structure métrique bipartite présente dans tout le reste du poème.

Sur le plan grammatical, l'épithète *amnésique* a valeur d'apposition explicative: c'est parce qu'elle est amnésique que la malemer ne se souvient plus... Il y a donc condensation syntaxique (proposition causale ⟶ épithète) et, par conséquent, métataxe par suppression.

Enfin, on relève un métaplasme discret: plusieurs phonèmes du mot *amnésique* figurent (dans le désordre) dans les mots qui en amorcent l'explicitation:

*ma*lemer *qui n*e se souvient plus...

L'étreinte de la terre suppose une personnification analogue à celle de la malemer et comporte une connotation érotique, au sens le plus large. Le degré zéro de l'expression serait: le contact de la terre. Des sèmes d'enlacement et d'intensité sont ici présents.

La représentation d'un temps premier où les éléments étaient dans une coprésence totale est évidemment conforme aux textes sacrés. La référence à ce code culturel particulier est de nature métalogique et participe de la fabulation — orientée avec précision — dont se constitue le sujet du texte tout entier.

VERSET 3

Appliquée à la lumière, l'image de l'étreinte reçoit une valeur supplémentaire du fait que, contrairement à la terre, la lumière est chose impalpable. Sa personnification s'accroît d'une matérialisation.

J'ai noté plus haut que les mots désignant les quatre éléments, dans les versets 2 et 3, faisaient rime. Cette relative homogénéité du signifiant n'est pas gratuite. Le temps évoqué est celui du chaos originel, où toutes les substances se confondent. Le métaplasme redouble l'idée signifiée. Mais l'homophonie déborde la syllabe terminale. (De) *la te*rre contient les mêmes voyelles que m*al*(e)m*er* et la consonne *l* leur est commune. *De la* lumi*è*re est, sur le plan vocalique et, en partie, sur le plan consonantique, un écho augmenté de *de la te*rre, et *lu*mi*è*re contient les consonnes de *malemer*. *De l'air* est un écho diminué de *de la te*rre et *de la* lumi*è*re.

La naissance des eaux est sans doute une personnification, mais la figure est affaiblie par l'usage. (Degré zéro: la formation des eaux.) Plus significatif est le fait que le sujet de la circonstancielle (les eaux) et celui de sa principale (la malemer) ont le même référent. À vrai dire, les eaux constituent une classe logique qui englobe celle de la malemer (eaux «nocturnes»). Il y a répétition (métalogisme), mais partielle.

Notons l'écho diminué (imparfait sur le plan vocalique) formé par *q*uand les *eaux* et *chaos*; et l'emploi de la préposition *au* («Naissaient au chaos...») alors qu'on attend la préposition *du*. Mais c'est que le chaos générateur n'est pas extérieur à l'espace de l'élément généré, l'idée de chaos ruine celle de provenance, d'où l'antilogie.

L'épithète «flexueux», terme «didactique ou littéraire» (Robert), s'applique à des objets linéaires (par exemple des tiges), et signifie: qui présente des courbures en divers sens. Il vient curieusement réduire le caractère informe et diffus, sans contour, du chaos. Il y a donc antilogie, et peut-être quelque métaphorique assimilation du chaos à un objet végétal (le mot est utilisé notamment en botanique), sur une base sémique qui pourrait être celle de la fraîcheur. L'image, en tout cas, opère une dynamisation du chaos.

VERSET 4

Le premier demi-verset termine l'évocation du chaos originel et fait référence à Dieu — l'Être d'avant le chaos, Origine et Fin de toute chose. Depuis le *je*, premier mot du poème, jusqu'à Dieu, il y a élargissement progressif du *représenté* spatial et temporel :

je	sphère individuelle	présent restreint
malemer	sphère géographique	présent élargi
chaos	sphère cosmogonique	temps des origines
Dieu	sphère infinie	éternité

Tous ces éléments ensemble font sans doute figure, mais la rhétorique n'est pas en mesure, actuellement du moins, de rendre compte des innombrables formes de développement d'un sujet. Il est fatal que, par quelque point, l'analyse rhétorique débouche sur l'analyse thématique, plus souple et plus intuitive. Cette dernière est attentive à des faits peu accessibles à l'autre. Par exemple, on a vu que la phrase, par concaténation, embrassait un grand nombre d'éléments (de contenu) hétérogènes, mais il faut noter qu'il n'est aucun des versets qui ne contienne au moins une mention de l'eau, de sorte que la malemer reste constamment présente, soit au centre, soit à la périphérie du discours. Le foisonnement du contenu n'empêche pas l'unité thématique du texte.

Le demi-verset 4A contient, en plus d'une représentation anthropomorphique de Dieu et d'une légère redondance à intention figurative (ses deux mains), une métaphore *in præsentia* qui assimile les mains de Dieu au firmament :

mains (étendues)   —> surface plane   —> firmament
(*synecd. général.*) / (*synecd. partic.*)

La représentation d'une relation haut-bas entre Dieu et les eaux précède immédiatement l'évocation du temps de la Chute (vsts 4B-6) où l'action divine créera une différenciation et un antagonisme entre le haut et le bas dans l'univers physique. Il y a là ce qu'on peut appeler une *préparation thématique* (métalogisme par adjonction...).

Le demi-verset 4B inaugure une série de propositions nominales, sous la forme de compléments circonstanciels de temps, qui fait contraste avec l'accumulation antérieure des groupes verbaux. La nominalisation de la phrase, assez propre au langage conceptuel, constitue une forme de condensation syntaxique (métataxe par suppression) et crée un certain effet d'alourdissement, conforme au signifié.

La «contradiction du Souffle sur les eaux» est une construction particulièrement elliptique. Il faut comprendre que Dieu a soufflé sur les eaux pour y instaurer la «contradiction». Le complément du nom est, en réalité, un complément explicatif, le Souffle étant la cause instrumentale de la contradiction. Cependant, par une autre figure, l'instrument (souffle) et son utilisateur (Dieu) sont confondus, le Souffle étant une métonymie de Dieu (et, si l'on veut, un de ses attributs). «Souffle» ici renvoie donc simultanément à deux signifiés différents: le phénomène physique (souffle sur les eaux) et Dieu, ce qui constitue, pour employer la terminologie du groupe *Mu,* une *archilexie* (métasémème par adjonction).

Le mot «contradiction» appartient sans doute au langage de l'exégèse biblique. Appliqué à un phénomène physique, l'eau, ce qui sera aussi le cas dans la deuxième strophe («le fruit de l'arbre contredit»), il charge de connotations abstraites l'idée de division des eaux en eaux supérieures et inférieures. Il y a là une synecdoque particularisante, à saveur théologique.

Le demi-verset B comporte la répétition d'éléments du demi-verset A, «les eaux» étant déjà présentes dans «*les* couvrait», et «Dieu» se retrouvant dans le «Souffle». Si on s'amusait à retranscrire le verset 4 en le dépouillant de ses figures, on obtiendrait cet énoncé, évidemment fort prosaïque:

> quand Dieu les couvrait de ses deux mains, avant de les diviser par son souffle

VERSET 5

Fontanier nomme *expolition* cette figure de pensée par développement (métalogisme par adjonction répétitive) qui, semblable à ce qu'est la synonymie pour les mots, «reproduit une même pensée sous différents aspects ou sous différents tours, afin de la rendre plus sensible ou plus intéressante[1]». Les versets 4B-6 exposent les diverses facettes d'un même événement — à l'exception, on le verra, du demi-

---

1. Pierre Fontanier, *Les Figures du discours,* Paris, Flammarion, 1968, 504 p.

verset 5B. «Ce baiser sur la mer» prolonge le «Souffle sur les eaux». S'agirait-il de deux gestes distincts et consécutifs ou d'un seul et même geste, comme le suggère l'emploi du démonstratif? «Ce baiser» serait alors une métaphore du souffle:

$$\text{souffle} \longrightarrow \text{contact oral} \longrightarrow \text{baiser}$$
$$(\textit{synecd. général.}) \ / \ (\textit{synecd. partic.})$$

Le baiser introduit des sèmes d'amour et d'union qui font antithèse (métalogisme) avec la dissociation matérielle qui lui est consécutive. C'est par un geste positif (baiser) que les eaux sont divisées, mais cette division («négative») est sans doute la condition nécessaire de la transfiguration par le Verbe qu'évoquera le demi-verset B. L'antithèse est rendue plus frappante par l'épistrophe, qui associe le mot *mer* à ses deux termes.

«Dessouder», au sens de séparer, comporte l'adjonction d'un sème de dureté métallique. Cette «solidification» rappelle le procédé de matérialisation présent dans «la nuit jouxte la nuit». De plus, l'idée de disjonction appliquée à la mer reprend l'antilogie par laquelle la nuit était dissociée de la nuit.

La répétition alternée de voyelles semblables, les unes antérieures, les autres postérieures, introduit le contraste au sein même du signifiant:

sur la m*er* p*ou*r d*e*ss*ou*der   *la* m*e*r d'*avec la* m*e*r

Si le «baiser» était une apposition métaphorique au souffle, le «frai poissonneux de la Parole au ventre de l'eau la plus basse» lui est forcément postérieur, ce que met en évidence l'antithèse entre «sur les eaux» et «eau la plus basse». Il est facile de voir, dans l'éclosion de la Parole (*cf.* le Verbe), la médiation (synthèse) destinée à résoudre l'opposition (antithèse) consécutive au chaos (thèse). Le décalage chronologique n'est nullement marqué par le texte, ce qui constitue une forme d'ellipse (métataxe par suppression). Pourquoi ce bond en avant, cette sorte de prolepse sinon à cause de la continuité thématique entre le geste initiateur du baiser et la finalité d'une Présence fécondatrice?

Comme le Souffle, la Parole est une métonymie de Dieu, et plus précisément du Rédempteur. Cette métonymie s'augmente d'une métaphore *in præsentia*: la Parole est «frai poissonneux». Le sème de reproduction abondante sert ici d'intersection:

Parole   —> reproduction abondante   —> frai
(*synecd. général.*) / (*synecd. partic.*)

On relève cependant une légère redondance, le sème de «piscité» étant déjà contenu dans «frai». D'autre part, «poissonneux» se dit d'un endroit contenant beaucoup de poissons, et subit ici un certain détournement de sens. Redondance et néologisme ont pour effet de marquer fortement le sème de piscité, et ce n'est pas un hasard. En effet, l'essentiel est sans doute ici la sur-motivation de la métaphore: le poisson — *ichtus* — n'est-il pas, dans la tradition religieuse, le symbole même du Christ? Et qui plus est, un poème d'*Escales*, «L'ange de mer», proposait déjà l'incarnation d'une présence céleste sous l'espèce du poisson:

Il a quitté la mer du ciel
Pour la bulle verte de l'aquarium.
Il a serré sur soi ses ailes
Pour connaître son minimum.

Rappelons enfin que l'embryon humain, au cours de son développement, subit des conditions analogues à celles du poisson «au ventre de l'eau la plus basse» (l'ontogénèse, selon la formule bien connue, répète la phylogénèse). La métaphore *in præsentia* de l'eau = ventre suggère la double relation analogique suivante:

$$\frac{\text{poisson}}{\text{mer}} \sim \frac{\text{Christ}}{\text{création}} \sim \frac{\text{(Parole) enfant}}{\text{mère (ventre)}}$$

Ventre reprend le sème de fécondité contenu dans *frai* et se substitue avec bonheur à la figure usée du sein (au sein de l'eau...), passée locution. De plus, il y a homophonie entre «ventre» et «avant», qui inaugurent deux groupes rythmiques semblables:

av*an*t	/	le frai poissonneux	/	de la Parole
au *ven*tre	/	de l'eau	/	la plus basse

Qu'un même verset évoque d'abord un «baiser» de Dieu puis le «frai poissonneux de la Parole» suggère, en fin de compte, l'inscription de l'action divine dans la chair même de la création. Père et protecteur, l'Esprit est aussi le fécondateur et le fruit de la Matière-femme, le ferment de la nuit humaine. La Parole du Fils est la modalité charnelle et rédemptrice du Souffle divin. Par elle, la relation duelle devient relation triadique, et la *différance* temporelle est instaurée. La Parole en effet se précède elle-même dès l'origine de l'humanité, dans toutes les «préfigures» du Christ que présentent les Écritures. Postérieure à la division des eaux, l'éclosion de la Parole est *déjà* présente dans le baiser divin, et c'est pourquoi son évocation s'intègre dans l'expolition de la «contradiction du Souffle sur les eaux».

VERSET 6

Métaphorisée dans les versets précédents, la division des eaux est maintenant formulée en clair. D'autre part, l'agent de la division n'est plus Dieu (son Souffle, son baiser) mais la lumière, phénomène physique. Elle, dont les connotations sont si fréquemment euphoriques, est associée à des sèmes d'agression (lame) et d'âpreté («avarice»).

On peut interpréter «la lame de la lumière» de plusieurs façons. La première consisterait à y voir une personnification de la lumière, et la «lame» serait la synecdoque particularisante de quelque glaive qui évoquerait, par exemple, celui de l'archange interdisant, aux premiers parents déchus, l'entrée du paradis terrestre.

La deuxième en ferait une complexe métaphore *in præsentia*, la lumière «coupant les eaux», comme une lame, par sa présence dans les eaux supérieures et son absence plus bas:

$$\text{lumière} \longrightarrow \text{action partageante} \longrightarrow \text{lame}$$

Quoi qu'il en soit, l'image de la lame communique à l'eau, qu'elle divise, un sème de solidité et rappelle ainsi la solidification de la mer dessoudée d'avec la mer.

L'«antagonisme» du demi-verset B, créé par la rareté («avarice») de la lumière, suppose une personnification des eaux et connote un conflit d'ordre «économique» dont les discrètes et, sans doute, involontaires résonances marxistes (*cf.* antagonismes de classes) sont une agréable surprise! Mais la rareté, par synecdoque particularisante, est christianisée en «avarice».

❏

Nous voici donc au terme de notre enquête. Il faudrait l'étendre à l'ensemble du texte et analyser chaque phase de l'exploration-définition de cette malemer dont on a pu entrevoir la nature conflictuelle et dialectique. Il m'apparaît dès maintenant que le poème pose et creuse une antilogie fort semblable à celle de «Présence de l'absence» et d'autres poèmes majeurs de Rina Lasnier: celle d'une relation virginale de la Mère à l'Enfant (du poète au poème, etc.), et qui fait précisément de la Femme une «mauvaise» (c'est-à-dire malheureuse) mère, une Souffrance, une Absence: une «malemère». Si la lumière est avare, pourquoi la nuit ne serait-elle pas prodigue? Et qu'est-ce qui apparaît au terme du poème sinon

> *maria*, nom pluriel des eaux — usage dense
> du sein et nativité du feu.

Malemer — malemère — et aussi, pourquoi pas? — mâle mère: puisque la chair est mystère.
Et que la rhétorique est un je(u) ...

Automne 1974

Absence de Rina Lasnier

Pour un de mes amis, grand amateur de paradoxes, Rina Lasnier est l'exemple même de quelqu'un qui écrit mal, qui bourre son langage de métaphores hasardeuses dans le seul but de «faire poétique», qui accumule les redondances et n'a pas le sens du mot juste. Et mon ami n'aurait pas tort s'il n'oubliait, hélas, d'interroger d'un peu plus près le poème et d'y chercher la raison nécessaire de cette surcharge, ce trop-plein de l'écriture qui n'en masquerait d'après lui que le vide.

Un poème répond fort bien à ses objections. C'est «Jungle de feuilles[1]» qu'on peut lire, avec un peu d'audace, comme un art poétique. Le premier vers, «Absence de la forêt suffoquée de feuilles», pourrait se traduire ainsi: vide du poème trop chargé d'images. Très souvent, la poésie de Rina Lasnier se lit comme une allégorie, mais dont le terme symbolisé non seulement reste implicite, mais peut être *plusieurs*. «Jungle de feuilles» est une énorme synecdoque particularisante du trop-plein qui équivaut au néant, d'une présence qui n'est qu'absence, et par là, il peut devenir la métaphore de tout ce qui particularise cette idée[2]: il peut donc être la métaphore d'une congestion de métaphores.

La congestion métaphorique, notons-le, est une des tendances de la poésie moderne, du moins de celle qui s'est vouée à l'exploration, sinon à l'exploitation de l'imaginaire. Denis Roche, dans «La poésie est inadmissible d'ailleurs elle n'existe pas[3]»

---

1. Rina Lasnier, *Poèmes*, Montréal, Fides, «Nénuphar», 1972, p. 273.
2. La métaphore, comme le montrent les auteurs de *Rhétorique générale* (Paris, Larousse, 1970), est une double synecdoque: le plus souvent une synecdoque généralisante, prolongée en la synecdoque inverse. *Cf. supra,* mon «Ébauche d'une rhétorique de "La Malemer"».
3. *Théorie d'ensemble*, par le groupe Tel Quel, Paris, Seuil, 1968, p. 221-233.

condamne cette «intelligence SYMBOLARDE de la poésie dont l'écriture n'a jamais été vue que comme puérilement évocatrice d'une activité personnelle esthétisante (nous parlons ici d'une esthétique sociale/morale)». Ce faisant, il indique bien tout ce qu'une poésie moderne, humaniste et imagée, doit au symbolisme d'antan, dont elle a seulement complexifié la poétique en disjoignant le symbole de son référent (lequel, du coup, devenait pluriel). Mais une pratique du langage fondée sur l'exploitation des seules figures syntaxiques, comme l'est le formalisme d'un Denis Roche, ou d'un Pleynet, n'est pas forcément plus «poétique» que l'autre, et on comprend du reste que l'auteur du *Mécrit* en vienne à juger toute poésie inadmissible, voire inexistante!

Lisons, maintenant, «Jungle de feuilles» et voyons ce qu'il advient d'un *trop* qui rime avec *rien*.

I	1	Absence de la forêt suffoquée de feuilles
	2	luxuriance à pourrir l'armature de l'arbre,
	3	toison sans tête, sans ossature, monstre de pelage;
	4	frondaisons sans sursis de ciel aux bras des branches.

II	1	Chaque feuille grasse collée à la graisse de la moiteur,
	2	enchevêtrement poisseux de tous les rampements mous,
	3	chair de chair sans retentissement de cris et de flèches;
	4	marécage moisissant le socle de la cité.

III	1	Labyrinthe des léthargies sans fuite de rêve,
	2	nuit verdâtre sans plumage d'étoiles, sans corne de lune brameuse.

IV	1	Ramas de feuilles refusant d'essuyer les pieds de la pluie,
	2	chaque feuille refusant l'assaut de la pluie et du vent,
	3	chaque feuille serait note de pluie, hymne de vent;
	4	chaque arbre serait l'armature du feu futur.

V	1	Fermentation sans fruit entamé de faim fiévreuse,
	2	stérile gravitation de l'identité sans issue de mort.
	3	La forêt marcherait vers un seul apeurement d'eau,
	4	la forêt s'évaserait pour une seule coulée d'oiseaux,
	5	la forêt s'ordonnerait autour du péril de l'étincelle;
	6	jungle tiède où manque la gloire amoureuse d'un corps incendié.

Cette accumulation de notations, qui sont autant de modulations de l'idée du premier vers, constitue une vaste expolition, selon la terminologie de Fontanier. En elle, il y a de l'hystérie. La prolixité de l'invention, l'orgie d'images, la largeur du rythme, la densité étouffante de la phrase sont autant de manifestations d'une harmonie entre le langage et le vécu représenté. La jungle est jungle de mots et, dans son espace carré, elle dispose ses menaces: partout des rampements mous, des labyrinthes, la prolifération végétale absolue.

Partout l'inceste.

Non pas celui de l'enfant et de la mère mais l'autre, Origine de toute faute: celui de la mère avec elle-même, en plénitude d'abjection.

Car la mère, quand elle refuse l'enfant, ne peut se donner qu'à soi-même. C'est ainsi que, présente absolument à soi, elle est absence. Absence à l'autre d'abord, l'homme ou l'enfant qui serait ce trou en elle qui la ferait histoire, temps en marche vers une rédemption.

Regardons-y de plus près et cherchons à épouser (peut-on le faire sans souffrance?) le mouvement du texte se mettant au monde, à la fois matrice («forme») et messager («contenu»). Émissaire du Verbe, qui est l'auteur.

Un récit enrayé

Tout commence par une suffocation (I, 1), état de fait ponctuel qui sépare la vie qui respire du resserrement brutal de la mort. La suffocation, état critique c'est-à-dire de crise, est le résultat d'un long processus. Les arbres ont peu à peu occupé tout l'espace de leur vitalité, épuisé leurs possibilités objectives, légitimes d'expansion. Ils n'ont pas épuisé pour autant leurs virtualités de croissance, et c'est là que commence le drame. Ne pouvant plus s'étendre à l'extérieur, ils se gêneront à l'intérieur, dépasseront leur mesure normale de compacité, s'engorgeront d'eux-mêmes. L'«absence» de cette forêt suffoquée est précisément celle du désir, son objet ne pouvant plus être que la mort.

Petite digression. Rina Lasnier, qui a lu Racine, sait que les serpents sifflent sur nos têtes, mais que la forêt suffoque de feuilles: soit dit pour la tant décriée harmonie imitative.

Elle sait, du reste, que la rime peut se faire au début du vers (absence — luxuriance; toison — frondaisons) et que cela convient très bien à sa forêt baroque, véritable monde à l'envers — ou monde en marche vers l'envers, en régression vers son néant.

Le premier vers porte un diagnostic métaphysique: la forêt suffoque, voilà pourquoi cette matière est absente. Le deuxième examine de plus près les causes: la luxuriance (n'est propre qu') à pourrir l'armature de l'arbre, à miner toute verticalité. C'est bien en quoi elle ressemble à la luxure, qui est fatale au «figuier maudit[1]». Le gaspil de la pulsion (sans frein ni frayage) est cause d'entropie. Son équivalent collectif est la croissance démesurée, exponentielle dans un monde clos, dont nous entretenait récemment la revue *Critère*[2]. Toute éjaculation contient la loi de son arrêt.

Imaginons maintenant la personnification animale de cette luxuriance, être réduit à la seule faculté de se transmettre, comme les organismes unicellulaires, ou encore un peuple de moutons voué à la stricte survie biologique... Nous avons alors cette métonymique «toison sans tête, sans ossature, monstre de pelage» (I, 3). À la forêt, il manque la faculté de limiter le corps par l'idée, de convertir en énergie pensante la pulsion vitale. «Toison sans tête» contient un chiasme phonétique (t — sifflante + voyelle nasale — sifflante + voyelle nasale — t) qui suggère bien la circularité d'un corps fermé. «Monstre de pelage»: synecdoque superbe, où le référent (pelage) est devenu l'épithète de son attribut substantivé (monstrueux — monstre), cette créature de fable devenant à son tour métaphore de la forêt.

Mais ne nous égarons pas dans la jungle des figures: l'analyse y contracterait quelque fièvre fatale, du moins pour la lecture.

La trop grande luxuriance causait la suffocation, semblable à celle d'un animal plein, entropique («sans ossature»), sans tête pour respirer: viande au service du pelage. Le diagnostic se porte ensuite vers le manque, qui est d'ordre «pneumatique» ou, soyons braves, spirituel: «frondaisons sans sursis de ciel aux bras des branches». Les mains trop pleines (les frondaisons) ne peuvent accueillir le ciel dont elles ont besoin et qui leur permettrait de surseoir à la mort. L'absence de sursis répète, dans l'ordre du temps, la carence de l'espace vital.

L'assimilation des branches à des bras fait plus que suggérer une personnification de la forêt en quelque foule massive et parquée. Elle

---

1. Dans «Le figuier maudit» (*Escales*, 1950), c'est effectivement la luxure qui pourrit l'arbre.
2. *Cf.* mon compte rendu de *Croissance et démesure* dans *Voix et images,* vol. I, n° 1, septembre 1975, p. 125-127, sous le titre «Économie et écriture».

connote, en accord avec l'inspiration du poète, le bras nu d'un Dieu sur la traverse de la croix. Jésus n'est-il pas ce sursis de ciel accordé à la forêt des hommes, ce trou d'azur par quoi la matière trouve un centre et un sens? En termes sartriens, il serait le pour-soi logé au cœur de l'en-soi du monde. Qu'on croie ou non à la fable de Dieu, on peut penser, rien en tout cas ne m'en empêche, à la conscience ruptive et à la mesure qu'elle institue, ou devrait instaurer, au sein de la nature.

Pour résumer la première strophe, je dirai que toute suffocation demande apaisement mais que le remède, ici, est absent. Cette situation est fortement *narrative*: face au malade qui étouffe, on ne tient pas en place; on voudrait que la crise aboutisse. Un dénouement est nécessaire et, avec lui, une transformation c'est-à-dire, en fin de compte, une «histoire».

Or Rina Lasnier, par une extraordinaire habileté, refuse la narration. C'est que la trop-présence ne ménage en elle aucune place pour le dégorgement narratif. La suffocation, situation ponctuelle, restera situation; la description, qui n'est nullement un parcours mais la répétition variée du même état de fait, est essentiellement ici récit enrayé, pellicule en panne dans le rayon du projecteur. C'est l'extrême tension créée par l'immobilité de ce qui doit être en mouvement, qui ouvre l'espace de tout le poème et assure la dynamique de sa lecture. On passera du premier vers au dernier en restant sous le coup d'un arrêt, d'un souffle précisément *coupé*. À ce moment, le poème est *trop plein* (de lui-même), il mime la matrice étouffante dont voudrait se dégager le verbe enfant pour prendre sa course et hurler sa liberté. Une extrême violence couve sous l'entassement des phrases nominales et c'est celle, que nous saluerons plus bas, d'un verbe au conditionnel, qui remplira optativement le manque suggéré dès la première strophe, par ce qu'on pourrait appeler les adjectifs privatifs («sans sursis de ciel aux bras des branches» est l'équivalent syntaxique de «non aérées»; «sans ossature», d'«invertébrée», etc.).

Tout le poème cherchera à préciser le diagnostic final, et il le fera, comme le fait peut-être toute écriture, en remontant au tuf originel qui est, pour la psychanalyse, l'Œdipe ou l'inconscient et qui est encore, pour le révolutionnaire — toujours à l'affût! — ce que Berque appelle le fondamental.

D'une redondance troublante

La première strophe nous conduisait à l'orée de la forêt compacte, nous mettait le nez sur son trop-plein, toison démente et qui pourrit l'arbre (l'érection).

La deuxième nous plonge dedans.

Dedans le gras.

La sémantique de la première strophe respirait un peu, grâce au solide oxymoron du premier vers. C'est la redondance qui, maintenant, nous accueille. Les feuilles grasses sont collées à la graisse de la moiteur, qui est sans doute moiteur de l'air, mais qu'est-ce que la graisse de la moiteur de l'air sinon la moiteur elle-même? ou le gras des feuilles?

Je ne connais guère d'équivalent, dans la poésie française, de cette structure tropologique, du moins depuis Ronsard que les pléonasmes n'effrayaient pas. Je cite deux vers de son plus beau poème:

Quand l'*Aube* de ses pleurs *au point du jour* l'arrose

(où on peut, à la rigueur, considérer que l'Aube est une divinité; mais l'imagine-t-on arrosant ses jardins en plein midi?)

et:

Embaumant les jardins et les arbres *d'odeur*

(de quoi d'autre peut-on embaumer quelque chose?)

Les redondances, par contre, abondent dans notre langue parlée et notre langue écrite, témoignant sans doute d'un fonds germinatif de la conscience locutrice qui n'existe plus en France depuis le Grand Siècle, Malherbe ayant su cultiver son lecteur.

Voilà donc, chez Rina Lasnier, un élément de nature à choquer une oreille d'outre-mer. Cependant rien ne dit que de semblables redondances ne puissent être perçues comme de véritables et «saines» audaces linguistiques dans une conception renouvelée et élargie de la poétique française.

Ce que suggère tout ce tas de feuilles grasses, littéralement mêlées à l'air gras, c'est une lubrification des surfaces «sans sursis de ciel», et peut-être une exultation auto-érotique. Passé la «toison» (I, 3), voici peut-être la vulve, où ombre et chair se confondent. Plus loin viendra le «labyrinthe» vaginal (III, 1).

Le vers suivant (II, 2) évoque un «enchevêtrement poisseux de tous les rampements mous»; ici, une symbolique sexuelle masculine est présentée sous une forme éminemment dégradée, voire invertie, celle d'un nœud pénien (*cf.* nœud de vipères) qui s'oppose au «retentissement de cris et de flèches» — inexistant — du vers 3. Mais l'antithèse est vite suivie d'une redondance, bien affichée celle-là. «Chair de chair» désigne une quintessence, un noyau de substance où la matière est absolument impropre à aucune conversion.

Le dernier vers de la strophe (II, 4) rappelle des descriptions de *La Voie royale*, de Malraux. Il met en relation la forêt avec un *autre,* qui n'est plus le ciel mais la cité. Notons que, graphématiquement, la différence n'est pas si grande. De quelle cité s'agit-il? Il semble qu'elle s'élève à la périphérie de la jungle, qui auprès d'elle fait figure de marécage. On se sent en plein pays tropical. Quoi qu'il en soit, la pauvre subit le même sort que l'arbre (*cf.* I, 2), que tout ce qui est solide et vertical. C'est la culture dégradée par la nature — forme de pollution qui commence à dater... Sans doute est-elle l'homme, refusé par la mère fermée (mâle-mère), comme l'était le ciel, lui aussi masculin. La redondance sémantique de la strophe suggère bien une féminité pleine d'elle-même et qui n'admet aucune pénétration; au contraire, elle fait plutôt tache d'huile et gagne de nouveaux espaces à la mort.

Entre la redondance (qui prédomine en II) et l'oxymoron (qui prédomine en I), la différence est moins grande qu'on ne pense. Entre le plein qui est vide et le plein qui est plein, une vérité commune se dessine: celle du trop, de l'excès. La redondance n'est pas la négation de l'oxymoron mais son corrélat. Ce qu'elle a de troublant, voire de choquant, c'est qu'elle met le même en disjonction avec lui-même, sans faire appel à son contraire. Elle est bien «chair de chair», comme si la chair pouvait être non-chair (mais sans être l'esprit). Elle est l'ébranlement sur place d'une catégorie logique, un impossible «en/pour-soi», bien propre à faire sauter la langue ou la raison. Les schizophrènes seuls, plus Deleuze, peuvent en penser à fond la logique qui n'est même plus celle de la raison dialectique: elle est monologisme sans fin, loi du corps sans organes[1] ou de la sphère parménidienne.

---

1. *Cf.* Deleuze et Guattari, *L'Anti-Œdipe*, Paris, Minuit, 1972. Les auteurs nous y invitent à libérer le processus schizophrénique, seule façon de faire échec au capitalisme. (Pourtant mai 68, schize entre les schizes, n'a pas renversé grand-chose...)

Du labyrinthe

Nous voici engagés dans un sombre conduit (III, 1).

La logique du labyrinthe est d'espacer la redondance. En lui, on peut se déplacer, aller *ailleurs*, mais on reste toujours ici. Aussi le labyrinthe est-il toujours celui des «léthargies», celles-ci comprenant le somnambulisme.

Toute régression nous plonge au cœur d'un faux circuit qui paralyse, que n'éclaire plus même l'issue du rêve. C'est que l'imaginaire est près du jour de la conscience, et plein de sa lumière. C'est au-dessous que s'ouvre le noir tunnel de l'inconscient. On lira Lacan, ou ses traducteurs, là-dessus. Le symbolique est, d'une certaine façon, plus fondamental que l'imaginaire puisqu'il structure tout l'inconscient. Le psychotique se débat bien au-dessous de ses fantasmes, dans le ça-parle originaire dont un signifiant est forclos: ne serait-ce pas, toujours, le Nom-du-père?

Ici se tait, précisément, le Minotaure, qu'on peut imaginer, comme certaines divinités égyptiennes, recouvert de plumes («nuit verdâtre sans plumage d'étoiles») et, plus naturellement, doté d'une tête bovine («sans corne de lune brameuse»).

Bien entendu, on peut lire ces vers dans une perspective plus réaliste: la forêt, lieu où l'on se perd et où ne parvient pas la lumière, ni celle des étoiles, ni celle de la lune, est dépourvue d'oiseaux et de bêtes (orignaux), de même qu'elle est inhabitée des hommes («sans retentissement de cris et de flèches», II, 3). Mais l'agencement de ces éléments n'a rien de réaliste, et le lecteur peut s'abandonner rêveusement (lui qui peut fuir!) aux sollicitations de son propre désir... de savoir.

Le labyrinthe apparaît dans la strophe médiane (III), la plus courte du poème. Lui qui est sans commencement ni fin, il est le terme de la plongée au cœur de la jungle. Les strophes suivantes «dé-régresseront» en quelque sorte vers le point de vue initial, nous ramenant aux feuilles (IV) puis à la «forêt» (V).

D'un salut conditionnel

Quand, par le verbe poétique, le poète descend au fond de soi pour y affronter son monstre, toujours maternel (les cornes du Minotaure n'y changent rien, d'ailleurs il est absent: le monstre, c'est le trou gras), il ne peut, comme Orphée, qu'en remonter — s'il est un vrai poète — mais mutilé de l'image d'Eurydice. C'est la lyre qu'il rapporte des méandres de son cœur, frémissante du chant:

> Et j'ai deux fois vainqueur traversé l'Achéron,
> Modulant tour à tour sur la lyre d'Orphée
> Les soupirs de la Sainte et les cris de la Fée.

(Nerval, «El Desdichado»)

À travers la statique descriptive de la «Jungle de feuilles», au titre tout redondant, sorte de métonymie *in præsentia*, c'est bien le drame orphique de l'entrée en soi du poète, de sa plongée toujours recommencée au «ventre de l'eau la plus basse» («la Malemer»), qui se fait entendre et qui permet au poète, une fois son désir épuré de l'objet trop humain, de préciser le Manque, par quoi tout le plein est absence.

Ce Manque, maintenant, prend véritablement forme. D'abord il est manque voulu, c'est-à-dire refus (IV, 1). Refus du salut. Marie-Madeleine, la pécheresse, avait oint des huiles les plus précieuses les pieds de Jésus, puis les avait essuyés de ses cheveux — toison sans tête! La forêt, elle, refuse «d'essuyer les pieds de la pluie», cet émissaire du ciel. Le gras refuse l'eau, qui est séminale, étant la condition de la fertilité. Le gras refuse la fraîcheur et la lustration. Pluie et vent, qui font assaut (IV, 2), l'air et l'eau étant l'homme, se heurtent au *non* de la terre feuillue. Chaque feuille, pourtant, «serait note de pluie, hymne de vent» (IV, 3), clavier vibrant du chant céleste. Qu'on ne s'étonne pas de cette trop discrète introduction, dans la syntaxe du texte (ici pure parataxe) du virtuel qui est le salut. Si plein, et en même temps si mou est le refus, que l'antithèse doit être devinée. Les mêmes mots (IV, 2 et 3) expriment deux états opposés, rappelant ainsi l'omniprésente Redondance. Seul le temps du verbe, en évoquant un état autre qui est un état contraire, porte le poids de la figure.

Elle qui refuse l'air et l'eau, si elle les accueillait, la forêt-terre pourrait être armature du feu (IV, 4). Voilà un bel exemple de logique poétique dont la justesse échappe au regard trop raisonneur du pur analyste. Comment la pluie peut-elle être le feu? — Par la loi des complémentaires, sans doute. L'arbre, dont l'armature se liquéfiait par la luxuriance, en recevant l'eau retrouverait le feu du ciel. En retrouvant son intégrité ligneuse, il pourrait être porteur de feu, buisson ardent, fête rouge pour le réchauffement des hommes. Telle est la Croix, d'où rayonne Jésus.

Comme le figuier stérile, maudit de Dieu, la forêt est «sans fruit» (V, 1). Plus précisément, elle est fermentation mais ne produit rien qu'elle-même, rien qu'en-soi. Le fruit «entamé de faim fiévreuse» serait l'enfant, et mieux encore l'enfant-Dieu:

> Tu nais sans cesse de moi comme les mille bras des vagues
>   courant sur la mer toujours étrangère;
> C'est moi ce charroi d'ondes pour mûrir ton destin comme
>   midi au sommet d'une cloche[1]...

En somme, si la mer peut produire la spirale rédemptrice, la jungle de feuilles est, pour sa part, le symbole d'une luxuriance sans objet, sans but, d'une virginité impure. Elle est Ève non pardonnée (sans enfant). La mer est *maria*, nativité du feu[2]: elle est la Vierge-Mère, oxymoron absolu.

Pour que le même soit fécond, puisse donner naissance à l'autre, il faut qu'il accepte la mort. La mort est l'issue de l'identité, comme le rêve était l'issue du labyrinthe (III, 1). Cela, Rina Lasnier le dit dans un vers extraordinairement intelligent, bien qu'«intellectuel»:

> stérile gravitation de l'identité sans issue de mort

Il est peu de poètes, chez nous, qui aient approché de si près le ciel ontologique, sans perdre de vue le sol du poème. C'est une des joies que procure la lecture de Lasnier, que de trouver chez elle une *pensée* articulée, mêlée à une imagerie somptueuse, comme chez Hugo. Peut-être faut-il chercher là les véritables racines d'une philosophie québécoise.

Au plan formel, la dernière strophe résume bien l'ensemble du poème. Les deux premiers vers, nous venons de le voir, décrivent la forêt telle qu'elle est, en deux phrases nominales qui contiennent des adjectifs privatifs (sans fruit... sans issue de mort), rappelant ainsi les trois premières strophes. Les trois suivants (V, 3-5) sont des phrases normales, simples, qui contiennent un verbe au conditionnel, rappelant la strophe IV. Le dernier (V, 6) revient à la structure initiale, mais en *verbalisant* («où manque...») la marque privative (sans).

---

1. «Présence de l'absence», *Poèmes I*, p. 259.
2. Dernier vers de «La malemer». Nous le citons *infra*.

Toutes les strophes sont de quatre vers, sauf la troisième, de deux vers, et la cinquième, de six vers, qui se font équilibre. On a vu que la strophe III nous menait au cœur qui était vide: le labyrinthe; la dernière nous ramène au tout, la forêt, en montrant précisément que le véritable cœur, Centre et Sens, est ailleurs, *manque* au tout. Et ce cœur serait précisément un trou, une poche d'air et d'eau qui rendrait possible une tendre peur (V, 3) ou une «coulée d'oiseaux» (V, 4), sorte de pluie de plumes (*cf.* IV, 1 et III, 2), semence sanctifiante.

L'«apeurement d'eau» vers lequel marcherait la forêt est peut-être celui, commun à la mère et à l'enfant, de la distance qui les sépare. L'eau alors n'est plus la pluie qui fait assaut, mais les larmes qui bénissent. L'eau peureuse est pleureuse... surtout si le bonheur est cause de sa peur.

Évasée, ensemencée d'oiseaux, la forêt pourrait alors couver «le péril de l'étincelle» (V, 5), qui la ravagerait, produisant sa rédemption. Le Christ, au ventre de Marie, prend son envol d'oiseau de feu:

> *maria*, nom pluriel des eaux — usage dense du sein et
> nativité du feu.

(«La Malemer»)

C'est bien cela qui manque aux hommes, à la foule des tièdes («jungle tiède», V, 6): la gloire du Feu vivant, lui-même dévoré par sa fièvre de Dieu, «gloire amoureuse d'un corps incendié».

Pour le poète, il n'est de corps de gloire que le poème; il n'est de feu que l'écriture, qui est l'alchimie non pas du verbe, mais du monde.

Rina Lasnier, dans la surcharge de l'image, est notre absence à tous.

Décembre 1975

Rina Lasnier miniature

On a souvent considéré Rina Lasnier, à juste titre, comme le poète des grands morceaux: «La Malemer», *Les Gisants*, *Le Chant de la montée* et autres vastes conceptions verbales, aux accents à la fois lyriques et épiques. Il existe cependant une autre Rina Lasnier, accordée celle-là aux souffles les plus humbles, aux modes furtifs de l'exister. C'est l'auteur des *Quatrains quotidiens* — qui ne se retrouvent pas pour rien côte à côte avec *Les Gisants* dans le recueil de 1963; et c'est l'auteur de tant de poèmes qui, des «Silves» de *Mémoire sans jours* (1960) ou déjà de certains poèmes d'*Escales* (1950) jusqu'aux poèmes de *Chant perdu* (1983), sont comme un tribut quotidien à la ferveur d'écrire.

On sait que la poésie moderne, au sens le plus «ancien» du terme qui désigne les divers courants post-symbolistes, tend à privilégier la forme brève. Apollinaire, qui a certes pratiqué l'élégie soutenue dans des poèmes comme «Cortège» ou la fabuleuse «Chanson du mal-aimé», a commis «Chantre» dont le seul syntagme («Et l'unique cordeau des trompettes marines»), calme vers ici-bas chu d'un désastre obscur, faisait la nique à maint escadron d'alexandrins. On cite aussi Ungaretti, prince de l'extase instantanée, rendu célèbre par son distique: «*M'illumino/d'immenso*». Le laconisme est une garantie absolue contre l'éloquence; il autorise la mesure la plus grande de suggestion, sur la base la plus étroite de signification immédiate (dénotée).

On se demande tout de même comment un auteur qui a pu concevoir «La Malemer», pièce qui figure dans toutes les anthologies et qui étonne autant par l'ampleur de l'inspiration que par la richesse du détail, se contente ailleurs de ces menues échappées vers l'absolu poétique. (Car l'absolu est à étreindre absolument.) Est-ce bien pour s'enchanter de suggestion silencieuse? Ou par faiblesse quotidienne devant la tâche d'inventer le mystère?

❏

On rencontre divers types de poèmes brefs, tout au long de l'œuvre de Rina Lasnier. De façon arbitraire, je ne retiendrai que les poèmes de quatre vers ou moins. On ne trouve, du reste, aucun poème d'un seul vers. Mais les quintils et les poèmes de six vers ne sont pas rares. Il y a, à vrai dire, une transition insensible entre les «miniatures» et les poèmes de longueur «moyenne» qui composent les recueils, depuis *Escales* jusqu'à *Chant perdu*. Les quatrains et les formes inférieures imposent cependant de façon toute particulière l'idée d'économie signifiante, d'énonciation minimum. Comment faire œuvre en quelques mots? N'est-ce pas par l'intention de tout dire, ou plus précisément de tout signifier, grâce au jeu des connotations certes mais sur la base, inévitablement, de la dénotation ?

Le premier texte qui attire notre attention est «Pétales blancs...», dans *Escales*, qui porte ce sous-titre: «distique pour attendre la neige». La composition en est curieuse car le titre, qui se termine par des points de suspension, fait l'objet d'une référence directe du sein de l'énoncé qui le suit:

> Ou peut-être ne sont-ce que limbes de neige,
>   ou les mots d'Iris repris par la lumière?

On dirait que le poème poursuit une idée émise dans le titre, plutôt que de la poser et de la développer. Il la poursuit en la corrigeant, en formulant une deuxième hypothèse sur la nature d'un référent incertain: fleurs ou neige, pétales ou flocons? Où est le thème, où le phore? Le dispositif sémantique suggère une méditation ponctuelle devant une floraison qui, par sa blancheur immaculée, fait rêver à la neige, plus encore en suscite l'attente: la belle saison reconduit à l'enchantement (discutable!) de l'hiver. D'autre part, une deuxième correction oriente la rêverie vers un horizon non plus naturel mais mythologique: l'énigmatique référent ne serait ni les pétales blancs ni la neige mais les «mots d'Iris», la parole blanche de l'*aurore* — une aurore privée de ses chaudes couleurs, rendue à son principe de pure clarté.

Quoi qu'il en soit, ce qui importe c'est la distorsion de la structure, la contamination réciproque du titre et du texte. C'est elle qui infinitise le message, *en fait* l'inépuisable. Déjà, dans *Escales*, Rina Lasnier maîtrise la technique par laquelle, en peu de mots, on produit l'œuvre. Iris est sans doute un vestige de l'inspiration néo-classique où le symbolisme français a fini par basculer — Régnier, Anna de Noailles, plus près de nous Cocteau, voire Paul Morin ont cultivé la veine grecque et romaine, et la lyrique d'*Escales* en est quelque peu teintée (Icare, Phébus, Danaé, Diane, Phébé, Pan, Psyché, Eos, Éros, Vénus, Phèdre, Pasiphaé, Hippodamie, Lyssa, Aphrodite, Ouranos, tous ces noms disent assez la fidélité du poète à un merveilleux païen, retransmis par l'école et par tout un courant de la poésie post-symboliste). Mais l'allusion mythologique, qui pourrait sembler précieuse et qui épingle le distique à une époque, n'empêche pas la mise en place d'une logique textuelle qui se retrouvera dans les quelque deux cent quarante petits poèmes qui jalonnent l'œuvre, jusqu'au dernier recueil paru.

Ces poèmes se présentent moins comme des touts (malgré l'ambition de *dire tout* qui constitue chaque acte poétique) que comme des cellules de langage irradiant le sens et renvoyant à ce qu'on pourrait appeler le discours poétique supra-segmental — celui du service et de l'oraison. Car le texte bref, non pas bible mais bribe, ne prend tout son sens que par l'action dont il tire son origine et qui consiste à mettre le monde en mots, pièce à pièce, au jour le jour: comme le chrétien fait sa vie, offrant chacun de ses moments à Dieu dans le murmure de la prière. Les pépites renvoient toutes au même or, elles sont le même appel du numineux, et tous les quatrains pourraient de ce fait s'intituler «Invocation», comme celui qui ouvre la série des *Quatrains quotidiens* (1963):

> Mon Dieu, je mets mes lèvres à ras de terre
> Pour ce souffle pauvre que l'on déterre
> Quand pitié frappe au ventre et au cœur,
> Je prends ici simple voix de misère.

Le quatrain rend bien compte de deux intentions qui sont intimement conjuguées: tout rapporter à Dieu, d'une part, en faire le point de référence constant du ministère poétique (on est loin, désormais, d'Iris et du bric-à-brac néo-classique: les motifs religieux sont au plein centre de l'imaginaire et médiatisent la sensation et l'idée). D'autre part, il faut partir de l'infime, à ras de terre, recueillir le moindre souffle de la vie, les manifestations humbles de l'existence, celles qui font pitié, qui disent la misère du monde. Les pépites sont gainées de nuit, le poète doit en révéler la secrète lumière. Dire la misère, c'est retrouver sa divine intelligibilité.

Beaucoup de poèmes brefs sont donc consacrés à des *parvula*, des petites choses: «La mousse», «Le petit bois...» «... et les perdrix», «Les cailloux blancs» (*Escales*), «Les couleuvres (sept espèces sont énumérées en autant de quatrains)» (*Mémoire sans jours*), «L'épingle», «La ruche», «Pigeons voyageurs», «Les outardes», «L'orgue de barbarie» (*Quatrains quotidiens*, dans *Les Gisants*), «L'oriole», «Les myrtes» (*Signes*), «Passage d'oiseaux», «Le duvet», «Le blé», «La fontaine», «Dernier fruit» (*Matin d'oiseaux*) et tant d'autres sujets qui sont comme la menue monnaie dans l'économie poétique de la création.

Un «quatrain quotidien» illustre à merveille le mouvement par lequel la nuit est convertie en jour, et la misère en bénédiction:

L'AVEUGLE

Ô aveugle que ton chemin est court
Ton regard ne lève que deux mains vagues
Mais ton cri couvre la lumière largue
Et tend le ciel sur le trésor du jour

À la situation immédiate faite à l'aveugle, à son action si entravée sur la Terre s'oppose une autre action infiniment plus importante, accomplie par le cri rédempteur, qui rend au jour sa nécessité entière. Ainsi l'Aveugle symbolise-t-il le poète, qui transforme par la parole et par la pensée, aimantées en Dieu, l'étroite condition humaine. Et son «court chemin» évoque la forme même du texte qui l'énonce. Mais de même que le cri de l'aveugle supplante son regard, le poème transcende ses limites de quatrain et rejoint le plein ciel de la parole.

Le mouvement par lequel le bas, l'humble, l'obscur sont élevés vers la lumière est la reprise d'un schème fondamental de l'œuvre, celui même qui ordonne les plus vastes poèmes. «La Malemer», on le sait, est d'abord la plongée au plus profond du gouffre, dans le chaos originel où s'invente le germe rédempteur qui est à la fois celui du

Verbe humain/divin (Jésus) et celui du verbe poétique; et la mer, «cécité sacrée d'une charge de lumière», donne véritablement naissance au feu, la Terre Marie enfante Dieu.

Les quatrains, tercets et distiques explorent les diverses facettes de ce mystère central, sur lequel la pensée du poète revient sans cesse. La polarité nuit/jour inspire par exemple, en deux recueils successifs, des couples de poèmes porteurs des mêmes titres, ici quatrains et là, tercets. Le premier poème, antérieur au «quatrain quotidien» cité plus haut puisqu'il est tiré d'*Escales*, reprend le motif de l'aveugle mais il en fait une image (phore), et non son thème. Ici l'âme est comparée à l'aveugle, alors que l'aveugle symbolisait l'écoute de l'âme dans l'autre texte:

NUIT...

J'ai l'âme absente, ô amer,
Comme l'aveugle endormi
Qui ne verra point la lumière
Entrer dans la nuit avec lui.

Ce poème étant couplé avec un autre, destiné à en compléter la signification, s'arrête sur le moment négatif de la cécité, tout en suggérant une action de la lumière au sein de la nuit. La lumière est promesse de jour:

... ET JOUR

À quoi bon cet amour lointain,
Cette attente sur mes paupières,
Si, n'ouvrant mes yeux sur les tiens,
Je n'y devance la lumière!

Commencé sur une note négative (privation du jour), le quatrain change brusquement, grâce à un magnifique artifice rhétorique, et fait naître la lumière de l'échange des regards (on peut rappeler que la Malemer est «une tapisserie de regards [la] crucifiant sur [son] mal», que le mouvement rédempteur naît de ce regard même).

Quant aux tercets de *Présence de l'absence*, ils opposent eux aussi cécité et regard, montrant en la nuit la privation de cette visibilité — ou divisibilité — qui rend pleinement possible l'amour:

NUIT...

Nuit et cécité
Ni miroir ni jour
Départageant l'amour

Or le jour sera ici présenté, non comme le terme vers lequel se dépasse la nuit, ce qu'il est en effet sous l'angle spirituel, mais comme le contraire stérile de la nuit, complice de l'amour:

...ET JOUR

Jour lucidité
Butin et bagarres
Au couteau du regard

Le regard, comme Gilbert Durand le montre bien dans les *Structures anthropologiques de l'imaginaire*, est avec le glaive l'instrument par excellence du régime diurne et fait régner par violence les valeurs de la raison. Mais son ardeur polémique, appliquée à la nuit, permet seule la conversion de la cécité en cette intime écoute d'une parole illuminante.

On peut comprendre, à partir de ce pouvoir séparateur du regard, un «quatrain quotidien» qui, comme beaucoup d'autres, est d'inspiration néo-testamentaire:

OFFRANDE DE MARIE

Je n'ai pas enfanté la clarté pour l'ombre,
Écharnez-le donc de cette beauté sombre,
Déliez-le de notre sang conjugal,
Qu'il monte à la droite filiale.

La clarté du Verbe doit resplendir pleinement, mais pour cela, Jésus doit être «écharné», doit passer par le glaive qui, comme le regard, «départage» ombre et lumière — ou comme la raison, départage l'amour. C'est sa beauté sombre, sa part de nuit que le Christ doit dépouiller, ainsi que (ou est-ce la même chose?) ce «sang conjugal» où l'on peut voir, bien entendu, la relation de Joseph et de Marie; mais où il faut peut-être voir bien davantage le lien du *sang* qui unit la mère au fils, puisque Marie, les proses de *Miroirs* le disent bien, est la Fiancée qui se hâte vers le Fiancé impatient, le Christ. Un sublime, virginal inceste commande donc la crucifixion qui rendra Dieu à sa gloire, tout en sauvant le monde.

(Le pauvre Joseph, à vrai dire, fait assez piètre figure chez Rina Lasnier: voyez-le, dans *Entendre l'ombre*, «empalé sur son éternité» et «épreint de pitié» — victime d'une cruauté d'imagination presque féministe!)

L'analyse — hélas! bien partielle — que je viens de faire des significations montre que les grands thèmes de l'œuvre sont présents dans les plus petits poèmes, mais que cette présence s'y réalise de façon particulière, soit à travers des sujets intrinsèquement exigus mais porteurs de l'immense, soit à travers les coups de foudre d'une intelligence acharnée à interroger le mystère. Rina Lasnier excelle à reformuler, dans de brillantes et judicieuses images, tel ou tel aspect de la vérité du monde ou de la vérité chrétienne sur lesquels s'arrête sa méditation. Un quatrain, un tercet suffisent souvent pour fixer, comme un instantané de l'esprit, telle intuition concernant la vie, la mort, l'arbre, les stigmates de François, la neige du soir. Aucun sujet n'est trop petit, pour le poète habile à découvrir ses résonances signifiantes, à le confier au merveilleux pouvoir transfigurateur du langage. Aucun sujet n'est trop vaste non plus, puisque l'infini passe au trébuchet de la vérité humaine et s'y fait prendre, brin ou bribe, petit paquet de mots où traîne le ciel bleu.

Avril 1988

Lettre sur la lettre en poésie:
rhétorique de Claude Gauvreau

Cher J.,

J'en ai assez, du discours universitaire. Comme on dit, y en a marre. J'ai décidé de répondre à ton invitation par une lettre, ce qui sera plus et moins sérieux qu'un article. J'en ai assez de vouloir paraître savant ou *savoir* alors que, au départ comme à l'arrivée, je cherche (sans affectation!). J'ai certes une idée d'article mais, cette idée, je la préfère à ce qui en résulterait. Je ne ferai pas un article de mon idée d'article, je la garde toute vive, je te l'explique, la déplie, la réalise hors forme. Dans l'écriture.

Mon idée, c'est la lettre chez Gauvreau. Son statut, sa stature rhétorique. Claude Gauvreau est un poète lettriste, mais pas un Isou, pas un de ses copains: un Québécois. Alain Bosquet, dans son anthologie intitulée *La Poésie canadienne* (Seghers, 1966), écrivait: «... de tous les lettristes — un lettriste sans lien avec le mouvement — il est le seul qui parvienne à convaincre. Il faut voir en lui l'un des poètes les plus fascinants de sa génération, aussi bien au Canada que sur un plan plus vaste.» Bien d'accord, malgré l'anacoluthe. Évidemment, il faudra du temps avant que cela se sache.

Le lettrisme, chez Gauvreau, entre en composition avec d'autres langages. Gauvreau est avant tout un automatiste en littérature, comme Borduas est un automatiste en peinture. L'automatisme, c'est notre surréalisme à nous, au lendemain de la dernière guerre: un cénacle pas très étendu mais fervent, composé de peintres surtout et d'un poète, un vrai: Gauvreau. Très jeune alors, puisqu'il est né en 1925.

Automatiste, il le sera toute sa vie — à laquelle il met fin le 9 juillet 1971. Il définit lui-même son discours comme baroque, ce que justifie amplement l'exubérance du style, de l'image. Ses phrases sont généralement très chargées, chaque substantif est flanqué d'une épithète et l'impertinence (sémantique, mais l'autre aussi) est la règle. Un exemple:

> Des yeux hybrides avaient des cadenas où pendait mon cœur
> sollicité par deux émaux

(p. 234 des *Œuvres créatrices complètes* qui viennent enfin de paraître aux éditions Parti pris).

Les textes où Gauvreau est exclusivement lettriste sont assez rares. Le plus souvent, le langage asémique du lettrisme se noue au langage sémique, de plusieurs façons: le passage de l'un à l'autre se fait souvent insensiblement, il y a comme une zone ambiguë où le langage est moitié, moitié:

> [...] un saint descend dans le préau
> et il veut coudre les fesses des enfantes.
> souris de balamulte
> orfèvrerie de camphre
> noisière de cahanmachuze.
> blaumme.
> Je dis merra.
> sach-chrili syncopppa là
> dos de boutures illicoche de sanlfrané
> douche
> je dzi gô dzéguin.
> l'opération a réussi. [...] (p. 229)

J'aimerais m'interroger d'abord sur les textes purement lettristes, et dans une double perspective: critique d'abord, puisque la littérature est mon beau premier souci, et rhétorique aussi puisque la rhétorique me semble un précieux outil d'analyse — là-dessus, tu seras bien d'accord!

Je saute donc sur un petit texte follement lettriste, parmi les derniers qu'ait écrits Gauvreau. C'est le deuxième de huit poèmes intitulés *Jappements à la lune* (1968-1970). Sans titre.

garagognialulululululululululululululululululullullu-
lululululullulululullu(/)lululululullululululullululullulululululu-
lululululullulululululuuuuuuu

Prière au typographe de ne pas commettre d'erreur. Qui sait si le
texte des *Œuvres créatrices complètes* — le seul disponible — est lui-
même absolument fidèle? J'ai introduit une barre oblique entre
parenthèses pour marquer le passage d'une ligne à l'autre dans l'édition,
vu l'absence de trait d'union. Cette absence me semble un peu suspecte.
Serait-elle conforme à la volonté de l'auteur (qui n'a pas revu les épreuves
de son livre)? Il serait étonnant que les lignes du manuscrit aient comporté
le même nombre de caractères — nombre très élevé — que celles du
livre. Mais ne soyons pas plus pointilleux qu'il n'est de mise, le texte de
toute façon soulevant des difficultés de lecture égales à celles de sa
transcription. Malgré l'absence de trait d'union, il est perçu comme un
seul mot et non deux, comme une seule coulée sonore et / ou graphique.

Ce texte diffère des textes voisins du recueil par sa «simplicité»,
due à la répétition des mêmes lettres ou syllabes. Je cite, pour
comparaison, le début du premier poème:

toucôrô galalumo tepagayac argizdoum tefolec apistam [...]

Il tombe sous le sens que le discours lettriste intéresse avant tout
la catégorie des métaplasmes, c'est-à-dire des figures qui jouent sur la
forme du mot. Mais qu'en est-il du *mot*, dans la poésie lettriste? C'est
la première question qu'il faut se poser. On peut dire, je crois, que le
mot lettriste:
— est un signe sans référent
— par conséquent, sans signifié *dénoté*
mais on ne peut exclure un pouvoir de connotation ou, plus
précisément peut-être, de suggestion, d'évocation (évocation de signes
«normaux», reçus dans le code lexical) et d'expression, par quoi il
n'est pas un pur et simple *signifiant*.

Tiré d'un recueil qui s'intitule *Jappements à la lune*, notre texte
n'est nullement dépourvu de sens. Le segment (disons *grammatique*:
phonique et graphique) «garagognia» suggère l'idée, et le mot même,
de grognement. Il est suivi d'une accumulation de «lu» (et de «lul»)
qui rappelle l'idée et le mot de lune, et le tout se termine par une suite
de «u» qui *font* hurlement, hurlement à la lune — comme dans les
meilleures bandes dessinées!

Il y aurait donc passage du grognement, consonantiquement très chargé, à un hurlement par nature «vocalique», par l'intermédiaire de ce «lululu...» où s'équilibrent consonnes et voyelles:

$$C \longrightarrow CV \longrightarrow V$$

Si on se réfère, maintenant, au modèle triadique présenté dans *Rhétorique de la poésie*[1], on peut rapprocher grognement et hurlement du pôle ANTHROPOS car c'est bien le poète ici, lui qui a vécu plusieurs fois l'internement et qui chemine alors aveuglément vers son suicide, qui «jappe à la lune»; mais aussi du pôle LOGOS. Et la lune, il va sans dire, du pôle COSMOS. Le poète, du plus profond de son corps, lance un solitaire appel à la reine des nuits — transcription romantique! En termes élégamment kristeviens, on avancera plutôt que le phéno-texte se soutient de l'irruption en lui de la *chôra* sémiotique, laquelle y fait plus qu'insister, s'arroge tout l'espace du symbolique, le réduit à sa manifestation la plus ténue. (Peut-être est-ce encore un peu simplet.)

Dans «garagognia», on peut lire encore «Gorgone», figure d'épouvantement qui ferait antithèse avec la lune, face de clarté. Il y aurait donc antithèse au niveau des connotés c'est-à-dire des signifiés virtuels: la rhétorique a-t-elle une case pour semblables figures?

J'ai, moi aussi, mon modèle triadique mais il concerne le plan syntagmatique. Tout texte a un début, un milieu et une fin, ce qui est passablement connu. Mais je tiens que ces trois moments formels correspondent à trois phases complémentaires du vécu, que j'appelle: crise, régression, transgression. Pas de texte sans un déséquilibre initial, une brèche faite au langage, qui pose l'exigence de sa résolution. Et pas de résolution sans une plongée (régressive) vers les origines, les profondeurs, la scène primitive (disons), qui occupe le «corps» même du texte et correspond à cette «boîte noire» dont parlait Barthes, par référence à l'informatique.

Dans le premier segment grammatical, il y a conflit, bousculade de lettres, le «ga» et le «go» réalisent ce qu'on pourrait appeler — métaphoriquement? — une antithèse sur le plan métaplasmique (en fait, une antithèse dans l'expression de la pulsion, si l'on songe à la

---

1. Le Groupe *Mu, Rhétorique de la poésie*, Bruxelles, Éditions Complexes, 1977, 300 p.

chôra sémiotique). Le grognement est l'expression d'une tension qui cherche à se libérer.

Le deuxième segment est éminemment régressif, par la répétition infantile — sorte de pléonasme plastique — des «lu», à peine perturbée par un accroissement de la charge consonantique, surtout vers le milieu: «lul»; et, si on se place au niveau du signifié virtuel, par la présentification d'un objet du monde très chargé d'affects, bien fait pour signifier la mère archaïque.

Que la crise s'exprime électivement par les figures fondées sur l'opposition (l'antithèse), et la régression par les figures de répétition ou de redoublement, il n'y a rien là que de normal. J'ai rencontré le même phénomène dans l'analyse d'un poème de Rina Lasnier[1].

Enfin le cri, qui est peut-être aussi une plainte, qui s'achève peut-être en murmure, pure exhalaison vocale de la douleur: on y peut voir la transgression du malaise dans la résignation ou l'épuisement, peut-être l'acceptation.

Confrontons nos modèles triadiques. Dans le texte de Gauvreau, on voit se dessiner les équivalences suivantes:

CRISE —>	RÉGRESSION —>	TRANSGRESSION
ANTHROPOS	COSMOS	LOGOS
(garagognia: gro-	(lululu...: lune,	(uuuuuuu: cri à
gnement = expres-	objet de recours	l'état pur)
sion «bestiale» du	privilégié dans le	
moi malaisé)	monde)	

Le cri final est transgressif en ce qu'il médiatise le moi et le monde, met en rapport le poète et le destinataire de son appel ou de sa prière — le grognement initial n'ayant pas la même portée sonore et exprimant plutôt le moi livré à sa douleur. Le grognement est intransitif, le hurlement est davantage transitif. J'y reviendrai plus loin, par un autre biais.

Bon. Tout cela, bien entendu, c'est de la critique c'est-à-dire de l'interprétation. Il faudrait marquer, bien plus que je ne l'ai fait, le caractère *non contraignant* de la signification que j'ai dégagée *ou* attribuée (ce qui, je crois, est indécidable, le texte ne m'ayant imposé de certain que les *limites* de mon interprétation et non son contenu: un texte peut recevoir plusieurs interprétations, les *autoriser* en quelque

---

1. «Jungle de feuilles». *Cf. supra*, «Absence de Rina Lasnier».

sorte par tel ou tel trait, mais ce qu'il prescrit, c'est uniquement une *mesure* à garder).

Je pourrais tenter de justifier mon interprétation par des rapprochements avec d'autres textes de Gauvreau, ce qui serait tout à fait conforme à une visée critique. Mais j'ai laissé en plan plusieurs aspects proprement rhétoriques. Revenons-y.

Le poème cité est formé (concédons-le-moi) d'un seul mot, c'est-à-dire d'une seule coulée grammatique. Nous avons donc le cas très rare, et sans doute possible uniquement dans le texte lettriste, d'un mot qui est tout un poème — d'une petite unité syntaxique (subphrastique) égale à une grande unité textuelle — de quoi ruiner gentiment la distinction entre métaplasme et métasémème d'un côté, métataxe et métalogisme de l'autre[1].

Notre métaplasme est en même temps une métataxe et (par son asémie) un métasémème, lequel aurait les dimensions d'un métalogisme!

Mais s'agit-il vraiment de métaplasme? La notion de métaplasme ne concerne-t-elle pas la plastique du mot «normal» (signifiant-signifié)? Le signifié du mot lettriste n'est-il pas un signifié second, médiat, indécis (virtuel), jamais cette unité discrète, tranchée du «concept» dont parlait Saussure? La rhétorique a-t-elle juridiction sur ces monstres-là?

À dure question, molle réponse. Il faudrait dire, peut-être, que le mot lettriste n'a pas de sème par lui-même, n'a que des fantômes de sèmes (ô Greimas!) par ses parentés plastiques avec les lexèmes de la langue naturelle?

Quoi qu'il en soit, les mécanismes de production à l'œuvre dans le texte sont descriptibles en termes de métaplasmes. Il y a une *allitération* du «g» dans le premier segment, une *répétition* du «lu(1)» dans le deuxième, laquelle produit un effet d'*accumulation* — et même chose pour le «u» du troisième segment qui semble le résultat d'une *aphérèse* de la syllabe antérieure. Notons par ailleurs que si, sur le plan graphique, le troisième segment se constitue d'une répétition de la lettre «u», sur le plan phonique il faudrait sans doute y voir une *prolongation* sonore, le «u» faisant alors l'objet d'une seule émission «durative».

---

1. On trouvera une définition de ces termes au début de mon «Ébauche d'une rhétorique de "La Malemer"», *supra*.

Je me demande si la libération du mot à l'égard de la composante sémantique, dans le discours lettriste, et si l'exaltation de la lettre qui s'ensuit ne rendent pas plus éclatante la distinction entre les deux composantes métaplastiques: graphique et phonique. Certes, à première vue, il en va tout autrement: dans le texte lettriste, toutes les lettres doivent être prononcées, la graphie n'obéissant plus aux contraintes de l'orthographe. L'écart entre le signe écrit et le signe prononcé tend vers zéro. Seul un petit nombre de conventions telles que la répétition graphique d'une voyelle pour marquer une durée sonore («uuuuuuu» = «u» prolongé) font entorse à la règle. Il y a aussi le cas de lettres comme «g» qui, devant «e» ou «i», pourrait aussi s'écrire «j».

Mais dans le poème de Gauvreau, la répétition des mêmes signes produit, sur le plan graphique, un effet hallucinant qui rend la lecture difficile, du moins dans son détail, et qui fait accéder le texte à la dimension de calligramme: la lettre devient dessin, matière visuelle, même si elle n'est le dessin de *rien* — on pourrait parler de calligramme «abstrait» ou non figuratif. La page, en tout cas, est criblée de formes graphiques régulières qui imposent une pertinence absolument distincte de la pertinence sonore qui lui correspond. La libération de la lettre engendre une libération de la graphie comme telle — ce qui m'amène à quelques considérations d'ordre métagraphique.

Tout tracé, en effet, peut être ramené à trois éléments eux-mêmes générateurs de cas singuliers selon leur position ou leur orientation: le *trait*, horizontal, vertical, oblique...; la *courbe*, complète ou partiellement réalisée; et le *point*, qui ne génère pas de sous-groupe. L'alphabet est l'utilisation systématique de ces composants graphiques qui constituent, bien entendu, des unités discrètes. Dans notre alphabet, un seul signe réunit — est-ce un hasard? — tous ces éléments: le point d'interrogation (? = . + ı + ?).

Je me suis déjà plu, dans un moment de délire, à élaborer une petite théorie sur le sujet. Elle n'est pas sans rapport avec mon analyse des *Misérables*[1]. Tu te souviens que j'y distinguais trois types d'actions: *transitives*, celles qui mettent en rapport un actant sujet avec

---

1. *Hugo: Amour / Crime / Révolution*, Presses de l'Université de Montréal, 1974. On trouvera un bref résumé de cette étude *supra,* dans l'article intitulé «Le travail de la lecture».

un actant objet, dans la Bonne ou la Mauvaise Action; *intransitives*, celles qui concernent le sujet seul: Montée ou Descente; et enfin *pronominales* (*réfléchies* serait peut-être une meilleure dénomination), celles qui mettent en relation deux actants en tant que sujets et objets d'un même procès: Combat et Conjonction.

Ces catégories, transitif, intransitif, réfléchi, dans ce que je reconnais être une *métaphysique* du tracé, pourraient bien correspondre, dans l'ordre, au trait, au point et à la courbe — en prenant garde cependant que le «o» (courbe complète) apparaît comme une expansion discursive du «.».

Revenons à Gauvreau. Le premier segment, «garagognia», contient plusieurs courbes complètes, ou boucles: les «g», les «a», le «o», qui suggèrent une lourdeur et une clôture (intransitivité) de la lettre. Dans le segment suivant, la profusion des «l» introduit une verticalité et une «transitivité» parfaitement conformes à ce recours à la lune bienfaisante dont mon interprétation faisait état. Quant au «u» final — déjà présent dans le segment précédent — il suggère l'union, et son ouverture en haut pointe vers le partenaire de l'union souhaitée.

Ces indications sont certes trop rapides, et sûrement pas plus convaincantes que les spéculations paragrammatiques de J. Kristeva sur *Le Coup de dés* ou de Lucette Finas sur *Madame Edwarda*. Ou que les théories de Fónagy. Aussi les donné-je pour *poétiques*, en soulignant que la critique est affaire d'écriture et qu'elle fait flèche de tout bois, prospectant en missionnaire le terrain que les marchands de concepts occuperont bien — plus tard...

Il n'empêche que ce petit commentaire métagraphique est propre à t'inspirer au moins l'idée que, dans le poème lettriste, la lettre explose elle-même en dessin, le texte y fonctionne comme un *collage* d'entités graphiques, la lettre perdant le statut d'unité homogène que lui confère la pression du signifié dans le discours «normal».

Il va de soi que le poème lettriste est tout aussi bien un collage sonore, réalisé ici à partir des phonèmes de la langue française, ce qui conduit d'ailleurs à des rencontres inusitées, statistiquement improbables dans la langue, qui seraient autant de figures (métaplasmes) fondées sur l'écart. Dans les mots du premier *Jappement* que j'ai cités plus haut («toucôrô galalumo tepagayac argizdoum tefolec apistam»), la succession des lettres «z» et «d» dans le quatrième mot et surtout, sur le plan morphologique, le caractère inusité des désinences -ô, -ac, -oum, -ec, -am, sont à mentionner.

Cependant la graphie y est pour quelque chose puisqu'on trouve couramment en français des mots qui se terminent en -eau, -ot ou -aux, en -aque, en -èque, en -emme ou -amme, etc.

On pourrait parler de métaplasme par évocation pour certains mots qui, par leur sonorité ou leur graphie, feraient latin (par exemple, «apistam») ou grec, ou arabe, ou esquimau...

Avant de quitter notre deuxième *Jappement*, notons qu'il est le seul des huit textes à réaliser grammaticalement un cri, ce qui constitue une figure d'énonciation. Il y a là comme l'expansion d'une interjection, et sans doute quelque chose de l'apostrophe — ce qui précise son aspect métataxique. Mais, derrière le métaplasme et la métataxe, il y a le fait d'un discours humain ramené à un discours animal, le poète est un chien (il jappe) — et c'est plus qu'une métaphore: un véritable métalogisme, comme le serait un texte qui prêterait la parole à une bête (mémoires d'une oie), ou encore à un bateau («Le bateau ivre»...). Le rapprochement avec Rimbaud me semble éclairant: de même que le paradoxe est l'équivalent métalogique de l'oxymoron, le *symbole* (qui est souvent assorti d'une personnification: le poète prête à l'animal ou l'objet qui symbolise l'humain des traits humains) me semble correspondre au processus métaphorique.

Passons maintenant à un autre *Jappement*, le troisième du recueil, qui nous donnera une idée plus complète, plus complexe aussi, du lettrisme de Gauvreau.

> li gîz romm tram ta tram ouziblô amugdof dépranifs uzilzior
> améteudamm ourmiro pachulftrèv égazia nimonclô zuftrépar
> abinichéanglegrétri ilvouf trom gazag oup te pluré onglaz
> vé ouf glouf oupatif chnégd louze trimn assassia
> glîîîîîîîzzzzzzz neûrts ouâllâ glédé ptuche tronzdé aukmwâ
> lougladigidizi seurbelgflemg zdodri ipkito walzsummé égditch
> ludz crommforni azuzszdel cranfti bleugdz dodozo dodozo
> dodozo (p. 1493)

Ce texte porte la même date de rédaction que le précédent (le 6 octobre 1968) mais il s'en éloigne par le caractère très différencié de la substance verbale. On peut cependant y distinguer trois segments: le premier correspondait aux six premiers mots, tous des monosyllabes. Le deuxième (de «ouziblô» à «bleugdz») comprend des mots dont un grand nombre ont trois syllabes ou plus (avec des oasis de mots plus courts). Le dernier est la répétition du même mot («dodozo» trois fois).

Le premier segment me semble correspondre à une expression assez légère et gaie de la pulsion. Le rythme est sautillant (comme dirait un stylisticien de l'âge de pierre), c'est presque le ton de la chanson ou de la comptine («Tam ti delam» est un titre bien connu de Gilles Vigneault; on connaît aussi «am stram gram»...), avec cependant quelque chose de plus articulé, quelque chose qui *fait* sujet - verbe - complément («li» = article, «gîz» = substantif sujet, «romm» = verbe, «tram ta tram» = groupe complément ou adverbe...), dans une langue évidemment fictive.

Si je me plais à imaginer ainsi des fantômes de fonctions syntaxiques, c'est que les mots suivants me semblent, eux, trop compacts, dans leur monotone succession, pour en suggérer aucune. «...ouziblô amugdof dépranifs uzilzior...», ce sont là des blocs syntaxiquement neutres, en qui se bousculent et s'annulent les fonctions d'adjectif (la désinence «-ior» rappelle la forme comparative en latin), de substantif ou de verbe. La juxtaposition semble l'unique rapport possible entre eux. Il y a, si l'on veut, *ataxie*. Certaines homophonies cependant apparaissent et créent une continuité: «ouziblô», «uzilzior», «ourmiro» se répètent partiellement, les deux premiers mots surtout sur le plan consonantique (z, i, l), le premier et le dernier sur le plan vocalique (ou, i, o).

Chacun de ces mots est propre à faire rêver. «Dépranifs», par exemple, me rappelle le nom d'un médicament, le tofranil, utilisé en psychiatrie pour combattre la dépression: «dépr(ession)» - «(tof)rani(l)»... Il est possible que la pharmacopée moderne, éminement féconde en néologismes, ait inspiré à Gauvreau plusieurs créations lexicales. Il y aurait d'ailleurs une étude lexicologique intéressante à faire sur les noms de médicaments, qui souvent défient toutes les lois de la formation étymologique (contrairement à la terminologie, barbare mais rationnelle, des constituants chimiques du médicament): qui font à la fois savant et «naturel», par exemple «aspirine», mot que sa composition phonique et graphique (le «e» muet) rend si apte à passer dans la langue courante. Si *I like Ike* est un poème électoral, beaucoup de noms de médicaments sont de petits poèmes lettristes fleurant bon la mort ou l'hôpital.

Quant à ce qui pourrait être à l'origine même du projet lettriste chez Gauvreau, et sans doute aussi à l'origine des glossolalies du mouvement charismatique aux États-Unis et au Canada, je vois le fait que, pour l'enfant et souvent pour l'adulte catholiques de 1930 ou de 1940, la langue de la prière était le latin, c'est-à-dire une langue étrangère et incomprise, récitée mécaniquement, pur paquet de signifiants dont un seul *sens* émergeait: la connotation «prière». La glossolalie charismatique, c'est le latin de monseigneur Lefebvre avec, en prime, un petit air hindou et une illusion de «créativité» post-conciliaire, qui évoquerait ensemble Chomsky et madame Guyon...

Si la prière peut donner lieu à des incantations asémiques, latines ou pas, pourquoi pas la poésie? Gauvreau, on le sait, comme tous les automatistes, rejetait farouchement la religion autoritaire et étouffante de son enfance. Le Québec était, jusqu'en 1960, une sorte de Portugal et le catholicisme était religion d'État. Mais Gauvreau, comme la plupart des écrivains et des intellectuels québécois, n'en a pas moins été fortement marqué par la religion. Même la chanson québécoise, si florissante depuis une vingtaine d'années, a subi l'influence du chant grégorien. Aussi les *Jappements à la lune* m'apparaissent-ils comme autant de *De profundis* adressés à quelque Dieu-Mère obscur, dispensateur ambigu de la vie et de la folie...

Parmi les homophonies les plus intéressantes du texte, il faut sans doute mentionner, malgré son caractère légèrement problématique dû aux deux prononciations possibles du «g» devant les voyelles «e» et «i», celle qui réunit les deux premiers mots, «li gîz», et la bizarre onomatopée «glîîîîîîîîzzzzzzz» — la seule du texte, en position centrale. Le milieu du texte *répercute ainsi le début*. On retrouve aussi la structure lexicale «tr( )m», présente dans les deux «tram» du début, dans «trom» puis «trimn». Les sons «g» et «z» sont souvent associés: en plus des deux cas mentionnés ci-haut, il y a «égazia», «gazag», «onglaz», «lougladigidizi» et «bleugz». L'occurrence du couple consonantique «gd» est élevée («amugdof», «chnégd», «égditch», «bleugdz») de même que celle, plus normale, de «gl» («abinichéanglegrétri», «onglaz», «glouf», «glîîîîîîîîzzzzzzz», «glédé», «lougladigidizi»). Souvent l'accumulation de consonnes contiguës est impressionnante: «pafulchtrèv» (lchtr), «aukmwâ» (kmw), «seurbelgflegm» (lgfl), «azuzszdel» (zszd), «bleugdz» (gdz). Les rapports paronomastiques immédiats avec des lexèmes connus sont rares et inspirent la méfiance («pluré» = pleuré, «onglaz» = ongle, «assassia» = assassin(a), «glîîîîîîîîzzzzzzz» = glisse, «dodozo» = dodo...).

Cela dit, avec de l'imagination et du travail, on pourrait construire une interprétation, fatalement très approximative, qui rendrait compte de tous les mots du texte et de leur succession. La méthode en est esquissée par André Gervais, à propos d'un poème non exclusivement lettriste de Gauvreau[1]. Elle consiste en gros à construire paragrammatiquement des séries d'associations de lexèmes (ceux-ci étant suggérés par le texte). La méthode a été utilisée, de façon plus gratuite me semble-t-il, par Lucette Finas dans son étude sur *Madame Edwarda* (*La Crue*). Pour ma part, je me bornerai à exposer un point de vue sur les grandes articulations du poème, en cherchant à vérifier la pertinence de mon modèle triadique.

Il y a donc un premier segment, «li gîz romm tram ta tram», qui semble syntaxiquement différencié, ne serait-ce que par la présence des mots «li» et «ta» qui font figure de mots outils, ou mots «vides», à justification purement syntaxique. Le deuxième segment, en son milieu, comprendra aussi une suite de mots brefs («ilvouf trom gazag oup te pluré onglaz vé ouf glouf»...), où s'insère le couple remarquable des mots «assassia glîîîîîîîîzzzzzzz». Mais elle est précédée et suivie de mots «lourds», que j'ai qualifiés d'«ataxiques». Enfin, le dernier segment semble présenter un compromis entre taxie et ataxie, la répétition de «dodozo» suggérant quelque syntaxe primaire fondée sur la pure itération des éléments. En bref:

segment I	segment II	segment III
taxie	ataxie —> taxie —> ataxie	(a)taxie

La médiation (réunion des contraires) opérée par le dernier segment me semble avoir son répondant au niveau du «sens»: un sommeil enfantin («dodozo») vient mettre fin à l'accumulation des représentations pré-verbales, ou en tout cas pré-symboliques des pulsions très lourdes qui *pointent* vers les significations de dépression («dépranifs»), de lamentation («pluré»), d'agression («onglaz», «assassia»), de chute («glîîîîîîîîzzzzzzz»), retrouvant ainsi quelque chose de la légèreté initiale («li gîz romm tram ta tram»). Je m'en tiens aux paronomases (ou paralexèmes?) les plus claires, en soulignant que si chacune d'entre elles, prise isolément, inspire la

---

1. «Eaux retenues d'une lecture: "Sentinelle-onde" de Claude Gauvreau», *Voix et images*, vol. II, n° 3, avril 1977, p. 390-406.

méfiance, l'ensemble agit, lui, sur le subconscient et le guide vers les souterrains d'une radicale détresse. Je mentionne aussi que si, dans le deuxième *Jappement*, la régression se manifestait par la figure de la répétition (celle des «lu(l)»), ici c'est l'emphase ou l'*hyperbole* consonantique, conjointement avec une forte ataxie, qui crée la réplétion sonore indicative d'un même cheminement. La trajectoire de tout poème, même quand il crie à la lune qui est au ciel, Mère muette, est la descente régressive aux enfers puis la remontée transgressive — Eurydice perdue:

> Modulant tour à tour sur la lyre d'Orphée
> Les soupirs de la Sainte et les cris de la Fée.

(Nerval)

Je choisis maintenant au hasard un poème des *Boucliers mégalomanes* (1965-1967) où l'invention lettriste est plus discrète, ce qui ne diminue guère pour autant les problèmes d'interprétation. Je terminerai là-dessus mon bref tour d'horizon d'une œuvre dont tu commences peut-être à percevoir, par-delà la hardiesse formelle, la tragique beauté.

> Héjénécuillère où afflue le sirop
> Bleu rudiment de l'extase à portière
> Il ne faut pas dire il faut
> Ah rubanchagles de l'étau à marbres ésotériques
> Les chaufferettes citron gaspillent l'amour de Triboulette
>   et les girons de la fenêtre apaisent la fièvre du
>   rideau d'eau
> Beaux seins de Marmeluche
> je caresse le pubis de jus d'érable auquel est affixée
>   une foreuse à manivelle
> Et l'orgasme à circonflexures huppées rejoint le paradis
>   du sol
> dont la frayeur s'évade
> Hume hominie du cruchilixe d'Homère (p. 1251)

Avant d'aborder l'aspect proprement lettriste, je vais proposer une interprétation, parmi d'autres possibles. Elle m'est apparue après quelques lectures.

Je vois le texte comme un poème très crûment érotique et, plus précisément, comme l'évocation d'une masturbation. Cette «héjénécuillère où afflue le sirop», ce serait le pénis en érection, «bleu rudiment de l'extase à portière» c'est-à-dire instrument en action du plaisir (qui cherche une issue). Si la portière suggère l'issue, l'extase à portière connote aussi quelque chose de quotidien, à la portée de tous.

La recherche du plaisir suppose la suspension des interdits («Il ne faut pas dire il faut»), ces derniers se manifestent par des empêtrements («rubanchagles» = rubans-branchages-schlagues...) ou des contraintes («étau à marbres ésotériques»). Gauvreau ne dédaigne pas de puiser dans la langue populaire et il se pourrait que les «marbres» soient, à titre de connotation c'est-à-dire de signifié allusif et superfétatoire, ces aliénants *marbles* qui désignent, dans les quartiers populeux du Montréal francophone, les billes avec lesquelles s'amusent les enfants: ils métaphoriseraient ici les testicules. Le quatrième vers, en somme, évoquerait la gêne que constituent les vêtements («rubans» appartient à l'isotopie vestimentaire), mais celle-ci serait la traduction matérielle de l'interdiction. Les «chaufferettes» (peut-être: calorifères) de couleur criarde («citron») appartiennent virtuellement au mobilier des bons taudis de Montréal (avec le frigo, la laveuse automatique et la télé: où est le seuil de la misère?), décor qu'évoque aussi cette Triboulette qui conjugue, en une seule femme, le Triboulet hugolien et la Ciboulette de Marcel Dubé. Ciboulette est une figure attachante de jeune fille pauvre, éprise d'un sympathique matamore de quartier. La pensée du poète se fixe ensuite sur les «beaux seins de Marmeluche», il «caresse» son «pubis... auquel est affixée une foreuse à manivelle», et un métonymique «orgasme à circonflexures huppées» (ô oiseaux !) s'abat sur le plancher («paradis du sol»), triomphant des interdits («la frayeur s'évade»). Le dernier vers est difficile... «Cruchilixe» fait bien penser à «crucifix», mais la religion du plaisir viril est épique (pro*lixe* aussi), non tragique, et se donne Homère pour égide...

Qu'en penses-tu ?

Évidemment on est loin des grâces de Ronsard, même dans ses poèmes cochons, mais nous sommes en Amérique, non? Et dans un contexte socio-culturel dont Rabelais, lui, ne rougirait pas. Mais peut-être ai-je les idées «croches», comme on dit chez nous, et on pourra trouver de plus nobles «thèmes» derrière les «phores» du texte. C'est tout le problème de la métaphore *in absentia* dans la poésie moderne, pour peu que le référent soit flou ou tenu à distance...

Le fait est que l'onirisation de l'objet, dans la poésie surréaliste ou automatiste, s'accompagne fatalement d'une sexualisation. Les objets du rêve, comme l'a montré Freud, sont tous plus ou moins soupçonnables de dériver du saint Truc ou du saint Trou, et c'est le cas surtout dans la poésie automatiste qui sublime la pulsion à un bien moindre degré que l'autre. Le surréalisme est une recherche du merveilleux objectif, ce qui ne va pas sans une «élaboration secondaire» des données du subconscient. L'automatisme est plus près de l'expressionnisme ou de ce que Borduas appelle la «projection libérante», donc plus près du *sujet organique*, ou physiologique, ce qui explique la compossibilité en lui de l'image surréalisante (mais pas forcément «belle») et du lettrisme. Gauvreau est plus près de ces grands cavaliers seuls que sont Michaux ou Artaud, que de Breton et Cie.

L'aspect lettriste se résume, dans le poème, au forgement d'un truculent préfixe au mot «cuillère», d'un troublant suffixe à «ruban» et du mot «cruchilixe» (cruche — crucifix — prolixe) qui, morphologiquement, est de bonne venue. «Circonflexure» est un néologisme sans plus, de même que «hominie» dont le sens pourrait être: engeance d'homme. Le mot «hume» (ou «Hume», David? — peu probable, du moins au titre de dénoté, malgré sa position symétrique avec «Homère») est ambigu: impératif? ou mot asémique, choisi pour l'homophonie avec «hominie» et «Homère»?

Ce qui frappe en tout cas, c'est que le mot lettriste ne détonne absolument pas dans le discours pourtant «sémique» du poème: sans doute parce que l'«impertinence» des qualifications, attributions ou prédications nous met déjà sur la voie de l'asémie. Plus la métaphore est «audacieuse», ou mieux, plus nombreuses sont ses réductions possibles (les phores pouvant renvoyer à plusieurs thèmes différents), plus le message est plurivoque et se rapproche du langage purement *connotatif* du lettrisme. Or, quel langage obéit mieux que le connotatif à une esthétique du collage? Dans «héjéné(cuillère)», «henné», «géhenne», «gêné», connotés hétérogènes, se juxtaposent, déployant un espace de sens où aucun n'a, sur l'autre, priorité. Les lexèmes suggérés sont comme allusivement cités — et non affirmés —, ne font qu'affleurer légèrement au plan symbolique, gardent toute leur efficace sémiotique, pulsion faite sens mais conservée à la pulsion. Ainsi serait-ce l'hétérogène du *ça* qui, dans le texte lettriste, étalerait sa faconde mystérieuse (non «merveilleuse»), où les mots, comme les surfaces rapportées du collage, ne font plus chaîne de sens mais *positions* différentielles, *différance*.

Cela dit, le symbolique n'est jamais évacué complètement, la forêt des connotés subit quand même la régence vectrice d'une *dispositio* où, pour ma part, je veux voir la triade crise-régression-transgression qui me semble être le fondement de toute expérience vécue comme de toute expérience narrée — ou de tout «dit», surtout s'il est littéraire: car le langage ne devient œuvre que s'il écrit, en lui imposant la clôture d'un alpha et d'un oméga, le vécu.

Voilà donc, dépliée, exorcisée, mon idée d'article. Je ne pouvais, du fond de mon Québec où tout commence, que te l'adresser comme à quelqu'un capable de lui donner existence, par lecture et bien-veillance. Ici, nous trempons dans le langage des autres et cherchons, parmi eux, notre voix — qui n'est qu'en nous. Notre voix n'est pas bien assurée encore, elle se retrouve mal dans les élucubrations reçues. Elle murmure des mots un peu bizarres, des mots qui sont des lettres et qui chantent:

li gîz romm tram ta tram...

Amitiés bien sincères.

Novembre 1978

Paul Chamberland:
une poésie engagée

Paul Chamberland, *c'est* Parti pris. Il est Parti pris poète, comme Pierre Maheu est Parti pris essayiste, comme Jean-Marc Piotte est Parti pris politique, comme André Major et Jacques Renaud sont Parti pris romancier.

Être Parti pris poète, cela veut dire un rapport particulier avec la littérature. Cela veut dire que la littérature est le lieu d'un combat et d'une réflexion. Le combat est mené contre les puissances d'oppression nationale et sociale. On sait que, pendant tout le temps que vécut la revue *Parti pris,* de 1963 à 1968, la gauche adhéra de façon presque unanime à une problématique de la décolonisation inspirée de Fanon, Berque et Memmi. Cette matrice idéologique devait accueillir peu à peu le marxisme, qui la fit éclater. On n'a guère d'idée aujourd'hui de ce que pouvait être le climat intellectuel de l'époque, et particulièrement du large consensus qui regroupa momentanément poètes, artistes, universitaires dans une même quête du pays. Il devait y avoir une bonne mesure d'illusion dans cet espoir unanime puisqu'il ne survécut pas à l'épreuve de réalité que constitua octobre 1970. Depuis la Loi sur les mesures de guerre, la décolonisation est redevenue tout bêtement nationalisme (du moins, dans l'esprit d'une bonne partie de la gauche), et cent marxismes ont fleuri. Chose plus étonnante encore, Chamberland et Maheu ont troqué l'engagement politique contre les évasions multicolores de la contre-culture, devançant ainsi de quelques années les conversions qui sont à l'origine de la «nouvelle philosophie» française. Le présent est au chômage et à l'apolitisme...

Certes, l'orientation ultérieure de Chamberland s'annonce déjà dans certains versets de *L'afficheur hurle*, par exemple celui-ci qui affirme la solidarité de l'homme et du cosmos:

> ils l'oublient ils l'oublient ce qu'ils sont   des corps
>   rivés au pouls de la lumière au gigantesque bonheur
>   des soleils

«Poèmes à Thérèse», 1

Le désir d'une mutation de l'humanité commence à se faire jour dans *L'Inavouable*:

> *là-bas* s'illuminent de soudaines fusées où l'avenir est
> donné comme l'aurore   l'An 2000 flambe dans
> l'est   les hommes n'ont plus de souvenirs, ils entreront
> comme un piéton dans la Merveille

Poème 63

Mais le poète est bien loin encore de prendre ses désirs pour des réalités. Il assigne seulement à l'homme un passé et un avenir mythiques, comme l'ont fait tant de penseurs et de poètes. Le passé, c'est la fusion lumineuse avec la mère, qui est Terre, sang, vie. Et l'avenir n'est pas autre chose, étant mère-veille à saveur technologique: comme si la Machine, dans l'absolu, s'identifiait à la Nature des commencements. Le présent, lui, n'a rien d'un enchantement, il est le temps de la dépossession, du désespoir, de l'ennui, de la colère. Pour qui est plongé dedans, les dieux ne sont pas pour demain.

Le combat se fait au nom d'une intégrité passée, à venir; et il se fait contre une situation d'aliénation que fait apparaître la réflexion.

Tous les malheurs commencent en effet, pour le poète, par une prise de conscience qui produit l'effet d'un éclatement et qui le voue à une âpre lucidité. Le schéma est assez familier aux lecteurs de Sartre, et notamment du *Saint Genet*. Il y a un moment décisif qui met fin au temps protégé de l'enfance, qui institue la Chute et, du même coup, la culpabilité et la réflexion. La réflexion n'est que l'envers subjectif d'une liberté qui s'est figée en destin. Elle est le lieu d'une liberté tout apparente, puisque l'existence est à jamais déterminée. Dans une perspective plus sartrienne, on dirait plutôt qu'elle est la manifestation d'une liberté restée liberté au moment même où elle se nie et cela, pour toujours... Chez Sartre, la liberté n'empêche jamais l'homme de subir toutes les avanies. Sa seule fonction, finalement, c'est de l'accabler sous le poids d'une totale responsabilité et de concourir ainsi à sa damnation plus certaine.

C'est bien là le sens des romans *terminés* de Sartre, et on peut dire que, de *Terre Québec* à *L'Inavouable*, le sentiment de perdition (le désespoir) va lui aussi en s'accroissant. *L'afficheur hurle* se termine sur une note optimiste et «nationaliste» qu'on chercherait en vain dans le finale, passablement ambigu, de *L'Inavouable*.

Un âpre lyrisme lié à l'expression du présent malaisé fait donc un constant contrepoids au langage transitif de la dénonciation et de la mobilisation collective. Cette poésie engagée ne sacrifie pas la dimension individuelle, intime, à la dimension collective, elle propose une étonnante lecture du drame de tous dans le drame d'un seul, et l'inverse. La colère du poète, qui le dresse contre les trafiquants de la dignité populaire et de l'âme enfantine, a la générosité et la force de frappe des sentiments vrais, même à travers les maladresses (calculées) de son expression.

❏

Même si la dimension politique est plus appuyée dans *L'afficheur*, il y a une continuité dans les deux recueils, qui semblent d'ailleurs sortis l'un et l'autre d'un poème-clé de *Terre Québec*, «Le temps de la haine», texte dédié à André Major, Jean-Marc Piotte et Pierre Maheu: indice certain de son importance.

Ce que nous dit le poème, c'est que l'enfance est finie. Un événement capital vient d'instituer le présent et, du même coup, *le devoir de haïr*.

> des balles dans le vitrail un matin
> le cœur cesse de battre
> belles cadences girouettent dans la sacristie
> saccagée des images
>
> adieu adieu je me tais   désaffecté le carrou-
> sel halluciné du pur poème
> le face-à-main de la belle âme pourrit déjà dans
> une flaque où j'ai bu l'aube des villes

adieu adieu puisqu'il était une fois une princesse dans son blanc château...
     me voici aussi nu que l'herbe des fossés
     et je m'attends déjà par les rues quotidiennes

                                   «Le Temps de la haine», I

Les balles dans le vitrail symbolisent l'irruption de l'histoire
dans la vie du poète, en même temps du reste que dans l'existence collective. Les bombes du FLQ ont précipité (au sens chimique du mot)
une foule de choses au Québec, par exemple elles sont à l'origine de la
fondation de *Parti pris,* ayant suscité dans la jeune génération la cris-
tallisation d'attitudes idéologiques qui étaient fort loin d'exister jusque-là avec une si belle unanimité. Chamberland, comme beaucoup
d'autres mais avec la ferveur qui le caractérise, a répondu à l'appel de
l'histoire, si nouveau dans un peuple qui avait confié à ses prêtres le
soin d'interpréter, voire de mener son aventure. Les balles dans le
vitrail, c'est l'avènement du réel (socio-politique en particulier), et
d'une certaine façon, c'est la mort. «Le cœur cesse de battre.» Il faut
voir là plus qu'une hyperbole, que l'effet momentané de la surprise. À
la lettre, le poète meurt, apprend sa contingence et sa finitude. Dans
L'Inavouable, il se dit menacé par une fin prochaine: «petit fonction-
naire anxieux menacé déjà cardiaque» (Poème 22), «... et ce clop clop
au cœur automne et printemps, est-ce la fin?» (Poème 59) Il semble
que cette hantise n'ait pas de véritable fondement somatique, mais elle
est d'autant plus significative. L'histoire est liée à la mort car elle
inverse le rapport de l'existence et de l'essence, fait dépendre celle-ci
de celle-là. Elle est la fin des *a priori,* donc du Beau. La poésie désormais visera au vrai, et c'est par sa puissance d'inscription dans le Réel
et d'effraction de la conscience qu'elle imposera une nouvelle sorte de
beauté, contre les rhétoriques. Les «belles cadences», les «images»,
ingrédients du «pur poème», sont maintenant hors de saison (comme
«les bijoux et les fleurs» dans le poème d'Anne Hébert).

Il est important de noter que l'espace protégé de l'enfance
(entendue évidemment dans un sens assez large) est associé à la fois à
la religion (vitrail, sacristie) et à l'activité poétique (belles cadences,
images). Les années de séminaire, qui ont couronné une enfance
pieuse, coïncident avec les premières manifestations du talent poétique. Deux recueils considérables sont les fruits de l'intense travail de
cette époque que complètent, après le départ du séminaire, les études

de philosophie à l'Université de Montréal: *Le Poème vivant*, resté inédit, et *Genèses* (Cahiers de l'AGEUM, 1962). La problématique de ces textes est profondément spirituelle et donne lieu à un discours hiératique, plus marqué du reste par Saint-John Perse que par Claudel. Dès *Genèses* cependant s'amorce la réaction contre l'enfance mystifiée, les vitraux du sanctuaire sont fissurés:

> ... Dans les préaux de l'oraison n'avoir aimé le jour
> qu'à travers le lin frais et la cire immolée... ô terre
> parentale où je vivais châtré!
>   Les anges mensongers   la lumière jalouse   le
> détournement des sèves, honteuse consécration!
> ... Tous les murs croulent dans le pollen en vertige
> dans l'effervescence des orgues dans le cheminement
> du miel et le durcissement de l'écorce.
>   Midi ruisselle par vitraux qu'entrouvrent d'épaisses
> bouches.

«Paysages de sang»

On voit la signification des vitraux, qui sont un motif obsédant de l'imagination du poète. Ils filtrent le jour, n'en gardent que la lumière qui est employée à l'animation des *légendes*; fausses fenêtres, ils prétendent ouvrir sur le monde mais n'en offrent jamais qu'une image trompeuse, et dogmatique.

Les «épaisses bouches» qui les entrouvrent pour laisser passer les effluves de midi constituent une première rupture, à vrai dire assez molle et timide. C'est «Le temps de la haine» qui inaugure les grands éclatements. *L'afficheur hurle* enchaîne allègrement: «verrières fracassées enfin j'ai vu les terrains vagues de ma vie / je marche au méridien de la damnation où la colère prend d'abord comme un silence». Puis, *L'Inavouable*: «déraisonnable de piller la vie comme tu le fais / de vivre la mort comme tu sais le faire juste / en riant un peu fort et toujours de grandes verrières / s'effondrent dans un fracas épouvantable» (Poème 19).

Chaque fois que l'enfance est retuée — car, comme Phénix, elle a une propension désolante à renaître —, c'est dans un niagara de verre brisé. Le Texte sacré s'écrase en mille morceaux, et cette violence de chute est symétrique de l'autre violence si bien «affichée» par le titre — *L'afficheur hurle* —, violence par laquelle un autre texte, profane à celui-là, sera proclamé, vociféré, donné à lire («légendé», pourrait-on dire).

La «sacristie... des images», dont nous parle «Le temps de la haine», correspond à un temps premier de la carrière d'écrivain de Chamberland, mais rien ne nous dit explicitement que ce temps est en continuité avec l'enfance. Il faut rapprocher ce poème avec des passages de *L'Inavouable* pour constater la similitude manifeste de la sacristie et de ce que le poète appelle l'*enclos* de l'enfance:

les parents défendent de transgresser l'enclos
familial   hors de l'enclos point de salut, *amen*
mon enfance, c'était ainsi   je peux en parler dans les
termes d'une *géographie de l'interdiction*   les barrières étaient transparentes, jusqu'à 20 ans   l'enclos était tout tracé dès ma naissance et je ne le reconnais que maintenant

Poème 20

Les «barrières transparentes», ce sont encore une fois les vitraux, les verrières de la serre chaude catholique. Les fragments du Récit de Désiré contiendront plusieurs dénonciations violentes du Mensonge passé et de leurs auteurs, le «père détestable» et pourtant «aimé au delà d'un formidable interdit» (Poème 5), la mère qui n'a pas «su être animale» (Poème 27) et le clergé, «tous ces chancres collés sur ma vie, ces immondes baves permises, leur grossièreté légitime, leurs fesses vaticanes, leurs culs catholiques et romains...» (Poème 27). Le climat de piété malsaine, d'interdiction, de niaiserie affective, et sans doute aussi l'influence conjuguée d'un père absent et d'une mère omniprésente (sous les masques de la sévérité, d'une part, et d'une terrible insignifiance d'autre part) modèlent les formes précises d'une damnation à la mesure de l'existence du poète. Il y a, d'un côté, ce que la psychanalyse identifierait comme un profond malaise œdipien: la mort symbolique du père n'ayant pas eu lieu, elle est reportée dans un futur mythique. «ET JE TUERAI MON JUGE», proclame Désiré (Poème 20) qui voit dans ce meurtre le seul Événement: «nous sommes au commencement du monde, et nous n'avons pas encore commis *le meurtre nécessaire*: le sang doit couler pour que nous naissions» (Poème 89 — ce chiffre, symbole de la Révolution, est en parfaite harmonie avec la thématique sanglante du poème, le dernier du recueil). Il serait idiot, bien entendu, de ramener le malaise collectif formulé par le poète à un malaise purement individuel, mais il ne faut pas non plus dissoudre la condition individuelle dans la condition collective, et *L'Inavouable* a le mérite, justement, d'accorder toute la place qui lui revient à la subjectivité du poète. C'est à travers son œdipe personnel que celui-ci lit les souffrances de ce que Pierre Maheu a appelé l'œdipe colonial.

Lié à la liquidation ajournée de l'œdipe, il y a aussi ce que Chamberland a publiquement assumé depuis, non sans courage malgré l'apparente tolérance de la société actuelle, c'est-à-dire la pédérastie. *L'Inavouable* en fait à demi l'aveu, à travers d'étonnantes confidences sur les particularismes de la piété personnelle:

> ... ainsi, je ne pouvais mieux adorer le mal et, sous
> son envers lumineux, le Christ ressuscité, bel enfant
> du perpétuel matin, le désirer en secret
> la chair tendre et chaste du galiléen contient tous les
> prestiges: éminemment comestible sous les espèces,
> innocentes, du pain et du vin, sa chair et son sang
> révèlent l'appétit total qui me dévorait

Poème 20

On conçoit donc ce que couve d'*intolérable* la maison de verre d'une enfance qui n'en finit plus, et qui est d'ailleurs l'enfance forcée de tout un peuple. Un éclatement est inévitable. Il se produit. Commence alors un dur combat.

Il s'agit de faire advenir le pays, contre toutes les puissances d'asservissement étrangères et intérieures. L'impérialisme américain, le colonialisme *canadian* sont les cibles toutes désignées de la dénonciation, mais aussi leurs valets locaux, surtout le clergé et les politiciens. Et ce combat, mené contre un pouvoir bien réel et nullement menacé en son ordre, ferait du poète un don Quichotte parmi tant d'autres s'il négligeait de prendre appui sur son terrain à lui et de se faire un levier de sa contestation de la poésie elle-même. La poésie, en effet, telle qu'elle existe avant que le poète n'y inscrive sa marque, est la complice de l'état des choses humaines (politiques, sociales), de par son indifférence à l'oppression. Lutter contre les forces d'asservissement, ce sera d'abord tuer la poésie, raturer «la belle image instauratrice du poème» (*L'afficheur hurle*), refuser ces «froufroutantes archéologies d'intérieur» (*id.*). Bref, ce sera assumer le paradoxe d'être poète contre la poésie, et de réinventer la poésie dans l'acte même de la tuer. La littérature du XXe siècle nous a largement familiarisés avec une telle démarche, mais elle semble moins gratuite chez Chamberland que chez beaucoup d'autres. Car la clé du paradoxe, elle est là, dans ce réel qu'il faut purger de ses cauchemars tout-puissants et qui inspire au poète une éloquence souveraine. Lisez, ou plutôt écoutez, écoutez la voix d'une âme digne et fraternelle:

> J'écris à la circonstance de ma vie et de la tienne et
>   de la vôtre ma femme mes camarades
> j'écris le poème d'une circonstance mortelle inéluctable
> ne m'en veuillez pas de ce ton familier de ce langage
>   parfois gagné par des marais de silence
> je ne sais plus parler
> je ne sais plus que dire
> la poésie n'existe plus
> que dans des livres anciens tout enluminés belles voix
>   d'orchidées aux antres d'origine parfums de dieux
>   naissants...

> *L'afficheur hurle*

Voilà un langage qui *porte*. Les mots sont simples mais nullement attendus, ils ont tout leur pouvoir d'information. Il y a des redondances mais elles ne visent pas à brouiller le message en créant des synonymies positionnelles à partir de significations hétérogènes ou opposées, conformément à une rhétorique de la métaphore ou, si l'on veut, à une poétique de l'«image»; au contraire, la reprise met en parallèle de quasi-synonymes («je ne sais plus parler / je ne sais plus que dire») pour affirmer, en même temps qu'un parti pris de lisibilité et de simplicité, le respect du poids spécifique de chaque mot, chaque mot recevant son éclairage de la «circonstance mortelle inéluctable».

Et certes, les métaphores ne sont pas absentes: «langage parfois gagné par des marais de silence» (le langage est donc une étendue de terre ferme, menacée par l'invasion de l'eau et de la mort), «livres anciens» qui sont de «belles voix d'orchidées», etc. La syntaxe de cette dernière image (dont je n'ai cité qu'une partie) est singulièrement relâchée: le poète y désigne précisément une poétique fleurie (de rhétorique) et démodée, déficiente par la syntaxe, qui est faible, et par le sens métonymique, inexistant.

Les images sont là, souvent pour contester l'image, mais il y a aussi, empruntés à la prose, le nu langage de l'aveu («je ne sais plus parler»), la proposition-choc («la poésie n'existe plus»), l'apostrophe qui branche le poème à une écoute immédiate («ne m'en veuillez pas de ce ton familier...»), un large usage des *shifters* («... de ma vie et de la tienne et de la vôtre...»). C'est la syntaxe souvent, avec des moyens très simples, qui assure l'étincelle poétique, dans des vers qui rappellent les grands accents du lyrisme personnel, ceux de Rutebeuf, de Villon — ou de Gaston Miron («moi qui suis pauvre et de mon nom et de ma vie»).

Le langage (anti)poétique de *L'afficheur hurle* et de *L'Inavouable* marque un progrès, par rapport à celui de *Terre Québec*, dans le sens du dépouillement et de la clarté, et de l'intégration heureuse des ressources de la prose. Sans doute peut-on voir là l'influence de la très belle *Suite fraternelle* de Jacques Brault, qui fut publiée en novembre 1963 par la revue *Parti pris*. Les recueils postérieurs de Chamberland, surtout depuis *Demain les dieux naîtront* (l'Hexagone, 1974), dépasseront le paradoxe de la poésie-contre-la-poésie qui fonde la problématique et l'esthétique des recueils de 1964 et de 1967, mais ce sera au détriment de la poésie, désormais abandonnée au profit d'une pratique du «texte» (où la calligraphie, remarquable, tendra peut-être à suppléer l'enchantement, évacué de l'écriture ou, en tout cas, devenu affaire de *contenu* seulement).

Il s'agit donc bien de poésie engagée, où le défi d'une relation contraignante au réel est relevé avec bonheur. *L'Inavouable* approfondit des aspects restés embryonnaires dans *L'afficheur*, notamment tout ce qui se rapporte au passé individuel, mais l'unité d'inspiration est manifeste. La preuve en est que cinq des sept Poèmes à Thérèse, qui forment la section médiane de *L'afficheur*, sont repris dans *L'Inavouable* (le Poème 2 devient le Poème 21; 3: 83; 4: 68; 5: 14; 6: 41). Ces poèmes d'amour, beaux et émouvants, constituent comme des oasis dans les recueils consacrés à l'âpre investigation des formes multiples de la dépossession et du mensonge collectifs. Grâce à l'amour, le poète reprend contact avec le sol des origines, retrouve un bonheur qui n'a pas été déformé, comme le furent les joies de l'enfance, par l'action de «tous ces tueurs d'enfants ces éteignoirs de ciel», «ces vendeurs du temple de la vie» (*L'afficheur hurle*).

Cet amour, secrètement conscient de ce qui le menace de l'intérieur même, peut sembler aujourd'hui avoir été l'effet d'une volonté et d'un artifice: je le crois, au contraire, profondément vrai, de cette même *tension* qui est à l'œuvre ailleurs dans les textes et qui fait d'eux, plus que des textes, des poèmes, au sens plein de ce mot.

1978

Fernand Ouellette,
ou le centre est partout

On commence à comprendre, aujourd'hui, que l'*actualité* du langage poétique ne tient pas à la problématique idéologique ou formelle du poème, qui peut définir tout au plus un indice, rapidement périmé, de modernité. Je pense à la pratique formaliste qui désarticule la syntaxe et thématise le retour réflexif sur elle-même; ou à l'écriture militante, qui fait le procès de la littérature pour ce qu'elle aurait partie liée avec la bourgeoisie ou les «appareils idéologiques d'État». Ces conceptions renouvellent certes notre compréhension du fait littéraire, mais ne sauraient à elles seules garantir l'efficacité du poème, ni discréditer les problématiques antérieures lorsqu'elles portent, au sein même de notre présent, le coup de foudre (de feu, de sang) de la parole. Le poème parle — tout notre silence. La communication qu'il instaure s'alimente de tous les refoulés de la conscience, qu'il convoque et convoie aux grandes fêtes du dire. Par lui s'entretient l'espérance d'une réconciliation entre nos conduites quotidiennes et la sourde aspiration au total accomplissement de soi qui nous habite. Le poème, conformément à l'étymologie, nous *fait*: il est la parole portée à l'incandescence de l'action. Il fait de nous (entendons: nous nous faisons par lui) les artisans tout au moins *possibles* de notre destin.

Cette pesanteur de la parole agissante et responsable, nous l'éprouvons à la lecture de *Ici, ailleurs, la lumière*[1], le très beau recueil de Fernand Ouellette. La poésie s'y présente sous la forme maintenant classique du poème relativement bref en vers libres, avec titre et souvent dédicace. Les fonctions expressive et référentielle du langage, selon la terminologie aujourd'hui bien connue de Jakobson, y

---

1. Montréal, l'Hexagone, 1977, 94 p.

secondent la fonction poétique, évidemment centrale: le poème dit le moi et son rapport au monde dans une saisie à la fois «sensorielle, perceptive et réflexive[1]». Les thèmes, comme le titre l'indique, s'orchestrent autour de celui de la lumière — non pas celle, facile, des matins bénis, d'un autrefois magique et regretté, mais la dure et douce lumière de l'âge d'homme. Et c'est l'homme aussi, démystifié mais toujours à inventer, c'est lui qui reprend son cours, comme la rivière après l'hiver. L'homme qui va, certes pas sauvé ni des chagrins ni des doutes les plus âpres mais capable cependant de relever tous les défis de la joie.

Douceur et dureté, ensemble. Ouellette n'est pas un élégiaque, le rythme vient sans cesse casser le sentiment pour rappeler le poème à son intention spirituelle, qu'il faut distinguer de l'intention «mystique» ou «religieuse» parce qu'elle n'est jamais séparée du réel. Ouellette est un réaliste de l'esprit — lequel est partout et singulièrement au cœur de la matière. Il faut être très sensible à la spiritualité de la matière et, inversement, à la matérialité de l'esprit pour écrire des poèmes comme «La table de pierre (de Brancusi)», «Le masque Ibo» ou «Tombeau de Jouve» sans sombrer dans le commentaire para-poétique. Les œuvres d'art ou même d'écriture auxquelles le poème, souvent, fait une place importante sont aussi concrètement conçues que la pierre ou l'arbre, ou que Dieu même. Je cite cette saisissante évocation de Jouve, pour qui on connaît la vénération de Ouellette:

> [...] Ainsi montaient les oiseaux de sa bouche
> avec des plumes de flamme,
> tandis qu'au loin ils emportaient l'arbre.
> Ainsi se tendait la terre
> en la sonorité profonde
> de feuille, d'or et de voyelle.
> Mais la nuit s'est alourdie
> où coulait le sang léger
> (comme fraîchement nourri par Dieu) (p. 26)

La rhétorique reconnaît là des métaphores. Ainsi, les poèmes sont des oiseaux. Mais la métaphore, pour ainsi dire, vole de ses propres ailes, se détache du sens signifié: ces oiseaux ont des plumes de

---

1. L'expression est de Ouellette lui-même, dans «Le poème et le poétique», dans *Poésie*, Montréal, l'Hexagone, 1972, p. 265.

flamme, où une interrogation par trop prosaïque de l'image pourrait reconnaître des mots qui «brûlent» les vérités reçues. Mais qu'en est-il de cet arbre qu'ils emportent? — sinon, pour la raison lasse de traduire, l'arbre lui-même, l'arbre qui *est* le poète pris au jeu et au feu de sa parole et que sa parole emporte au loin. Un arbre qu'emportent ces oiseaux qu'il portait: arbre léger comme une plume, comme la flamme — et l'image ici fait retour sur elle-même, s'ouvre sur un espace précis mais illimitable d'associations. Et l'image à elle-même s'ajoute. Par cet envol de l'arbre, c'est la terre qui se déprend de la pesanteur, se tend en la parole aérienne qui est feuille, or, voyelle — toute la nature et toute la culture.

Et cet alourdissement de la nuit qui signifie la mort n'est-il pas le terme obligé du renversement de gravitation, de l'assomption de la terre en la parole? Quand toute la matière a été déportée en l'esprit, celui-ci ne doit-il pas poser sa charge et rétablir l'équation première? Voilà que le corps devient pierre, que le sang n'y circule plus; voilà surtout que la chute du poème n'a rien de conclusif, que la parenthèse du vers final commente un aspect non de la mort mais de la vie, et que le dernier mot, Dieu — Dieu qui nourrit le sang du poète —, apparu comme incidemment, est à la fois le vocable ultime, par tout le poids de son référent, et en même temps le lieu d'un hasard: c'est au hasard, en effet, que se termine le poème, comme au hasard se termine la vie terrestre, mais ce hasard est Dieu. Le poème reste, pour ainsi dire, un pied en l'air, magnifiquement indifférent aux règles du poème, mais cet air est Sol et Socle du réel.

C'est un des traits constants des poèmes de Ouellette que leur absence de chute, corollaire d'une égale absence d'introduction. On est tout de suite plongé dans le vif du sujet et on ne le quitte pas. Du *centre* partout, point de circonférence. Le poème maintient la tension des contraires, ne conclut jamais unilatéralement dans le sens de la joie ou de la détresse. Lisons, par exemple, «L'oppression» (p. 54). La première strophe est le constat d'une existence préservée: «Rien ne m'est advenu...» Le poète n'a pas subi de grandes épreuves dans sa vie («comme donner des morts à la terre»), ni connu d'aventure mirobolante («enjamber la toundra / ou recevoir la lune en secret»). Pourtant (2e strophe), il se sent opprimé, «abreuvé de désert», et cette aridité est égale, et simultanée peut-être, à la présence rafraîchissante de l'espoir («Pourtant je suis abreuvé de désert / aussi bien que par l'eau d'une lueur»). Le poème ne fait pas un mouvement vers l'affirmation de la

nuit («Je passe de mon ombre à la nuit») sans qu'aussitôt soit avancée
l'évocation de la lumière («... en pesant les souvenirs: / la rose voisine
avec le fou de Bassan, / la forêt s'avance vers le lac, / le féminin me
tient en délire»). Ou alors, la dualité ombre / lumière est peut-être,
d'emblée, radicalement transgressée puisque le «délire» amoureux,
par exemple, comporte sa part d'ombre (le recueil des poèmes les plus
érotiques de Ouellette s'intitule justement *Dans le sombre*), ce qui justifierait la conclusion désenchantée de la strophe: «je piétine parmi les
images. / Tant de tableaux tourbillonnent.» La dernière strophe
exprime de façon plus aiguë encore l'ambivalence de toute chose. Car
si la joie survient («Si la saison subitement s'ouvre, / que l'aimée plus
amoureuse / la traverse et se propose»), le poète ne se rend pas disponible sans effort à sa présence gratifiante («il me faut malgré tout / à
deux mains me saisir / pour écarter l'oppression»). On croirait donc
que, malgré la résistance qu'elle oppose au poète, l'oppression peut
être vaincue. Mais comment interpréter les deux derniers vers («Le
monde s'éloigne de nous / sur la déclive de la vie errante») sinon
comme l'affirmation étonnante que le monde est le lieu de l'oppression, que la joie en lui est impossible, qu'il faut s'en évader? On retrouverait alors la problématique dualiste d'un Saint-Denys Garneau, qui
rêve de «la perte de mon pas perdu s'étiolant à ma gauche / Sous les
pieds d'un étranger qui prend une rue transversale»... Mais on connaît
le refus que Ouellette, depuis toujours, oppose à ce dualisme. Le rejet
du monde ne peut être que provisoire, le monde ne peut être que «dia-
lectiquement» cet en dehors de l'amour, ce lieu d'oppression. Si l'assimilation du monde aux puissances nocturnes avait été si nette, le poète
l'eût marqué de façon plus insistante, en recourant par exemple à
l'anaphore grammaticale: «Le monde *alors* (i.e. dans et par la rencontre amoureuse) s'éloigne de nous / sur la déclive de la vie errante.» Le
lien de conséquence n'étant pas posé mais seulement laissé à déduire,
le monde reste disponible pour un avatar mélioratif et le poème reste
en suspens, n'a de conclusion que provisoire — nous rejetant ainsi
vers les autres poèmes sur lesquels il s'ouvre tout à la fois.

  Oui, tous les poèmes: ils sont bien à leur place dans le recueil,
regroupés sous les titres *L'Ailleurs* (I et II) et *L'Ici* (I et II), mais en
même temps ils font signe à tous puisqu'ils sont chacun *le centre*. Pas
de cloison étanche. «Printemps d'ici» qui, il est vrai, évoque «la
mémoire d'une Galilée», l'image d'une «Jérusalem là-haut en nous»
(p. 19), appartient à la première section (*L'Ailleurs*, I); et un poème de

la troisième, «Délire III», dit le «Ventoux labourant le bleu dense» (*L'Ici*, I). Et puis — autre beau déplacement — ce recueil qui affirme la lumière se termine tout de même sur deux poèmes intitulés «La terreur» (I et II). Et le froid, l'hiver, l'oppression sont partout aussi présents que leurs contraires. Le court poème intitulé «Avril», par exemple, rabat cruellement l'hiver sur le printemps, en quelques vers où les «signes d'avril» sont pourtant signes de naissance:

> En montée partout la sève aspirée
> quand la terre tournait en soleil,
> par laquelle je m'éveillais.
> Mais le ciel d'infinité grise,
> fermé aux signes d'avril,
> sur nous, presque debout, s'abattit,
> en neigeant ses astres morts. (p. 44)

Avril est donc un temps où ne s'accomplit pas nécessairement avril; où le ciel rend la terre à la terre, de même que la nuit, dans «Tombeau de Jouve», s'alourdissait dans le corps du défunt. Inversement un poème comme «Absence» affirme la nécessité de nier la mort, de préparer l'œuvre du printemps:

> En telle absence
> produite comme une toile par le temps,
> ne faut-il errer par le rêve de l'arbre,
> ne faut-il chercher l'ensoleillant,
> suspendu à la brindille;
> ou encore, enroulé sous la verticale,
> là-bas où la sève travaille la nuit,
> se préparer au parcours multiple,
> à la secousse des ailes,
> sous la poussée des lumières? (p. 52)

L'absence et la présence sont logées au cœur l'une de l'autre, comme l'esprit et la lumière, la naissance et la mort. Voilà d'ailleurs un des lieux communs les plus féconds de la pensée contemporaine, laquelle n'en finit pas de s'interroger sur la logique qui est à l'œuvre dans les contradictions constitutives de toute représentation du réel. La raison dialectique elle-même, avec son totalitarisme encombrant, mord la poussière... Une lueur viendrait peut-être de Stéphane Lupasco qui

expose à grands traits les fondements d'une «causalité d'antagonisme», dans *La Tragédie de l'énergie*[1]. Je laisse cela aux philosophes,
s'il en est encore. Je me contente de dire que la poésie de Ouellette,
parce qu'elle est poésie du *centre*, est aussi celle de la tension la plus
forte entre les contraires.

Cette tension se traduit par un resserrement extrême du texte. Sur
le plan syntaxique, on note l'absence de tout mot explétif (au sens
large): par exemple, dans «Absence» que je viens de citer, l'article au
premier vers et le *pas* (ne... pas) aux vers 3 et 4. Sur le plan morphologique, le poète recourt à des types inusités de substantivation («l'enso-
leillant», vers 4); et sur le plan tropologique, certaines abstractions
accentuent la densité du langage («enroulé sous la verticale», vers 6).
Ces procédés, et d'autres telles l'inversion («Neige le rose de l'ange»,
p. 27) et diverses formes d'anomalie syntaxique ou sémantique créent
l'impression d'un langage très *tenu* (et non ténu!) dont la beauté,
intense, n'est jamais l'effet du hasard, d'une rencontre fortuite de
sonorités ou d'idées, mais d'un travail et d'un questionnement sans
relâche. Le poème au verbe étroit, aux vers brefs et fulgurants, ressemble au corps même qui, mythiquement, le profère, cette «poitrine»
qui «durcit, / asséchée par les incursions / du regard pourtant libre et
chasseur», et qu'il faut presser de ses deux mains «pour que l'homme
en son espoir / puisse clamer ou se souvenir» (p. 80).

Décembre 1978

---

1. Casterman, coll. «Mutations / Orientations», 1970, p. 79 et *sq*.

Michel van Schendel,
poète de combat

J'en conviens: le langage poétique de Michel van Schendel ne m'est pas facilement accessible. Cela tient à sa rigueur: il exprime sans concession une vérité personnelle, individuelle, un *secret* (chacun a le sien, peu en font la légende). Et tout le contraire pourtant puisque les sympathies révolutionnaires, donc l'altruisme de l'auteur de *Veiller ne plus veiller*, sont bien connus. Homme engagé, mais aussi réservé, le poète n'a pas sacrifié son moi à une cause. La poésie non plus. Et il consent, dit-il, à «avouer sa propre histoire[1]».

Mais il y a autre chose, qui tient à l'enracinement de la mémoire dans une histoire différente de la nôtre, européenne. Dans la guerre notamment. Après plusieurs lectures, je commence à comprendre qu'elle est, cette guerre, une des images-forces de l'œuvre et qu'elle contribue au dépaysement du lecteur que je suis, peu familier avec cette fantasmatique collective qui s'est nourrie d'événements fort concrets et tragiques. Dans son bagage de bipède né Français de parents belges, entre deux conflits qui ont dévasté l'Europe, van Schendel traîne nécessairement une tradition de la catastrophe, celle même qu'il évoque dans ces lignes d'un récit dont une partie seulement a vu le jour:

> Elle lui a dit quand à la guerre la Bertha bombardait, il y a eu
> des morts, beaucoup, des maisons crevées en banlieue, matelas
> de plume perchés sur les poutres, le sol tremblait sous les

---

1. *De l'œil et de l'écoute*, poèmes 1956-1976, Montréal, l'Hexagone, 1980, 254 p.; p. 236. Les textes que je cite, sauf indication contraire, renvoient à cette édition et je mentionne simplement la page, sans appel de note.

> trains militaires du côté de Verdun, on se croyait au front; non,
> elle ne l'a pas dit ainsi, peut-être n'a-t-elle rien dit; de gros
> obus fendaient la brique, la pierre des pavillons de banlieue,
> dit-elle, chaque fois l'orage me rappelle ces années-là, ces
> coups-là, ahurissement [...][1].

Il s'agit ici de *choses vues* de la guerre de 14, confiées au poète
enfant par une voisine d'une autre génération, mais ce souvenir, avoue
le narrateur, est peut-être en partie une invention. C'est dire que, de
ces témoignages recueillis de tout un chacun, sa mémoire regorge et
qu'il ne peut en restituer à quiconque l'exacte paternité. La guerre,
c'est le récit de On, et en moi c'est quelque chose du Ça.

Émigré au Québec à l'âge de vingt-trois ans, au début des années
cinquante, Michel van Schendel mettra quelque temps à trouver sa
voix en poésie. Puis, en 1957-1958, il écrit les *Poèmes de l'Amérique
étrangère*, qui sont publiés par l'Hexagone. Par certains thèmes, on
peut rapprocher ce recueil de la problématique du pays qui commence
à s'élaborer autour des œuvres de Gaston Miron (version sauvage) et
de Jean-Guy Pilon (version polie). Mais en fait, la relation au continent d'adoption est vécue dans le malaise et le conflit:

> Je suis un homme de mes terres Amérique
> Je les porte pesantes
>   pavés de glaise
>   grisou d'exil
> Je les porte je me sépare je me cogne à ta poutre
>   Amérique (p. 22)

Cogner à la porte, c'est se cogner à la poutre; et être homme de
ses terres, c'est peut-être bien rester fidèle au pays natal, à «ma terre
de houille» (p. 31), sans doute la Belgique, patrie des parents, où le
poète a vraisemblablement séjourné au cours de son enfance. Le Québec, en tout cas, représente sa troisième naissance:

> À nouveau créé pour la troisième fois de ma vie (p. 22)

> Je frappe à la troisième porte peuple d'emprunt (p. 101)

---

1. *Il dit*, dans *Voix et images du pays IV,* Montréal, Presses de l'Université du
Québec, 1971, p. 175-200; p. 196.

Ce qui contribue à rendre l'Amérique «étrangère», et plus encore le Québec, c'est peut-être l'absence, en nos vies de vaincus, de cette violence déclarée, organisée qui fait partie intégrante de la relation au monde du poète — la guerre — et qui lui fait concevoir l'existence comme un combat. Je voudrais montrer qu'une thématique de l'agression, ou mieux que les salves d'un imaginaire belliqueux scandent la majorité des poèmes[1].

❑

Cela commence dès le groupe de trois poèmes datés de 1956 et retouchés en 1976, *Ronde à massacre en trois foires*. Titre truculent, qui allie le grotesque et le tragique. La syntaxe en est complexe. Il s'agit, en quelques mots, de coiffer une œuvre à structure simple, cyclique et à connotation populaire ou enfantine (ronde), semblable à ces pièces pour guignol qu'on joue dans les foires et dont le massacre est un ingrédient capital. La métaphore poème = foire suggère que le texte est un lieu profus, hétérogène, voué à la représentation du réel (carnavalesque), et que le référentiel prime tout.

La «Première foire» présente un homme tout ce qu'il y a de moyen, un homme à chapeau qui, dans la rue, s'arrête pour regarder autour de lui. Un «sbire en fesse», gardien de l'ordre, le tue donc! Apologue simplet, comptine pour adulte marxiste: l'homme du pouvoir contre l'homme de la rue. La lutte des classes, sous son aspect le plus folklorique. Un onirisme gentil désamorce la thèse malléifalcicule.

«Deuxième foire»: un autre homme, tout aussi anonyme, est assis dehors et regarde passer les gens, se donnant le spectacle de cela «que l'on nomme l'ordre». Survient un «monsieur très distingué» qui s'en prend à lui, casse sa chaise d'un coup de canne et notre contemplateur s'en va mourir à l'hôpital, cependant que «La foule ahurissante de l'ordre sans loi / continue brinqueballante / à défiler». Le combat — inégal, bien entendu: il s'agit en fait de massacre, comme le titre le dit — n'oppose plus, à l'homme de la rue, un représentant officiel du pouvoir mais un membre de la classe privilégiée. Du reste, le meurtre est indirect, élégant: le monsieur s'attaque à la chaise, le pauvre bougre meurt de sa chute.

---

1. N'ayant point un souci d'exhaustivité, je limiterai mon enquête aux textes regroupés dans *De l'œil et de l'écoute*, en particulier les trois premiers ensembles.

Troisième et dernière «foire», plus longue celle-là. Le sujet actantiel en est l'homme-foule, pas facile à tuer car il est légion. Ceux qui s'y essaient, par exemple les «états-majors de cerveaux secs», sont payés d'échec et de mort. Une solution est pourtant trouvée. Elle consiste à se faire «l'allié / de l'homme-foule» et à lui inculquer un solide esprit militaire:

> lui mettre amorce en bouche
> l'amener à concupiscence de massacre
> On le fourbirait de pétards
> de bonbonnes carboniques
> de colifichets de balles
> On planterait sur l'occiput
> deux obus s'aimant de feu
> éclatant d'aise (p. 14-15)

et on lui donne pour ennemi l'homme-abattis, son pareil. Ils s'écorcobalissent comme les deux géants de Michaux, pour la plus grande joie de ceux qui restent:

> on dansera près des brandons
> on criera paix bon débarras (p. 17)

Ceux qui restent: les horribles pacifistes... Par un vicieux retournement en effet, la guerre est devenue le lot de l'innocent, les profiteurs affichent le parti de la paix. Le poète, on le voit, ne peut imaginer de relations entre les hommes autres que meurtrières. Chaque conscience poursuit la mort de l'autre. Il est vrai qu'on est au guignol, et que la mort y est très farce. Il est vrai surtout que Michel van Schendel est marxiste, qu'il a été membre du parti communiste français (ce pourquoi on lui refusera pendant trente ans la nationalité canadienne!) et que la lutte des classes lui offre un schème confortable pour y mouler ses fantasmes guerriers. Ce que *La Ronde à massacre* nous donne à lire, en tout cas, c'est cette chose rare au Québec et en Amérique: une poésie authentiquement marxiste, proche de Brecht, me semble-t-il, par une fantaisie naïve et très savante, où Lénine dissimule sa calvitie sous le chapeau de Lucky Luke.

Le véritable coup d'envoi de l'œuvre, ce sont ces *Poèmes de l'Amérique étrangère* que j'ai cités déjà. Le texte liminaire dit la volonté d'appropriation d'un continent nouveau, fascinant, dur («Terre carnivore aux brèches du désir»), dont les images évoquent moins Montréal que New York («Amérique d'écorce hoquet des hurleries et saxo noir des fous»). La relation à cette terre-cible est métaphorisée par l'union conjugale, mais aussi le sadisme du dressage[1]:

> Je veux ton alliance à mon doigt
> Que je te mate et te cravache revêche (p. 22)

Empruntée au capital imaginaire du continent d'adoption, la panoplie amérindienne servira à figurer, très dynamiquement, la nouvelle relation à soi:

> Je devrai me jeter flèche sur les cris de mon passé et
>   sur mes reniements
> Et je briserai les arbres tenant encore à la rengaine de
>   ce cœur
> Et je lancerai la hache sur moi-même et me retrouve-
>   rai (id.)

Bref, le massacre est au programme et il est régénérateur; il permet au poète de se conformer globalement à la société d'accueil, «au pays de la craie / de la craie des visages sans air / [...] de la craie d'Amérique / [...] Amérique à peau neuve mon cancer et mon double / Et ma drogue / qui creuse la main du dernier cri» (p. 23). Craie, cancer, creusement, cri: grrr !... Le «double» n'a rien de facile ou de tendre. L'Amérique est bel et bien «ma lutte» et «ma violence» (id.). Elle est le lieu de refonte, c'est-à-dire d'une destruction suivie d'une renaissance[2]. Le poète se porte vers elle avec les ressources de la rage, sachant d'avance qu'elle lui livrera un dur combat.

«Combat dans le sang et le froid»: tel est le titre de la seconde partie d'*Amérique étrangère*. On y lit un poème en sept temps, «Froid», qui raconte une explosion, sur fond de cataclysme:

---

1. Les deux semblent faire bon ménage, c'est le cas de le dire, dans la coulée d'un lyrisme viril que n'inquiète aucun surmoi féministe — nous sommes en 1958.
2. Dans un texte de la même époque, van Schendel reprend le même schème pour décrire l'univers pictural de Léon Bellefleur: «Un monde meurt. Mourant, il naît. Il se dédouble, il vit dans son absence, il se prolonge dans l'explosion instantanée qui le comble au-delà de ses extrêmes possibilités. Il s'engendre et il se tue, il revit au même instant.» («Avant après», *De l'œil et de l'écoute*, p. 221.)

Crayon d'acier trempé dans la nuit transpirante La
tête des hommes décompose la danse de la dernière
alerte Il n'y a plus d'abris Les mains lèchent des cris et
s'abandonnent [...] Femme qui prépares ta valise
il n'est plus temps Assieds-toi Ton espace va s'ouvrir
aux trois battants de ce combat du sang et du froid
L'explosion du temps t'effacera (p. 42)

Ce sont les images de la guerre. Celle de 39-45, qui continue celle de 14-18; qui emplit toute l'enfance, et le temps même d'avant la naissance. Ces images font retour à tout moment dans le présent du poème: le «crayon d'acier» du poète est une épée, son papier, nous dira le recueil suivant, est la *pierre* où il grave ses patientes *variations*. Tout est dur, tout est pierre et feu, pour le désir qui crie. Créer c'est crier, le poème est une protestation contre le désastre jamais conjuré, contre la guerre inscrite au cœur des choses.

Voyez ce paysage:

Ma terre pluie feuillue
Brouillant des barbelés dans les yeux chanteurs de
　　mort
Honte
Givre du repos remords des glaces
Givre des mares où s'enlise une enfance à feu clos (p. 49)

Sitôt posées, la tendresse et l'appartenance sont désavouées, converties en aridité et en agression, le givre minéralise le monde et forclôt l'enfance. Oui ce monde est froid quand il n'est pas livré à la dévastation du feu, et il est froid *contre* le feu vivant d'autrefois, qui n'a plus sa place dans la lice du présent. La vie est un combat sans fin («Les mains perlent de lutte contre la peur du monde» — p. 46), et le langage du poème, en conséquence, est voué à la rigidité («Nos mots durcissent / Leur dureté s'écrase / dans la pierre de l'eau» — p. 48 — l'eau est une pierre!).

Voilà. La règle c'est donc la guerre, même longtemps après que se sont tus les canons. Une disposition au massacre couve dans le monde. Pourtant le bonheur, la tendresse aussi sont possibles, grâce notamment à la femme, qui change tout en elle-même:

Voici que les éléments de la ville et de la vase ont pris la
    forme du sourire
[...] Voici cette clarté
Et ce haut corps de toi que tu portes vers la nuit
Être doux et bondir à feu d'air! (p. 67)

Le dernier vers est un souhait, celui du poète mis en présence de
la femme et qui aspire à troquer sa minéralité, sa violence contre la
légèreté jaillissante qui lui permettrait de rejoindre son «haut corps».
La femme ici est une figure de majesté, le poète devant elle se fait tout
petit, il est l'enfant qu'on porte sur les fonts («Je me tiens sur tes fonts
et je me perds à ta porte» — *id.*) et un sacrement de douceur l'arrache
à la nuit. Il faut voir cependant que les contraires se touchent, que la
vie la plus intense n'exclut pas la mort. On le constate dans cet hommage que rend à la femme aimée sa terre natale:

L'Amérique chante vers toi des poèmes de cendre
Calcination douceur l'augure de l'arbre t'invente
Tous les oiseaux sont morts dans la connaissance des
    feuilles [...] (*id.*)

Les cendres, la calcination rappellent le fondamental massacre,
d'ailleurs thématisé dans la mort universelle des oiseaux; et pourtant
une image de renouveau végétal leur est directement associée. La
nature forme comme un bouquet de fraîcheur et d'aimable dévastation, en offrande à l'aimée...

Ailleurs, celle-ci est conviée à prendre part au banquet de la
guerre:

Bien-aimée tu es venue aux tables de la guerre
    comble tes vœux la manne renoncée
Les yeux de suie ont perdu leur ciel les cercles
    s'allument les yeux de suie se criblent de
    vendange violence riz de feu (p. 70)

Ainsi la femme participe aux agapes de fer et de feu, prend place
aux tables du passé. Pas de relation possible au *présent* sans ce détour
par l'autrefois, par l'enfance marquée, scarifiée, où gît «le réseau des
armes en eau douce ameuté» (p. 74).

Comment, dès lors, le poète subira-t-il la familiarité de cet
étrange peuple d'Amérique où il est tombé, peuple étranger lui-même

à cette Amérique étrangère, peuple empêché et désarmé, qui n'a pas même le recours de la parole? Le silence est en lui un ferment de pierre grugeuse, une amiantose:

> Amiantose inconnue d'un peuple sans paroles
> D'un peuple au pied du mur le mur grêlé de rêves
> La rose était cendreuse et la guerre lointaine (p. 75)

Oui, ce peuple a tout oublié de la guerre qui l'a vaincu et réduit à l'inertie, à l'absence de mots et d'idées. Il faudrait, pour le ranimer, une salve sans pitié:

> Feu sur l'ombre ces hommes-là pourrissent
> Chair d'érable usure d'eau les arbres succombant
> [...] Ce lieu de mésentente est le lieu d'une mort inutile
> L'herbe brûle sur un pays caché (*id.*)

À cette engeance déprimée, ces hommes qui «ont peur de leurs dents» (p. 76), le poète voudrait donner une leçon d'énergie. Pourtant il apprend à goûter la paix, la «terrestre paix» qui s'offre sous l'espèce désirable de la femme:

> Je te donne la main tu me plais pacifique
> Nous partageons le goût du pain au bord des mêmes
>   tables
> Nous savons ce qu'il en coûte
> Et nous brûlons sur le sol comme un oiseau tranquille (p. 77)

Ainsi les tables ne sont pas toutes celles de la guerre; mais le bonheur paisible n'en a pas moins l'allure du feu qui consume. Suit un poème particulièrement violent, sans titre, qui évoque des guerriers magnifiques, ceux de la légende, fondateurs du pays: «Des hommes vinrent qui portaient le poids de chair comme un peu de sang à verser / [...] Et croyaient que la conquête est comme cuire du sable sur l'apprêt de leurs mains» (p. 78). Un tel éloge de la conquête surprend sous une plume de gauche, mais il faut prendre garde que le texte est en italique et exprime peut-être — sans doute? — le point de vue des autres, de ceux qui entretiennent la «légende» sur laquelle «nous fonçons» (*id.*). Rien de bien clair dans ce discours, sinon une insistance toute particulière du thème polémique:

> Ce qui armé est meurtrissure ce qui combattant regarde du
> côté de l'indécision ce qui guerre se prononce pour l'oubli le
> sang qui coule est banal banal ce qui renverse les murailles
> mieux qu'un poème ce qui rallie les chemins du blé par-delà
> les lointains obus (*id.*)

Voilà bien le présent, ce «temps pauvre» de la vie réduite et des
images rétrécies, où la guerre subsiste mais honteuse d'elle-même,
banale et vidée de son sens. Le poète alors, parce que la vérité est ce
qui porte à son paroxysme le scandale de la plaie ouverte, se veut juif
et écrit le «Poème au temps des juifs», cette «intraitable fiction de
vérité» (p. 101). Lui l'exilé, l'émigré, il constitue comme temps des
origines cette époque de ses dix ans où il a été le témoin (semble-t-il)
de l'évasion et de l'exécution d'un juif. L'homme se serait échappé
d'un train où il était emmené en captivité, et il aurait été rejoint par la
«meute» des «lapidateurs» (p. 99). Trente ans plus tard, le poète se
proclame «le Juif de la colère» et il se pare de ce titre pour s'adresser à
son semblable, le Québécois: «L'obscur le blanc le nègre-blanc le juif
la déjection», frère de faim et de soif — sinon de colère! Il frappe
alors, non sans vigueur,

> [...] à la troisième porte peuple d'emprunt
> Et la porte se brise
> Poussière bel oiseau nous te prenons au poing

introduisant en pays conquis un style conquérant — du reste, absolument sympathique!

❑

Après ce survol des premiers recueils, je me rends compte que mes
collègues qui, dans les revues ou les ouvrages spécialisés, en ont fait la
recension ont surtout mis en lumière les thèmes idéologiques: lutte contre l'aliénation sociale et coloniale, élaboration d'une thématique du
pays. En un sens, je parle de la même chose, mais sous un angle tout
autre, qui fait peu de cas de l'intertexte québécois. J'essaie, sans pouvoir
sortir de ma position et de mes préjugés mais en les neutralisant autant
que possible, de comprendre l'entreprise de van Schendel à partir de ce
qui transparaît de son histoire, en particulier de celle qui nous est «étrangère». Le risque, c'est de sembler rejeter le poète et sa poésie dans les

ténèbres extérieures, d'en faire l'*autre* caricatural. Il est facile, trop facile de poser, face à un Québec censément pacifique, une Europe belliqueuse. Ces images sont des mythes. Il suffit d'ailleurs de relire les poètes de *Parti pris* pour comprendre que la violence, le combat ne sont pas l'apanage des peuples qui ont connu la guerre.

Cependant, c'est dans cette guerre qui l'a marqué qu'il me semble devoir rejoindre la vérité de van Schendel, quitte à outrer un peu les traits, oublier le parapluie des intentions conscientes, prendre les mots au mot! Pour faire mienne cette poésie, il faut que je reconnaisse d'abord la distance qui m'en sépare, que je travaille à la réduire par l'invention de schèmes d'accueil. Ainsi, je salue en van Schendel quelqu'un par qui m'est donné un savoir du monde qui jusque-là m'échappait, par qui la guerre devient mon propre passé. Comme van Schendel se fait juif par «fiction de vérité», me voici Français né de parents belges et participant de la même «Matrice», cette matrice ou *matrie* qui est la guerre perpétuée, contemplez-la:

> Puissants n'oppriment que sous main marquée
> D'obus rendus d'âme par le pré blés
> Brisés grenier mordu de vitres en gelée
> Des avions ont la mémoire des poudres ocres
> Salive n'est que goule et je la rends mon âme par
> Où les bombardiers font voir la résistance des fusils
> [...] Avions avions et rafle pour la cendre où par les barbe-
> lés nous sommes encerclés (p. 183)

On retrouve ici le jeu de massacre des poèmes de 1956, où un commentateur décelait avec sagacité ce «dénominateur commun aux différents textes» du poète: «l'homme aux prises avec les dictatures de toutes sortes[1]». Une vision marxiste du monde y dénonce la responsabilité des «puissants» dans la mise en œuvre du carnage, et le sort fait aux hommes ordinaires, ceux qu'encerclent les barbelés. Il n'y a donc, faut-il le préciser, aucun militarisme dans ces traces innombrables que la guerre a laissées dans les poèmes: van Schendel est aux antipodes d'une valorisation de l'armée.

Restent pourtant ce que j'appellerai la structure polémique, la fascination pour les formes les plus diverses de l'agression, le goût vif

---

1. Luc Bouvier, «Michel van Schendel: *De l'œil et de l'écoute*», *Livres et auteurs québécois 1980*, Québec, Les Presses de l'Université Laval, 1981, p. 141.

du combat. Contre l'oppression, il n'est qu'une solution: frapper. «Une image frappe. L'histoire est éveillée, une histoire.» (p. 197) Faire l'histoire, comme faire *son* histoire, demande la mise au rancart des prudences. Ne pas être «Comme un uniste» (p. 196) mais communiste, ne pas «Se méfier des mots / Tourner la langue sept fois» (*id.*) mais révolutionner l'usage du verbe, mettre la langue en guerre avec elle-même, *démettre* les mots (*cf.* le substantiel recueil intitulé *Le Dit des mots démis*) et faire entendre, dans les mailles et tessitures de l'idiome, la voix de tous les peuples (p. 236). Au bout de cela, la tendresse sera enfin possible, et il est significatif que, pour van Schendel, elle ne puisse venir au Québec que par les «mille cultures» des immigrants (p. 238). Et encore, c'est «contre ses élites bourgeoises» que le «Québec populaire» l'accueillera — bref dans l'ultime combat, celui où, pour reprendre le titre d'un recueil ultérieur, «veiller» et «ne plus veiller» seront enfin possibles l'un et l'autre, l'un par l'autre. Le repos du guerrier...

Février 1986

La ville / pour une utopie de l'actuel

S'il est un thème proprement inépuisable chez Beausoleil, un thème susceptible de variations à l'infini parce que capable d'accueillir en lui tous les autres, c'est bien celui de la ville; du moins est-ce le principal des thèmes-objets, car Beausoleil est de cette génération pour qui subjectivité et écriture ne font qu'un et constituent le *cadre* sémantique obligé (thème-sujet).

La ville. On connaît les anathèmes qu'ont jetés sur elle les poètes du terroir, DesRochers, Saint-Denys Garneau lui-même («La ville coupe le regard au début / Coupe à l'épaule le regard manchot»), puis son apparition, certes problématique, dans *Metropolitan Museum* de Robert Choquette (1931) et *Les Soirs rouges* de Clément Marchand (1947)[1]. Il faudra attendre les années soixante pour qu'une certaine poésie d'inspiration urbaine se constitue; encore reste-t-elle noyée dans l'omniprésente thématique du pays, et fait-elle de la ville le lieu d'une aliénation, non d'une habitation.

Avec Beausoleil et quelques autres écrivains de sa génération, la ville devient un espace heureux; et, chez Beausoleil, un lieu extraordinairement parlé, parlant, un lieu générateur d'*éloquence*. Tout se passe comme si la ville, loin d'être ce monstre topologique où le béton, le verre, l'acier supplantent la nature et privent l'homme de ses horizons, fonctionnait comme une nature, ou plus précisément comme ce Pays magique dont les peuples colonisés se gargarisent périodiquement au cours de leur ridicule martyre. L'extraordinaire, c'est que le lieu des discontinuités, des ruptures, des abandons devienne l'espace continu par excellence, celui des retrouvailles, de la vie filée sans anicroche.

---

1. Claude Beausoleil vient de rendre un magnifique hommage à Clément Marchand en donnant pour titre à son dernier livre un alexandrin des *Soirs rouges* (légèrement transformé).

Un poème parmi beaucoup d'autres, mais particulièrement réussi en son genre, nous permettra d'explorer quelques facettes de cette lyrique. Il s'agit de «Mémoire de ville», dans *Une certaine fin de siècle*[1]. Le poème comporte une seule longue coulée de vers plutôt brefs, dont l'homogénéité métrique est renforcée par la récurrence, tantôt partielle, tantôt complète du premier vers:

Nous reviendrons comme des Nelligan

Leitmotiv remarquable à plusieurs titres. Sa signification est loin d'être claire (de quel retour est-il question? qui compose le *nous* sujet?) et pourtant il *accroche*, s'impose avec une chaleureuse évidence. Il fait passer de l'énergie, à la façon d'un mot d'ordre mobilisateur. Sa logique n'a rien d'intellectuel, malgré la référence au poète — un poète, il faut le dire, passé tout vif à l'état de mythe, de symbole collectif. Il y a un je ne sais quoi de démagogique — au meilleur sens du terme! — dans ce vers dur et mou, qui a de l'éloquence comme «La romance du vin» et qui renoue avec la tradition pré-baudelairienne du langage poétique transitif.

C'est la figure: «comme des Nelligan», forme d'antonomase faible (fondée sur une comparaison, non une métaphore) et dénuée de préciosité parce que trop éloignée de l'habituelle raideur sémantique, qui donne le ton. Elle met au pluriel ce qui s'écrit de droit au singulier, ce qui est la singularité même: Nelligan n'existe pas à des centaines ou des dizaines d'exemplaires, il est l'Unique. Peut-être cette pluralisation compte-t-elle pour beaucoup dans le sentiment qu'éprouve le lecteur d'une certaine démagogie du texte, s'il est vrai que démagogie et démocratie se touchent. La poésie, on le sait, doit être faite par tous. La ville est précisément ce lieu où l'on peut imaginer la multiplication de l'Unique, surtout si cet Unique est Nelligan. Car Nelligan, bien que n'ayant jamais chanté la ville, est le poète citadin par excellence. Il ne peut imaginer les beuglants troupeaux qui inspirent ses confrères régionalistes que sous la forme — ou le titre — de «cohortes bovines». Eh bien, la ville sera peuplée de poètes nonpareils, cohorte d'anges dont la pérennité (le retour) est garantie par la transitivité même qui est sa loi. C'est parce que la ville est un lieu où l'on passe

1. Saint-Lambert, Le Noroît, 1982, 350 p. «Mémoire de ville» occupe les pages 45 à 57.

qu'elle est le lieu où l'on revient, transgressant par là les frontières tri-
viales, «naturelles» de la vie et de la mort. La ville est un lieu
d'immortalité simple, quotidienne, aux airs de bars et de nuits blanches:

> nous reviendrons comme des Nelligan
> dans des paillettes et des espaces urbains
> comme des voix brisées de nuit
> dans des mots et des jets
> que transforment les choses
> nous reviendrons comme des rocks lents
> des musiques traversées d'audace
> des rythmes que la ville balance
> au-dessus des rêves et des démesures [...]

Le sentiment de merveilleux que communiquent ces vers est
l'effet d'une syntaxe très conjonctive et d'une sémantique fort dis-
parate. Que veut dire: revenir dans des paillettes? Oui, on comprend: dans un éclat de fête, une atmosphère de lumineuse euphorie.
Mais ce sens est menacé par le contresens trivial, celui qu'une poétique plus cérébrale aurait cherché d'abord à écarter: nous reviendrons vêtus de robes à paillettes — non plus comme des Nelligan
mais des Ginette Reno! Beausoleil ne tient pas à contrôler la connotation: il fait confiance au lecteur et lui laisse le soin de lire dans le
sens qu'il voudra. Le lecteur bienveillant (il en est) fermera les
yeux sur les ridicules possibles. Il se laissera porter par le mouvement du texte faisant traverser des espaces de sens fort divers, sans
s'attacher à les articuler. Ainsi, des «paillettes» on passe sans transition aux «espaces urbains» — quoi de plus hétérogène, sinon que
l'un et l'autre se rapportent à la ville, l'un symboliquement, l'autre
par définition?

La cellule discursive initiale se développe donc d'abord, brève-
ment, par adjonction de compléments circonstanciels de lieu (en fait le
premier, «dans des paillettes», circonscrit fort mal un lieu, suggère
plutôt un *milieu* et, par là, rend incertaine la coordination avec les
«espaces urbains»). Puis un élément en est repris et transformé:
«comme des Nelligan» devient «comme des voix brisées de nuit», ce
qui, sémantiquement, produit là aussi un hiatus. Le processus métonymique (nous reviendrons comme des *voix* et non comme des êtres aux
voix brisées de nuit) ouvre des perspectives de collocation considéra-

bles[1]. Si l'émetteur et la voix émise fonctionnent comme des synonymes, un nombre infini de rapprochements deviennent légitimes. Syntaxe molle, cela? Peut-être, mais elle est conforme au lyrisme chaleureux, touchant qui noue ses significations un peu au hasard, pour envelopper le lecteur et l'induire en hypnose. Lamartine, plutôt que Mallarmé. Ou Lamartine *avec* Mallarmé: les grands écarts de sens et le battement rhétorique.

Tout le reste du poème participe de la même disposition discursive. Tout y est poétique, *en passant* c'est-à-dire en vitesse, à la vitesse de la voix qui déclame et qui pose, dispose tels monosyllabes:

> dans des mots et des jets

dont le sens fait / ne fait pas problème, avalisés qu'ils sont par une pression de discours. Les mots, les jets (où il faut peut-être voir des pulsions d'objets), «que transforment les choses», voilà une image à la fois sémantique et cinétique puisqu'elle fomente son déplacement, son déportement vers un charroi d'autres images, d'autres éclairs de langage. Et, certes, ces éclairs ne sont pas toujours aussi éblouissants, souvent le discours gère le coutumier:

> nous traverserons les zones grises
> pour dire le petit effort des yeux
> quand les lampes tombent sur nous
> que les pneus crissent
> que l'odeur monte du dehors
> comme d'un brasier d'écumes

Il y a beaucoup de suggestion tout de même dans cette évocation de l'existence ralentie, discrète, où les choses ont l'initiative et peuplent le gris de chutes lumineuses, de crissements, de brasillements d'écumes. Pour vivre à la hauteur de ces objets qui, on l'a vu, transforment les mots et les jets,

> il faut être flamboyant
> il faut ajouter aux matières
> il faut que tout se mette en marche

---

1. Par collocation on entend, en stylistique, l'association des mots entre eux selon les compatibilités de sens.

dans les rues et sur les lignes
sur les trottoirs et dans les pages
que les mots circulent librement
c'est le temps des choses vives

Seule l'écriture peut inculquer aux êtres et aux choses le mouvement de la vie vraie, et l'écriture est le sang même de la ville, sa vérité intime qui, nous dit un autre texte, «décapite l'illusion réaliste» et, par «la minceur des sujets», «empêche la rétine de sombrer dans le psychologisme qui guette toute écriture qui refuse la finalité FORMA-LISTE[1]». La minceur des sujets, réduits à leur vocation formelle, à leur fluence de langage dans un dire qui les porte et les transforme, les jette au va-tout du lyrisme, telle est la condition du fonctionnement poétique propre à Beausoleil. L'abondance est, chez lui, l'effet de la très souple combinaison de thèmes, d'idées non développés pour eux-mêmes, tous rapportés à une seule constante thématique, l'utopie *présente* de la ville — la ville où l'on vit, où l'on mange, où l'on baise, où l'on souffre, où «les perles sont des woolworths», où la liberté de vivre et de mourir, d'écrire, d'être écrits, d'être des Nelligan fait oublier les utopies périmées du pays et de la foi.

Mars 1986

---

1. «La forme à lire», dans *Une certaine fin de siècle*, p. 221.

Narrations

Julien Bigras:
L'Enfant dans le grenier

Il y a, dans les beaux-arts, une enclave réservée à la «peinture naïve». Marie Laurencin, le douanier Rousseau; au Québec, Arthur Villeneuve, Gécin, les sœurs Bolduc ont illustré ce «genre», qui n'en est pas un. Si je comprends bien, pour être peintre naïf, il faut découvrir sur le tard la vocation de manier les pinceaux; il faut avoir *vécu*, comme seul un douanier ou un «barbier» peut le faire, ce qu'on appelle vivre (*cf. Le Grand Roman d'un petit homme*, d'Yves Thériault); il faut enfin dessiner (c'est-à-dire *représenter*) comme un enfant. Vous avez quarante ou cinquante ans, vous êtes plongé depuis toujours et jusqu'au cou dans la quotidienneté, cependant un rêve vous habite, une nostalgie vous ronge et un jour, par miracle c'est-à-dire par hasard, vous vous mettez à peindre comme lorsque vous aviez dix ans, avec fraîcheur et maladresse, avec le sûr instinct de ces équilibres de forme et de couleur qui ne s'apprennent pas mais qui sont la peinture même, un monsieur de la ville vous découvre et c'est fait. Vous ne créerez aucune école mais vous apporterez, à la pratique générale de la chose picturale, une touche, un accent qui lui manquaient, la peinture *peut* être faite par tous et vous êtes l'élu qui le prouve.

Je ne connais pas, en littérature, l'équivalent exact. Par myopie, peut-être: la critique universitaire ne prédispose guère à ce genre de découverte. Victor-Lévy Beaulieu a publié un *Manuel de la petite littérature du Québec* dont les textes, tous maladroits, ont fait la délectation du très habile Jacques Ferron. Oui, il y a peut-être une littérature naïve, susceptible, avec le recul, de procurer l'enchantement. Et c'est un peu à cette littérature ou à la possibilité qu'elle représente — possibilité d'une certaine authenticité brute, aussi bien servie que compromise par l'ingénuité de la forme — que je pense à propos de *L'Enfant dans le grenier*[1].

Julien Bigras n'est ni coiffeur ni douanier, mais sa profession de psychanalyste n'a pas fait de lui, que je sache, un «intellectuel». Fondateur et directeur de la revue *Interprétation*, auteur d'un bel ouvrage sur *Les Images de la mère*, il appartient à ce petit nombre de personnes — dont est, par exemple, Gaston Miron — qui, loin de se conformer à l'«image» de la fonction sociale qu'elles assument, la crèvent de toute part comme un vêtement trop serré. Ce qui ne les empêche pas d'être, qui poète, qui psychanalyste: mais ils le sont en étant aussi tout autre chose, et en particulier en étant eux-mêmes.

Je veux dire: en étant ce peuple dont ils proviennent et qui, en eux et par eux, cherche sa voie.

Avec une redoutable honnêteté.

En général, quand un savant s'adonne à la littérature, il écrit quelque chose comme *Sonnets pour Noël et le carnaval* (Pierre Demers), œuvrette sans prétention qu'on n'a même pas le goût de reprocher à son auteur. Ce qui caractérise les textes de ce genre, c'est leur parfaite marginalité. Aux champs, le sous-préfet n'écrit pas, il «fait des vers» et c'est tout. Rien, de lui, ne passe dans les mots.

Julien Bigras, psychanalyste, ne pratique pas la littérature comme passe-temps. Il ne cherche pas à y oublier ce qu'il est: au contraire. Il faut, ensemble, beaucoup de naïveté (au sens exact du terme) et de courage et d'authenticité pour, étant psychanalyste, se lancer dans un récit qui n'exclut pas, qui *met en mots* la situation psychanalytique. «Le divan sur lequel Joseph est étendu n'est pas à lui. Et ce bureau n'est pas le sien. C'est celui du docteur Douglevine. Pourtant Joseph se sent ici un peu comme s'il était chez lui. Il raconte des histoires. Aujourd'hui c'est le souvenir de Frank qui lui vient à l'esprit.» Quel scandale, ce début de «roman»! Un psychanalyste, je le répète, qui vous flanque tout de suite le fameux divan à la tête et qui prétend pourtant faire de la «littérature»! Si grand, ce scandale, qu'on n'en croit pas ses yeux: ce divan, il a l'air d'un cliché, on n'imagine pas que la scène puisse être réelle tant il y a, en elle, d'attendu. Et pourtant...

Pour se conformer à nos habitudes de lecture, il aurait fallu, sans doute, que Julien Bigras se fasse d'abord écrivain, c'est-à-dire per-

---

1. Julien Bigras, *L'Enfant dans le grenier*, Montréal, Parti pris, 1976, 110 p.

sonne. — *Nobody* — ou *persona...* — Le récit, à ce moment, eût gagné en autonomie. Ici, il reste le fait d'un non-écrivain, c'est-à-dire, en fait, de n'importe qui. Voilà bien en quoi il s'agit de littérature naïve. «La poésie doit être faite par tous, écrivait Lautréamont. Non par un. Pauvre Hugo! Pauvre Racine! Pauvre Coppée! Pauvre Corneille! Pauvre Boileau! Pauvre Scarron! Tics, tics et tics.»

Il se peut, en effet, que la littérature ne doive plus être le privilège de quelques-uns. Des seuls gens du «métier».

Au cours de son histoire, la littérature a subi périodiquement des remises en question qui lui ont permis de se renouveler. Il semble, cependant, qu'elle ait rarement connu crise plus grave que depuis une dizaine d'années. Cette crise en reflète une autre, plus générale, qui est celle des valeurs dans tout l'Occident capitaliste. Est-ce l'apparition de forces nouvelles de production, telles que l'ordinateur et certains médias comme la télévision, qui chambarde ainsi les rapports sociaux existants et crée un divorce d'une gravité sans précédent entre les modes de pensée reçus (idéologies) et l'infrastructure? Seule une analyse marxiste accordée aux réalités contemporaines pourrait nous éclairer là-dessus. Une mutation de la conscience contemporaine est en cours, qui n'a pas encore trouvé son expression révolutionnaire c'est-à-dire *politique* adéquate. Il se peut aussi que le marxisme ne puisse plus, à lui seul, rendre compte des contradictions du monde actuel. Jacques Derrida a soutenu que la pensée actuelle logeait dans cette marge paradoxale qui se situe entre la *clôture* du logos platonicien et sa *fin*: qu'on ne peut plus ajouter aux divers systèmes de pensée qui se sont succédé dans le sillage de la problématique, instauratrice, de Platon; qu'on peut tout au plus, pour l'instant, déconstruire les fondements de la métaphysique occidentale et en rêver la fin, sans qu'il soit possible par ailleurs de tabler sur l'éventualité d'une *autre* histoire.

Dans le domaine des sciences humaines, au terme d'une époque qui fut marquée par la surspécialisation et la différenciation à l'extrême des problématiques, on semble en arriver à un point de saturation et à la nécessité d'un rebrassage, d'une redistribution totale des faits de savoir. À l'intérieur de chaque discipline, le progrès ne semble plus possible qu'au prix d'un éclatement et d'une ouverture à l'interrogation de disciplines autres, ce qui entraîne fatalement pour elles une crise de l'*objet*. D'autre part, des disciplines syncrétiques, aux frontières mouvantes, vont se multipliant: sémiotique, communications..., dont l'existence et le destin semblent obéir étroitement aux caprices de l'instant (*cf.* feu la symbolique). Le champ du savoir se fractionne en toute son étendue, et les conditions d'une stabilisation n'existent guère pour le moment. Faudra-t-il, comme à la fin du XVIIIᵉ siècle en France, traverser une longue série de catastrophes pour que soit à nouveau possible un certain consensus autour de valeurs et de modèles socio-culturels? La littérature romantique, en même temps que s'instaurait une nouvelle épistémè (*cf.* Michel Foucault), a proposé aux sociétés européennes une nouvelle foi en l'avenir de l'homme, et des mythologies appropriées à cet espoir.

L'entreprise «littéraire» de Julien Bigras me semble s'inscrire dans le contexte même que je viens d'évoquer. Psychanalyste, il lui est apparu que les moyens traditionnels de la psychanalyse ne lui suffisaient plus; que, derrière l'objet de l'analyse, se profilait un donné autre qui fonctionne, par rapport à celui-là, comme son «inconscient» et qui est peut-être, justement, l'inconscient lui-même, c'est-à-dire cela qui, aux racines du vivant, échappe à l'emprise du langage. Cet inconscient majeur ne devient perceptible que par la subversion de l'analyse, et c'est l'écriture narrative, «littéraire» qui opère ici cette subversion.

❑

Les fondements «théoriques» de la démarche de Bigras reposent sur l'intuition d'une analogie, voire d'une continuité entre le travail du rêve et le travail de l'écriture. Certes, la prudence est de mise quand on aborde une question si complexe, et il est bien évident qu'on ne saurait décréter une équivalence pure et simple entre l'onirique et le littéraire. Pas plus, par exemple, qu'entre le discours psychotique — le délire — et le discours poétique. Cependant, rien n'exclut que la littérature ne puisse, *à la limite*, coïncider (ou presque) avec telle ou telle autre pratique du langage: et, dans l'époque de crise où nous sommes, la littérature s'affirme beaucoup plus par ses expériences limites (songeons à la consécration de Sade, Mallarmé, Lautréamont, Artaud, Bataille) que par les autres.

Les limites de la littérature peuvent être de forme ou de contenu.

Le travail de Julien Bigras se situe principalement sur le plan du contenu. Il confie à l'écriture le soin de traquer une image, qui *est* un vécu. La forme n'a qu'à suivre. L'«artifice» littéraire, le code narratif sont subordonnés aux exigences d'une vérité — laquelle, cependant, est littéraire. Littéraire et vécue, indissociablement.

Littéraire, parce qu'appréhendée *essentiellement* par le moyen de l'écriture.

Et l'écriture ouvre ce vécu, qui est individuel, à l'espace-sens des significations collectives. La quête d'un personnage (Joseph), lui-même créateur de personnages (Karlouk), se révèle être celle du narrateur lui-même (Joseph encore) et, finalement, de tous ces prénommés Joseph que nous sommes, nous les fils d'un Québec catholique et matriciel, ou matriarcal, que hantent justement les «images de la mère[1]». Joseph (le «Charpentier») c'est l'Adam catholique, avec cependant une allure de prince consort qui laisse à la déesse-mère tous les attributs de la puissance. Fait cocu par une colombe, il ne peut rêver un messie qui soit issu de lui. Et nous, ses fils de même nom, portons tous en notre intime nuit la trace raturée d'un enfant foudroyé — d'un messie avorté.

Telle est l'une des résonances signifiantes *possibles* de ce qui nous est raconté. Mais il serait vain de chercher à contraindre en des formules univoques ce que l'auteur entend précisément laisser en état de silence, lui qui cherche précisément, et non sans difficulté, à museler l'analyse et à nous conduire au-delà: à ce qui ne parle plus mais *se* parle — et se tait, tout à la fois.

En plus de la quête précise de soi à laquelle nous fait assister l'auteur, quête qui nous conduit, par une suite de révélations de plus en plus décisives, vers une connaissance et une acceptation de soi — comme dans une cure qui ne serait pas «interminable»... —, c'est au rare spectacle d'un certain *passage* que nous fait assister le texte de Bigras. Et ce passage est celui même du non-littéraire au littéraire.

Revenons, en effet, au début du texte: à ces courts chapitres qui nous présentent, entre guillemets, des souvenirs d'enfance. Tout, ici, nous parle de l'enfance, à commencer par le style lui-même, totalement dépourvu des marques de l'*écriture* au sens où l'entend Barthes, c'est-à-dire de ces signes par lesquels une œuvre marque son appartenance à la littérature, à une école. C'est qu'il manque encore, chez l'auteur, cette identification fondamentale à la fonction d'écrivain par laquelle se constitue comme telle l'écriture. On pourrait qualifier

---

1. *Cf.* Julien Bigras, *Les Images de la mère*, Montréal et Paris, Interprétation et Hachette, 1971.

d'infantile ce stade de la pratique du langage où se manifeste une originalité par défaut, où la conduite du récit reste en deçà de l'imitation, laquelle est une étape indispensable pour l'instauration d'une visée spécifiquement littéraire.

La «deuxième partie» justement fait apparaître ce que j'appellerais l'œdipianisation de l'écriture et la référence à quelques grandes autorités textuelles. Joseph est mis en relation avec deux signifiants textuels chargés de connotations littéraires: le château et le procès (Kafka); avec «La douce» aussi, dont le nom rappelle sans peine Dostoïevski. Cette extravagante histoire de meurtre, de procès dans un château, suivi de la survenue de la mère, nous plonge en pleine fiction — en plein mensonge littéraire — et ceci en même temps que Joseph nous est présenté dans son âge adulte, à distance de cette enfance «réelle» où le reportaient, précédemment, ses souvenirs.

Et c'est, dans un troisième temps, la fusion opérée entre le vrai et le faux, l'enfance ressouvenue et le présent de rêve; c'est la remontée vers le cauchemar initial, l'enfant du grenier dont la mort enténèbre le présent mais l'éclaire aussi, par la prise de conscience libératrice que fait Joseph du grand événement oublié. L'écriture acquiert alors, entre les eaux du vrai et du mensonge, le style de sa navigation propre: une aisance, une grâce qui sont l'indice sûr de la maîtrise assurée sur le vécu et, indissociablement, sur la visée littéraire elle-même. Ce que nous démontre ici Bigras, à nous littéraires qui l'avions oublié, c'est que la parole juste, sans parade, prise dans l'écheveau d'un réel aussi irrécusable que problématique, est le moteur véritable du texte beau; que la ferveur, quand elle triomphe de la (de *sa*) maladresse, en fait le terreau des éclosions du merveilleux, aux frontières du «vivre» et du «livre» (Meschonnic), du rêve et de l'écriture.

Ce qui me plaît enfin, c'est l'absence de décalage entre la façon d'être, de dire de l'auteur et celle de son peuple resté près des choses simples, mal adapté aux ratiocinations débridées propres à notre «ère exponentielle». La voilà, sans doute, en sa vérité profonde, la naïveté dont j'ai parlé: accord, au plus près, de la pensée avec le geste, et la chair, et la voix.

À cette fraîcheur, notre littérature a certes besoin de se ressourcer.

Septembre 1976

La critique interminable

(sur *L'Enfant dans le grenier*, de Julien Bigras)

Cher Julien,

J'ai repris ma lecture de *L'Enfant dans le grenier*[1]: lecture qui, maintenant, m'apparaît comme ne pouvant jamais être terminée, à l'instar de l'analyse elle-même. Et cela vaut pour tout texte littéraire. Je me rends compte que, comme critique, je répugne de plus en plus à dire: voilà ce qu'*est* une œuvre, voilà ce que j'en pense. Ton besoin de l'écriture est peut-être dû au souci de combattre cette tendance qui se fait jour dans l'analyse actuelle (et pas seulement en psychanalyse, dans toute entreprise de compréhension), tendance à l'*in-finir*. Écrire, fixer des moments de l'analyse, c'est appeler une conclusion que l'analyse ne porte pas en elle-même. Traditionnellement, l'analyse consistait à décomposer un objet jusqu'en ses parties simples, «insécables»: jusqu'à l'atome, croyait-on. Mais la physique nucléaire nous apprend que l'atome est lui-même décomposable, et qu'il n'y a peut-être pas de fond à la réalité, que la découverte d'une particule appelle la découverte d'une autre, et cela à l'infini. Un monde sans fond, sans clôture, indéfiniment ouvert à lui-même, comme ces formes sans extérieur (ou sans intérieur) que nous découvre la topologie. Pour écrire, il faut s'arracher au vertige du réel, retrouver le sens du *posé*, du fini, de la progression pas à pas vers un point final. Peut-être l'analyse est-elle la poursuite, toujours à recommencer, du Commencement, de l'Origine et de la vie; et l'écriture, au contraire, le consentement à une mort.

---

1. Je renvoie, dans cette étude, à l'édition française (Paris, Hachette, 1977), où le récit est augmenté d'une importante postface.

Ma lecture, donc, je la sens infinie, mais j'assume le risque d'écrire sur cela que je n'aurai jamais fini de comprendre; de me mettre en opposition avec moi-même puisque celui, en moi, qui écrit doit toujours subir la dérision épouvantable de celui qui relit. J'aurai peut-être l'occasion de m'expliquer plus loin là-dessus.

Pour l'instant, je concentre mon commentaire sur la première partie — celle où, comme je l'ai écrit déjà[1], je n'ai pas le sentiment que la dimension proprement littéraire soit vraiment réalisée. Tout m'y semble trop cru, insuffisamment élaboré. Peut-être ai-je tort. Peut-être y a-t-il en tout cas un charme à cela, du même ordre que ce qui fait l'attrait de la peinture naïve: une prévalence de la *substance* sur la forme. Bon. Acceptons provisoirement cette appréciation.

Ce qui me frappe d'abord, dans ma relecture, c'est l'importance de l'*anglais* dans cette première partie. Tous les titres (le troisième excepté) sont formés de noms ou de mots anglais. Les titres des parties suivantes seront, au contraire, bien français.

Les titres anglais connotent une extranéité, ils concernent un univers extérieur à celui de la *mère* pour autant que la mère est dispensatrice des mots français (langue maternelle). Frank, l'employé, appartient à l'univers du *père* (qui parle l'anglais), la chienne Smoky a été donnée à Joseph par le propriétaire de l'écurie, un anglophone en relation d'affaires avec le père; le docteur Douglevine, dans la vie présente, est évidemment revêtu de la fonction de père. «Splash», mot dont Joseph s'attribue la paternité (il l'a appris «tout seul»), lui sert à marquer son autonomie linguistique à l'endroit de sa mère (*cf.* p. 35-37).

Reste «Karlouk», nom indien, plus étranger encore que «Frank», «Douglevine» ou «Smoky»; la mère donne ce nom à Joseph «parce qu'il veut toujours s'en aller dehors», se faire *étranger*.

L'enfant, qui fuit sa mère et vit *dehors*, malgré sa peur, vit au contact de l'*anglais*, homme, bête ou chose qui, tous, le réconfortent. Frank est l'ami, Smoky la compagne; Splash est une réponse rassurante du monde au geste de l'affirmation de soi. Douglevine est le Mentor...

Il ne faut pas d'ailleurs voir dans l'«anglais» la réalité politique du Canada anglais dominateur mais le synonyme de l'ailleurs, de ce qui vient du «monde»: Frank «est venu d'un pays étranger», Smoky est une «danoise pure laine». Cette dernière expression est d'ailleurs

---

1. *Cf. supra*, «Julien Bigras: *L'Enfant dans le grenier*».

significative: «pure laine» est une expression qui qualifie, dans la langue québécoise, cela même qui n'a rien d'étranger, qui est de la «race canadienne-française». «Chien danois pure laine» se substitue ici à «chien danois de race», ce qui montre bien le sous-bassement «raciste» (au sens littéral du terme) de l'expression, mais laisse aussi deviner l'incertitude de l'identité collective (en toute logique, le «danois» ne saurait être «pure laine», c'est-à-dire québécois), manifestée jusque dans l'expression linguistique. Par ailleurs, «pure laine» évoque le mouton (cette chienne est un mouton...), et traditionnellement le mouton est associé au Canadien français, qui broute sagement sa défaite sous la houlette de Jean le Baptiste. En somme, l'étranger et le familier tendent à se confondre, et inversement c'est la *mère* qui fait figure d'étrangère, qui vous pince et vous envoie au diable.

Quand Joseph dit «Splash», il est mûr pour quitter sa mère, tenir son propre discours face au réel. Ce discours est indissociablement anglais et viril. Il est le discours de l'efficacité, car dire Splash et faire splash sont une seule et même chose (p. 36); comme Frank, l'ami, était pour Joseph une autre mère, la bonne mère du dehors. Et comme Smoky, Ami (ou associé) et «maman» tendent à se confondre, *en dehors* de la mère réelle. Ou à se relayer. En faisant splash, puis miamm, Joseph conquiert la petite Dolorès (p. 37). Il éclabousse puis caresse, agresse puis rassure.

Mais MIAMM, n'est-ce pas aussi manger — boire le lait de la tendresse maternelle? À la limite, dévorer: «MIAMM, c'est un tigre» (p. 36). (On peut aussi comprendre: ma mère, c'est un tigre.) Splash fait tout voler au dehors; miamm fait tout rentrer en dedans. Ces mots sont la traduction québécoise («anglaise», aliénée comme l'enfance) du *Fort-da* freudo-lacanien. Splash *fait* partir (la mère), miamm (la) fait revenir.

Autre chose: quand Frank, l'ami, retrouve sa parole maternelle, grâce à l'ami «venu de son pays», quand la «mère» en lui supplante l'ami, il s'éloigne et meurt. Quand Smoky devient mère, elle abandonne Joseph et ce dernier, de retour du collège, ne la retrouve plus. Quand MIAMM a fait suite à SPLASH, et que Dolorès s'est faite femme (elle «tomba sur-le-champ amoureuse de lui»), Joseph «pleura comme jamais il n'avait pleuré»: l'autre ne devient mère que pour *abandonner*. De même, le silence tout maternel du docteur Douglevine — ce silence répète celui de la mère venue voir, le matin, si Joseph dormait encore — prélude au «C'est l'heure» qui signifie le congé, qui efface l'instant de plénitude et de bonheur. Il y a là un scénario constant, une matrice narrative:

ami (// père) —> mère —> abandon

Ce mouvement en reproduit peut-être un autre, consubstantiel à l'analyse, qui consisterait à remonter, depuis les formations symboliques, aux couches plus archaïques de l'imaginaire (stade anal: splash; stade oral: miamm), jusqu'au trou de la naissance, au pleur originel de l'expulsion ou de l'exclusion. Ainsi l'écriture qui, au niveau manifeste du récit, conduit d'un avant à un après, au niveau latent conduirait de l'après à l'avant. L'idée m'en était venue déjà quand il m'a semblé comprendre, à propos d'un poème de Rina Lasnier, que tout texte contient trois moments nécessaires: crise (ouverture, déchirure que le texte a pour fonction de réparer), régression (descente aux enfers, plongée au plus intime de soi, où toujours se découvre ce que tu appelles le «monstre maternel»), puis transgression (retour au réel transformé par le contact des origines, le réel qui est peut-être l'Origine elle-même telle que fatalement méconnue comme Origine, de même que l'inconscient est toujours méconnu comme inconscient).

Je n'ai pas parlé de Reine, ni des œufs (p. 29). Reine occupe, provisoirement, la position de l'idéale petite sœur, qu'on a toute à soi. Pour l'enfant, l'être qu'on veut avoir tout à soi, fondamentalement, c'est la mère: la petite sœur apparaît alors comme une mère portative, qu'on peut emmener dans les champs. Avec elle, on affronte sans trop de crainte le champ de soleils. Mais la relation de Joseph à la petite sœur n'est pas uniquement celle de l'enfant à la mère: on dirait plutôt que Joseph s'identifie alors au père, recrée avec la petite sœur le couple original (où mère et épouse se confondent dans la figure d'Ève). Reine prend donc le relais de Frank et de Smoky, elle accompagne Joseph dans son exploration du «dehors». Son nom français cependant, et les connotations sémantiques de ce nom, en font une alliée naturelle de la mère, d'où la «trahison»: elle introduira dans la maison le discours (ou le récit) du dehors.

Joseph aussi «trahira» (bien qu'il ne soit pas fait mention de sa promesse à lui...); mais, en décidant d'emmener Reine avec lui, n'avait-il pas choisi d'emblée l'intrusion regrettable du regard maternel dans son domaine à lui? Et puis, le dehors reproduit exactement le dedans: la poule, c'est la mère. Les deux poussins, ce sont Reine et

Joseph. Les autres œufs sont les frères et les sœurs, qui veulent se rendre de plus en plus nombreux aux champs, à mesure que Karlouk et Reine «exagèrent» le nombre des poussins — «quatre et peut-être même six». Que tous se transportent aux champs et c'en est fini de la rassurante opposition dedans-dehors, tout sera tout à tous.

De même que les œufs, sur le plan horizontal maison-champs, reproduisent le groupe familial, les soleils, sur l'axe vertical, sont le reflet multiple du «vrai soleil» (p. 28). Ces «plantes géantes» ne sont-elles pas la société des adultes, des pères, dont Joseph n'arrive pas à comprendre la docilité et la soumission?

«Œuf en pyjama, dans son nid», qui «se fait chauffer au soleil», qui se lève en même temps que lui (p. 27), Karlouk-Joseph participe à la fois de l'ordre des pères (soleils) et de l'ordre maternel, domestique (œufs). Mais, une fois compromise la séparation entre ces deux ordres, par la trahison dont Reine et lui se rendent coupables, la situation va changer. Il y aura d'autres nids, d'autres œufs, mais ils seront vides: plus de poussin. Et c'est au père que l'enfant raconte sa déception. L'absence de poussin, c'est sans doute la fin de l'enfance, qui met Joseph en position de rivalité avec son père — d'où la mauvaise humeur de ce dernier (p. 30). Joseph «prend l'habitude de casser des œufs», sachant très bien qu'il s'attire par là les remontrances du père. C'est un défi, une vengeance. Il fait *splash*. Il s'abandonne à la rage, au risque de se détruire lui-même un jour: mais une «petite sœur» l'en empêchera, en le réconciliant avec le nid. Ainsi, du fond de l'enfance, s'annonce La douce, l'autre Reine... — appelons-la Elisabeth (ou Elizabeth: *s* ou *z*?...). Elisabeth, dont la langue maternelle est l'anglais, et qui ne parle français que depuis l'âge de trois ans. Elle réunit en elle les traits symboliques de Frank, Smoky, voire Douglevine, accompagnateurs et adjuvants de Joseph; de Reine et de Dolorès, les filles de MIAMM.

Et puis, une «reine» Elizabeth, pour un Québécois qui a la «névrose de dépassement» (p. 153)! Il y a de quoi guérir de deux siècles d'infériorité collective. Joseph peut bien se sentir à l'aise sur le divan et dans le bureau du docteur Douglevine. Son père, déjà, avait un «Anglais» pour engagé. Un Anglais de Hongrie, bien entendu, comme Smoky est une Anglaise du Danemark et Elisabeth, une Anglaise de France, mais tout cela fait très québécois — québécois «pure laine»! Et Joseph, lui, peut venir faire Splash et Miamm en Bretagne: les questions de nationalité sont «dépassées».

Voilà, ou à peu près, pour la première partie. Il reste des détails de forme à signaler. Par exemple, ce qu'il y a de traumatisant pour Joseph dans la mort de Frank, puis celle de Smoky, le narrateur en est bien conscient, lui — et c'est sans doute les larmes aux yeux qu'il relate ces souvenirs d'enfance — mais son récit est trop schématique pour que le lecteur communie vraiment à son émotion. C'est plus loin dans le livre qu'il trouvera les éléments lui permettant d'apprécier toute la portée de ces événements — de là, en particulier, l'importance du chapitre de la postface intitulé «La lecture du texte». Le sens affectif des événements racontés est alors clairement exprimé. C'est pour cela que la première partie ne me semble pas encore vraiment *écrite*, elle serait plutôt de l'ordre du document, exigeant du lecteur un supplément d'investissement émotif pour combler l'incapacité du texte à créer lui-même l'émotion. Le narrateur est trop pris en lui-même pour opérer la transposition nécessaire à l'implication totale du lecteur. Il ne peut encore faire de telle sorte — par l'écriture — que l'émotion naisse chez le lecteur comme elle naît en lui à l'évocation du vécu ressouvenu.

Mais il n'est pas mauvais qu'il en soit ainsi, puisque les trous du récit appellent leur comblement, créent l'exigence d'une poursuite du récit et d'un approfondissement. Comme dans l'analyse.

Le côté schématique du récit est d'ailleurs au moins à moitié volontaire, et non le pur effet d'une incapacité à développer. Je pense à *Splash*: «Non, lui dit-elle, ne fais pas cela» (p. 35). Qui est «elle»? «Ne fais pas mal à ton petit frère. Ne fais pas mal à ta petite sœur.» On le devine: la locutrice est la mère. Mais rien ne le dit explicitement. Ce pourrait être une autre. Si c'est la mère, la valeur stylistique de «Splash» s'établit, comme je l'ai dit plus haut, sur fond de langue maternelle — ladite étant contestée et dépassée. Mais le lecteur, l'interprète ne peut être sûr de son coup *puisque* le narrateur ne confirme pas l'identité d'«elle»: le narrateur joue. Il se joue du lecteur, joue des ressources du langage qui permettent une schématisation contrôlée du réel, et par conséquent une discrimination des éléments du «référent» qui est susceptible de faire énigme. Il n'y a rien de *réaliste* dans le dialogue entre Joseph et «elle», puisque «elle» n'est pas identifiée, reste un *shifter*, une personne grammaticale.

Le dialogue lui-même est énigmatique — mais ici, on se demande si c'est voulu. (J'espère ne pas être impoli!) Je cite:

— Qu'est-ce que ça veut dire, splash?
— Ça veut dire éclabousser.
— Où as-tu appris cela?
— Tout seul.
— Et ça réussit? (p. 35)

Cette dernière réplique est, à la lettre, incompréhensible: on est, si tu me permets, en plein «joual», en ce sens que l'isotopie du discours n'est plus du tout française, elle est floue comme seule peut l'être l'isotopie du discours québécois. (L'isotopie, c'est la trame sémantique *homogène* sur laquelle est brodé le discours.)

«Et ça réussit?» peut s'interpréter, d'après moi, d'au moins deux façons très différentes, et cela au niveau de la signification la plus immédiate. La première interprétation est la suivante: et ça réussit *de faire splash* (ou de le dire: mais dans ce récit, on passe insensiblement de *dire* à *faire* splash, les deux actions n'en font qu'une)? Cela supposerait, cependant, que la mère (que «elle») soit complice de l'enfant au point de lire sa pensée et de comprendre que, pour lui, dire splash et le faire sont une même entreprise. Il n'y a que la magie, d'ailleurs, en quoi se fondent ainsi acte verbal et geste ou acte véritable. La réussite serait alors celle d'une opération magique — d'éclaboussement par la seule nomination.

L'autre interprétation — sans doute la vraie, car elle me semble confirmée par la fin du dialogue — est la suivante: et ça réussit, l'entreprise d'apprendre tout seul? Mais alors, on quitte carrément le premier sujet (splash), et on passe à un niveau tout autre, où le discours se prend lui-même pour objet, où on s'interroge sur la possibilité pour l'enfant de «réussir» par lui-même l'apprentissage des mots. La mère (si c'est bien «elle»), dispensatrice de la langue par droit de nature, se montre alors vexée de l'autonomie linguistique du fils et l'envoie «au diable» (qui, on le sait, parle anglais).

Voilà les deux interprétations que je vois, et je me demande — comme toujours dans ces cas-là — s'il n'y en a pas une troisième, beaucoup plus simple, et que ma sottise native m'empêcherait de voir. Il y a ainsi des tas d'images, dans les poèmes de Rina Lasnier par exemple, que je suis porté à interpréter de façon compliquée et qui, à un esprit plus concret que le mien, révèlent tout de suite une signification très simple.

Je reviens ainsi à mon propos liminaire, et à l'épouvantable dérision que je sens en moi à l'endroit de ce que j'écris. Elle est due au fait que je ne suis jamais sûr de mon jugement, de la pertinence de mon analyse, et que, ce qui est pire encore, je soupçonne toujours mon texte de véhiculer quelque formidable sottise, de la même nature que ce ridicule dont on dit qu'il tue. (Je sais, on dit qu'il ne tue pas, mais pourquoi dit-on cela?) Si je meurs assassiné, ce sera par le rire. J'ai d'ailleurs fait rire cruellement de moi dans un séminaire bien parisien, en improvisant une interprétation d'un texte de Ponge, en 1970. Ponge posait une association entre «gui» et «glu». J'y ai vu une antithèse, le gui, que je ne connaissais pour ainsi dire pas du tout (il ne fait pas partie de la «flore laurentienne») se confondant dans mon esprit avec le houx. J'ai donc parlé de cette feuille «dure et sèche», alors que le gui est précisément la plante dont on tire la glu. Tu imagines la réaction. J'ai alors déraillé pendant dix minutes, m'empêtrant toujours davantage à tenter de justifier mon erreur et de rebâtir mon interprétation — jusqu'à ce que les rires tombent d'épuisement. Être la risée, la folle risée de tout un groupe d'intellectuels (ou d'apprentis-intellectuels) pendant dix minutes, manifester devant l'univers en raccourci sa connerie originelle, sa niaiseuseté natale, voilà de quoi expier plusieurs années d'esprit de sérieux. La même honte me suffoque quand je repense à mes frasques hypomaniaques, qui sont sans doute une réponse à la question la plus fréquente qu'on m'ait posée, tout au long de mon enfance et de mon adolescence: «Es-tu fou?» Ou sa variante qui, ma foi, me navrait plus encore: «Es-tu malade?»

Mais je m'égare! Je dérive! Je raconte des «niaiseries». Or, comme tu me l'as dit toi-même, ton *Enfant dans le grenier* contient de ces histoires «niaiseuses» — splash, miamm, y a-t-il là question qui mérite qu'on en saisisse l'École freudienne de Paris? — ou qui risquent de passer pour telles si on les isole de leur contexte, de la démarche qu'elles illustrent. La différence entre toi et moi, sur ce point, c'est que la niaiserie sert ton projet d'écriture alors qu'elle invalide le mien.

C'est que j'ai trop intériorisé le critère bien européen, bien français, d'habileté du discours. La niaiserie est une réalité universelle, je crois même qu'elle est par excellence le langage de l'inconscient; mais son expression est extraordinairement censurée en France, par le fait même du code linguistique uniforme. Le langage qu'on transmet aux enfants est une machine de *précision* qui fait obstacle aux manifestations de la niaiserie native, laquelle consiste justement à confondre les réalités, sous l'impulsion du désir. Les Québécois, eux, ne disposent pas de cet instrument de précision, ni des dispositifs de censure qu'il implique. Ils vivent dans un flou de mots, d'idées et par conséquent d'actions — qui les rend extraordinairement vulnérables aux menées du désir.

La niaiserie, c'est le rêve, expression du désir. Quand il rêve, même Einstein est un con.

Et le seul, en France, qui réussisse à tenir un discours magnifiquement *niaiseux*, malgré son habileté, c'est Lacan. Ses jeux de mots, ses coquetteries syntaxiques, ce sont des niaiseries, ou plutôt la Niaiserie, portée sur la scène du discours conscient.

Ton récit, donc, me semble «niaiseux» au bon sens du terme — ce qui suppose une maîtrise du langage qui est tout le contraire de l'«habileté» castratrice; me semble, en somme, fleurer bon l'inconscient, comme la peinture des vrais peintres naïfs, qui ignore les styles propres à l'époque. Cela est d'autant plus réconfortant, et nécessaire, qu'on a fait abus des discours «intelligents» depuis vingt ans, qu'ils se sont extraordinairement appauvris, vidés du réel, comme tu le dis toi-même: «Les élaborations théoriques, qu'elles fussent hautement complexes ou platement simplistes...»

Certes, avec le métier, tu acquerras un langage de plus en plus habile, mais il faudra qu'il reste aussi simple, aussi signifiant qu'il l'est, par exemple au moment où tu écris au début de ton livre: «Je ne remercie personne en particulier, même si plusieurs amis m'ont grandement aidé dans ce projet. Ou plutôt je les remercie tous (les amis?), y compris mes ennemis (les ennemis sont des amis?). Je ne veux mentionner explicitement que mon père (parmi les ennemis?), ma mère, mes nombreux frères et sœurs ainsi que tous ceux qui habitent ce pays froid et dur qu'est le Québec (tous les Québécois? En somme, je *ne* veux mentionner *que* pas mal de monde!), puisque c'est avec eux que j'ai été humilié et battu dans ma langue maternelle et que c'est avec eux également que j'entends vouloir (je veux vouloir...) m'en sortir, si faire se peut, en construisant ce récit (en somme, je les remercie parce que, grâce à moi, je m'en sors avec eux).» (p. 17) Ton discours est plein d'ouvertures sur une autre scène, celle de l'inconscient. Ou de l'imaginaire (je ne distingue pas bien les deux). Les phrases sont grammaticalement correctes, mais le discours est semé de discrets lapsus. Dans «La mère ronde de partout[1]», le tissu du discours me semble

---

1. Chapitre du *Premier Bal*, alors inédit, écrit avec Jeanne Cordelier.

plus serré, l'écriture a perdu sa naïveté, tout en conservant et même en augmentant sa simplicité et sa force de frappe. La niaiserie est alors *transcendée* — il est toujours «niaiseux» au départ, pour un adulte, de parler de pipi, de papa, de maman, de caca, de tous ces ingrédients de la sublimation à laquelle la civilisation nous oblige — elle est transcendée par l'écriture, par la poésie. D'ailleurs, peu à peu, dans *L'Enfant dans le grenier*, cette transcendance s'installe, les lapsus ou les flous de l'isotopie disparaissent au profit d'un authentique travail littéraire, qui n'est plus alors simplement le travail du rêve.

C'est, du moins, mon hypothèse au moment de reprendre ma lecture: je n'en suis qu'au début de la deuxième partie. Je suis bavard, ma foi, et risquerais de te lasser, si mon sujet te «concernait» moins («*Why do you show great concern about it?*» — p. 49). C'est bizarre: j'ai l'impression que je vais beaucoup te parler de ton égocentrisme, maintenant. Égocentrisme, bien entendu, aussi positif que ce que j'ai appelé ta «niaiserie» — l'un et l'autre n'étant des qualités que sous leur forme québécoise!

Victor Hugo s'intéressait au monde parce que le monde, c'était lui. Tu t'intéresses à toi parce que toi, c'est le monde. Bien trouvé, n'est-ce pas?

En fait, les besoins de l'antithèse (inévitable quand il s'agit d'Hugo!) m'ont fait commettre une flatterie. Tu n'es pas plus altruiste qu'il ne faut.

Dans la première partie, Karlouk était dehors et cherchait on ne sait quoi, peut-être rien du tout. Dans la deuxième, il est devenu un adulte. Il est dans un château et ce qu'il va trouver, au terme d'une dangereuse enquête, c'est lui-même. Lui-même, l'enfant fou et enragé du grenier. Son questionnement le mène à soi-même, le monde se résume en dernière instance à un moi secret et essentiel. Les autres, La douce, les amis, l'Ami, Douglevine, sont les adjuvants de la quête de soi. Il est vrai, l'enfant Karlouk était lui aussi le nombril du monde, comme tous les enfants. C'était normal. Ce l'est moins chez Joseph, s'il est vrai que l'ouverture aux autres, le don de soi, l'investissement dans le réel caractérisent, du moins le croit-on, la vie adulte.

Le psychanalyste, en tout cas, adulte par obligation, a pour vocation d'aider les autres, non d'étaler son propre cas. Du moins, là encore, le croit-on.

Certes, c'est en se connaissant soi-même qu'il peut le mieux connaître les autres, et toute analyse doit être pour lui l'occasion d'appronfondir sa propre analyse — et vice-versa. Mais qui, à part Lacan et Bigras, ose faire état, publiquement, du petit moi? Encore, Lacan s'en tient-il à faire parade du moi-du-MOI: Bigras «expose aux regards du public» le ça-du-MOI, l'enfant fou qui le hante. Il se déculotte, un léger voile de poésie constituant sa seule immunité.

Psychanalyste de soi-même, il enfreint, à son endroit, la loi du secret professionnel. Il bouscule, en tout cas, un tabou: les psychanalystes, officiellement, n'ont pas de «ça». Le fondateur, seul, en avait un. — Voilà sans doute ta façon à toi de faire retour à Freud.

Joseph, donc, se met en scène, au milieu d'un tas de personnages. La douce, d'abord. Elle me fait beaucoup penser à Karlouk, avec son besoin d'être «dehors». «Il faut même insister, aux heures des repas...» (p. 41) Tout comme la mère insistait pour que Karlouk se couche, fasse comme les autres (p. 26).

Pourtant, La douce est à l'aise dans «l'étrange maison», semblable en cela à Joseph dans le bureau du docteur Douglevine.

Karlouk, dans les champs, avait peur, mais on devine qu'il avait encore plus peur dans la maison, antre de la mère-crabe (la mère-qui-pince). Telle est La douce: «... elle aussi a très peur, surtout à l'intérieur du château quand tout le monde est réuni» (p. 41-42).

Les araignées (de mer ou pas...), les crabes sont partout, au port où les déchargent les pêcheurs (p. 42) et dans les cauchemars qui visitent les dormeurs du château.

La douce qui, d'une certaine façon, correspond à la petite sœur dont Karlouk avait le désir, est aussi, pour Joseph adulte, la réincarnation de l'enfant qu'il était autrefois, la présence de l'enfance à ses côtés. Elle a des jeux de petite fille, jeux qui sont peut-être un piège, celui de l'enfance même: jeux que Joseph consent à partager, non sans un peu d'hésitation. Il doit se poser la question: «Pourquoi les petits garçons ne pourraient-ils pas jouer à ce jeu?» (p. 48) Être fidèle à l'enfance, peut-être n'est-ce pas suffisamment viril. Peut-être est-ce essentiellement *avoir peur*: «Dans un grand château, lui dit-il, il y avait une fois un prince et une princesse. Et tous les deux avaient peur.» (p. 48)

Deuxième personnage important: l'Ami, qui est l'hôte, et le critique exigeant. Le père, comme le dira explicitement «La lecture du texte». Un père qui serait en même temps Frank, le premier de tous les amis, leur archétype. De là son nom: l'Ami.

Comme personnage, il est moins caractérisé que La douce, mais beaucoup plus encore que ceux qui surviendront plus loin, l'accusatrice (on devine qu'il peut s'agir d'une de tes patientes), le juge, l'avocat, qui n'ont aucune épaisseur romanesque, sont l'Accusatrice, le Juge, l'Avocat du *rêve*. Le rêve, d'ailleurs, envahit le réel, on en vient à ne plus savoir où il commence et où il finit.

Il doit être assez difficile, pour le lecteur non prévenu — c'est-à-dire qui ne te connaît pas — de comprendre ce qui se passe entre toi, La douce, l'Ami, cette «accusatrice» dont tu connais la fille pour t'en être occupé (sans doute à titre d'analyste) et qui surgit au château sans doute à la faveur d'un rêve, etc. En somme, la fiction apparaît ici comme le déguisement un peu laborieux d'une réalité vécue; le château, le procès (qui évoquent Kafka, d'autant plus que le crime n'a rien de clair, il s'agit d'abord du meurtre d'une femme, puis de celui d'un enfant, lequel cependant se produit *après* le procès) apparaissent comme des moyens un peu artificiels que se donne le narrateur-auteur pour poursuivre une enquête sur lui-même, sur les fantasmes qui l'habitent. Les événements qui se succèdent — cassation du premier procès, adhésion au FLQ — obéissent à une logique qui est celle du rêve, de là leur schématisme, mais le rêve ici prolonge directement le réel, c'est-à-dire l'inquiétude ressentie par La douce, le pressentiment d'un «danger imminent» (début du chapitre VIII). Il y a, en somme, une confusion de plans assez déconcertante — ton vécu à toi, celui de Joseph en tant que personnage distinct de toi (bien que, dès le début, les deux tendent à se confondre: seulement, tu ne dis pas tout sur toi, sur ta vie privée et professionnelle, Joseph n'est qu'une partie de toi et les convenances t'interdisent de donner trop de précisions sur un personnage comme l'«accusatrice» ou même sur l'Ami), ce qui est vécu en rêve, etc. Une lecture très attentive, complétée par celle du commentaire de la postface, permet finalement de s'y retrouver, et c'est alors qu'on devient sensible au charme de tout cela, de ce mélange de simplicité et de complexités, de «niaiseries» et d'analyse. C'est le sentiment, en fin de compte, d'une grande rigueur dans la recherche de soi qui finit par triompher et qui, rétroactivement, donne à chaque page du récit sa nécessité. On voit bien, finalement, que ce récit est construit à coups de vécu, qu'il est *son propre récit*, le récit de sa propre histoire, au fur et à mesure qu'il avance (dans la deuxième partie, Joseph lit à l'Ami un chapitre de la première, puis un chapitre de la deuxième partie elle-même; dans la troisième, il lui fait lire les deux parties et même le début de la troisième), et plus encore, qu'il n'est pas terminé au moment où il l'est (*cf.* «La fausse liaison», intégrée au livre alors que Joseph affirme qu'il est terminé), qu'il peut encore intégrer un discours radicalement extérieur à lui («Lettre de la mère»), et s'offrir enfin le luxe d'être son propre commentaire (Postface). Si c'est la première fois qu'un analyste se fait ainsi, dans son ouvrage, l'analysé, c'est aussi la première fois qu'un «créateur» se fait «critique» de soi de façon aussi convaincante. Le livre, en somme, très simplement, donne le vertige par tout ce qu'il dérange, et subvertit.

Et, finalement, j'ai plus le goût de le lire, de le relire, que de l'analyser. Tant qu'il s'agissait de la première partie, il était relativement facile d'en parler; mais au fur et à mesure que l'écriture prend de l'épaisseur, que les données narratives deviennent complexes et articulées, que tu te rends maître de la recherche, la tâche du commentaire critique devient plus difficile et, me semble-t-il, plus dérisoire, oiseuse, inutile. Il faudrait, en tout cas, que je change mon angle d'attaque et quitte la méthode du pas à pas, bien commode pour remplir des pages et des pages, mais finalement peu éclairante, passé un certain point. Le rêve de tout critique, c'est d'arriver à trouver l'enfant-dans-le-grenier du texte, c'est-à-dire sa clé. On peut le faire en s'interrogeant minutieusement sur le détail du texte, sur la succession des détails, et en cherchant à totaliser les informations recueillies. Mais on s'aperçoit bientôt que la totalisation ne peut progresser que par sauts, que des ruptures sont nécessaires, que les chemins de l'auteur ne sont pas ceux du critique. Le critique, c'est quelqu'un qui n'aurait pu faire *autre chose* que ce qu'a fait l'auteur — sinon il serait l'auteur lui-même, pour son plus grand bien — mais qui l'aurait fait tout de même *autrement* — sinon, pas la peine d'écrire sur un texte qui, de toute façon, existe par lui-même. Le critique peine donc toujours à plonger dans le texte de l'autre, rêve constamment de s'en échapper, tout au moins de le rebâtir à sa façon. Construire un modèle du texte susceptible de rendre compte des lignes de force comme des structures de détail. Tâche, finalement, *infinie*, comme celle de cette fichue «analyse» à laquelle je reviens toujours. La découverte du modèle n'est jamais un point final — comme celle de l'«enfant dans le grenier» ne l'est pas non plus: après elle, il y a encore à découvrir, il y a la naissance de Léon, le trou noir, tout peut encore *reprendre*.

Seulement, la découverte de «l'enfant dans le grenier» permet à l'analyste-analysé de se détacher un peu de soi, de rompre la force d'attraction égotiste, de passer à autre chose (ce que je te souhaite bien cordialement!). Pour le critique, la découverte du modèle permet de passer à un autre texte, un autre moi-à-rebâtir. (D'ailleurs, si le critique veut toujours rebâtir l'autre, c'est toujours qu'il est d'abord lui-même débâti.)

Quel est donc le modèle de ton texte?

La matrice narrative dégagée à partir des premiers chapitres en constitue une première version:

ami (// père) —> mère —> moi abandonné

Cette structure rend bien compte de la deuxième partie: Joseph est d'abord dans la maison du *Père* (l'Ami), c'est-à-dire le Château; mais il en est arraché par l'accusatrice, alliée de la *Mère*; et finalement il aboutit à la découverte du grenier intérieur et de l'*enfant abandonné*. La «dame en noir», véritable monstre maternel, fait la transition entre la mère-réelle et l'abandon, de même que La douce, protectrice des chats perdus, faisait la transition entre l'Ami et la mère.

Dans la troisième partie, le récit se centre successivement sur le père, puis sur un «trou noir» bien maternel (sous forme de petite cousine) et finalement sur l'abandon du moi, à la suite de la naissance de Léon.

Les parties IV et V donnent la parole à l'Ami puis à la Mère, et la postface à l'«enfant dans le grenier»…

Bon. Il n'y a rien là de lumineux, mais nous nous en satisferons. Tu as d'autres œuvres à écrire, j'en ai d'autres à étudier. Je ne sais si ce texte te sera utile, mais à moi, il l'aura été. Je m'interroge beaucoup sur ce que c'est que la critique. Et toi-même, si tu as recours à la littérature, c'est que tu te poses des questions sur la psychanalyse («Qu'est-ce que ça donne?…»). J'aime parler littérature avec un psychanalyste, car je me sens moins prisonnier de mes questions. Et toi, tu as recours aux lecteurs et aux littéraires pour poursuivre ta recherche. C'est une preuve, à mon sens, de la nécessité extrême que nous avons, de l'interdisciplinarité.

J'aurais aimé, en réfléchissant sur ton livre, répondre à quelques questions: qu'est-ce que c'est, être Québécois? Et écrire, au Québec? Ces questions sont-elles anachroniques, dépassées, «niaiseuses»? Mais tu as sans doute raison: passé un certain seuil, il n'y a plus de Québécois, il y a des hommes, des femmes, des enfants. Ils sont dans le grenier, aux champs ou dans les châteaux bretons. Ils ont quitté le trou noir. La question de la langue, de l'identité, ne les arrête plus. Ils sont prêts pour les découvertes, les joies et les chagrins réels. Cela n'est pas très *nouveau*, par rapport à ce qu'ils ont vécu, cela n'est pas le Pérou ni la planète Mars. Mais il y a comme un bourdonnement, un afflux continu du sang par tout le corps, la certitude d'être né. Rien que cela, mais cela suffit pour se passer des dieux, des mirages, des faux espoirs.

Bon Dieu! si c'était vrai, enfin, si j'étais né?

Tu en aurais, le premier, la nouvelle et moi, je serais bien récompensé de tous mes efforts pour comprendre et pour aimer ton livre!

Attends un peu, cela vient: joie… joie… Pleurs de joie!

Amitiés.

Mars 1977

L'inceste, *of course*

Dans son deuxième roman[1], Julien Bigras pousse plus loin la recherche, à la fois littéraire et psychanalytique, entreprise dans *L'Enfant dans le grenier*. J'ai parlé déjà, à propos de ce premier récit, de littérature naïve. On peut le faire pour *Kati, of course*, qui recourt à des techniques de narration assez élémentaires. Le narrateur-auteur, par exemple, intervient pour marquer ce que son personnage ne sait pas, et se constitue alors en narrateur omniscient, capable de lire soit dans l'avenir des situations, soit dans la conscience de personnages parallèles, soit encore dans le subconscient ou l'inconscient de son personnage. Il y a donc une relative disqualification de ce qu'on pourrait appeler, avec Maine de Biran, le *conscium sui* ou le *compos sui*, le Moi-conscient, au profit d'une intelligence plus vaste des choses qui est celle de l'auteur. Les personnages sont les délégués, sur la scène du conscient, d'une fantasmatique dont l'auteur est le producteur attentif et bien visible.

Le recours au présent de l'indicatif installe une temporalité fort semblable à celle du récit de rêve, où les faits racontés ont un caractère d'immédiateté, sont privés de cette pesanteur propre que confère la continuité aspectuelle avec le passé. Tout est acte, tout est action. De là l'impression, éprouvée par certains critiques, d'une absence de travail d'écriture. Je crois au contraire que le style (ou la rhétorique) minimum, très performatif de *Kati, of course* est essentiel à la mise en valeur du contenu, de l'histoire. Après les excès formalistes des dernières années, le retour à une littérature du contenu s'imposait, et la survenue d'un *outsider* tel que Julien Bigras, dans nos jardins toujours menacés d'académisme, est une précieuse contribution au renouvelle-

---

1. *Kati, of course*, Paris, Mazarine, 1980, 202 p.

ment de notre problématique romanesque. Le fervent psychanalyste nous apporte un matériau thématique vierge des influences littéraires qui accablent encore nos lettres d'un poids trop lourd. Ce matériau, repris à leur compte par d'autres écrivains, pourra inspirer des techniques littéraires neuves et conformes aux réalités d'ici.

Toute la signification de l'histoire qui nous est racontée repose sur une distinction rigoureuse, posée dès les premières pages, entre le privé et le public. Distinction très actuelle à une époque où l'institution, dans tous les domaines du vécu, menace d'étouffement l'affirmation individuelle. Camille Rousseau, le personnage principal, vient d'être nommé juge et doit entendre sa première cause. L'accusé est un psychiatre, le docteur N., qui aurait attenté à la pudeur de sa fille, Kati. Sitôt commencée l'audition des témoins, le nouveau juge, au mépris de toutes les règles de procédure, quitte le prétoire avec Kati, l'entraîne dans son bureau, lui offre son aide, refuse les avances brutales de la jeune fille et rédige sa lettre de démission. En quelques instants, il sacrifie sa réussite sociale et choisit de s'enfoncer dans le dédale d'une enquête privée, où il risquera tous les atouts que sa carrière de brillant avocat lui avait acquis.

Le roman commence donc par un coup de tonnerre. La carapace sociale, publique, saute, mettant à nu un désir individuel. Même coup de foudre dans *Le Choc des œuvres d'art*[1], essai que Julien Bigras vient de faire paraître aussi cette année. Il y analyse l'effet de saisissement que les toiles de Bruegel ont produit sur lui à l'occasion d'une visite à un musée de Vienne, au point de lui faire oublier le congrès pour lequel il avait fait le voyage. Et le même choc, il le retrouve encore chez Freud devant le Moïse de Michel-Ange et la Joconde de Vinci. De quoi s'agit-il? Très précisément, d'un retour aux origines, qui nous arrache à nos déterminations sociales présentes et refait de nous l'enfant en relation duelle (absolue) avec sa mère. L'homme de génie seul, affirme Julien Bigras, a le redoutable privilège de revivre pleinement le moment originel et de le représenter. J'ignore si l'auteur de *Kati* a du génie, mais il est évident que son roman obéit à la même démarche.

Toute l'œuvre est sous le signe de l'inceste, c'est-à-dire de ce qu'il y a, en chacun, de plus secret. Le point de départ est l'inceste père-fille, incarné dans les personnes du docteur N. et de Kati —

1. Montréal, Hurtubise HMH, «Brèches», 1980, 128 p.

telles, du moins, que les propose la mise en accusation publique. Or le docteur N. est justement l'auteur de travaux réputés sur le viol père-fille, ainsi que sur le suicide des adolescentes (et Kati, comme par hasard, se suicidera). La question est de savoir si l'accusation, portée à l'instigation de Kati, est fondée ou non. Les preuves sont inexistantes. Cet homme qui s'intéresse publiquement (scientifiquement) à la question du viol peut-il, dans sa vie privée, avoir lui-même commis l'inceste? Le *public* est-il garant du *privé*?

Mais cette donnée de l'histoire devient secondaire par rapport à l'enquête passionnée de Rousseau, dont les relations avec son fils Jean ne sont pas sans rappeler celles du docteur N. avec sa fille. Plusieurs éléments du récit laissent entrevoir que la fascination exercée par Kati sur Rousseau s'alimente à une affection plus trouble pour un fils dont il n'arrive plus à se considérer comme le père. Sa démission comme père suit de très près sa démission comme juge; s'ensuit une bizarre rivalité amoureuse entre lui et Jean, rivalité qui semble exister surtout dans l'esprit du père. Tout se passe comme si le rapport amoureux ne pouvait s'exercer que du même au même, dans l'inceste d'abord (père-fille), puis mieux encore dans l'inceste homosexuel (père-fils), bien que ce dernier reste latent. Et ce qui se découvre à la fin, c'est l'inceste fils-mère, fondement de tous les autres et de toute existence humaine. Le deuxième moment de cette dialectique apparaît surtout dans les lettres enflammées de Rousseau à Kati, qu'il appelle sa «Jéjouine» (ce surnom, sans rapport avec le nom réel, rappelle plutôt celui du fils, Jean), lui-même se rebaptisant Joseph (du même nom que le narrateur de *L'Enfant dans le grenier*). Or Joseph est un nom très connoté paternellement, et le nom de Jean, par le relais d'un ancien camarade de collège qui jouait, dans les pièces de l'époque, le rôle «de Jésus de Nazareth», est associé à celui du Christ, fils de Joseph. La relation Rousseau-Kati, ou «Joseph-Jéjouine», reproduit donc en filigrane la relation père-fils. Mais Kati, fantasmée sexuellement comme dotée d'un lumineux phallus («Comme au théâtre, les projecteurs sont braqués sur le pubis de la Jéjouine. Un véritable puits de lumière, comme si le sens des rayons était inversé, semble irradier du sexe lui-même. On voit — et comment ne pourrait-on pas le voir? — ce sexe glorieux bordé de poils blonds» [p. 140-141]), est en même temps le relais de la mère «tigresse», qui a pincé au sang son fils âgé de deux ans. Elle unit en elle, pour Rousseau, la mère phallique («tigresse», «guêpe») et le fils, le fils qui est un frère ennemi puisque la paternité, à son égard, est révoquée. C'est le triomphe absolu du privé, de l'inavouable sur le public (le bienséant). L'inceste est au fond de toutes les affections humaines, et l'amour n'est jamais qu'une relation à soi-même par le détour de l'autre: une relation à l'*autre moi* qui est, ou bien le fils ou bien, et par excellence, la mère. Les «duos pour contre-ténors» d'Alfred et Mark Deller sont dès lors, de l'amour, l'expression privilégiée: deux voix d'enfant (d'enfant prolongé), voix parentes, disent ensemble Narcisse et son reflet.

C'est-à-dire ce que Sartre appelait l'en-soi-pour-soi.

C'est-à-dire Dieu. Dieu — dont le Mal seul, à notre époque, et surtout ce mal absolu qu'est l'inceste, permet de se faire une représentation adéquate.

Janvier 1981

Féminin pluriel

Elles sont là, toutes, oui, du soir jusqu'à l'aube, dans ce bar de l'Underground[1] où se nouent, se dénouent les liaisons, dans la pénombre de ces nuits du long hiver qui éternise au-dehors son étreinte de neige et de vent, inassouvies, assoiffées de tendresse et de passion réprouvée, Lali surtout, que Geneviève couve de son craintif regard et qui échappe, par toute l'opacité du destin que lui assigne sa beauté, pointant sa tête d'oiseau libre vers un avenir indéchiffrable, à l'interrogation muette de la souffrance qui respire à côté d'elle. Nulle parodie dans cette phrase, mais une tentative d'ordre mimétique pour m'approprier un peu l'atmosphère, le ton, l'esprit du dernier roman de Marie-Claire Blais, où mon formalisme (lequel est fort occasionnel, par bonheur) verrait la promotion romanesque du *féminin pluriel*. Non seulement à cause du sujet, qui est l'amour des femmes entre elles; ou de ces «nuits» du titre, qui servent de cadre temporel à l'action; ou des personnages, très majoritairement des femmes, dont le narrateur ne cesse de multiplier les esquisses, semblable à Geneviève elle-même, le personnage central, cette femme sculpteur dont le sujet privilégié est le visage humain (nous y reviendrons); mais aussi et surtout à cause de la syntaxe, qui privilégie la phrase longue, complexe, aux articulations point toujours précises. *Les Nuits* sont une parade de phrases. Ces vastes figures syntaxiques sont le féminin pluriel de leur beauté. Elles créent un rythme lent, rêveur, accordé à la douce torpeur des nuits sans sommeil, où la passion n'a jamais le dur éclat, la forme anguleuse d'un événement mais l'estompage de l'existence elle-même, substance dépourvue d'accidents et faite indifféremment de gestes, de pensées,

---

1. Marie-Claire Blais, *Les Nuits de l'Underground*, Montréal, Stanké, 1978.

de sentiments mais aussi de souvenirs, de rêves et d'espoirs, modulations *égales* de l'être — jamais d'action.

L'action, en effet, s'accommoderait mal de ces phrases alanguies, qui décomposent et analysent le réel mais sans *acuité* intellectuelle, plutôt par distension et attardement, comme le ralenti au cinéma. Ainsi réduit à ses éléments constituants et soustrait à sa logique propre (qui serait précisément une logique de l'action), le réel peut se voir imposer une logique autre, celle du rêve, de l'écriture.

Voilà donc un premier point à signaler: le discours narratif s'interpose entre le lecteur et l'histoire racontée, gomme toutes les arêtes, toutes les angulosités du réel, écrête le vécu pour n'en garder que la substance, le continu. Un événement aussi important que le consentement de Lali à devenir l'amante de Geneviève est ainsi rapporté au milieu d'un paragraphe, comme un moment sans importance particulière dans un développement qui concernerait au premier chef non pas l'évolution des relations entre les personnages, *partes extra partes* si l'on peut dire, mais l'endogénèse d'une vérité relative au destin le plus essentiel. Je cite (ce sera un peu long):

> Il fallait revoir Lali, pensait-elle, quitter ces frontières déjà connues pour une liberté nouvelle auprès d'un autre être dont elle ne savait rien. Ce qu'elle ignorait, en recouvrant d'une esquisse de Lali la lettre de Jean, c'est qu'une femme rencontrée dans un bar n'est pas une femme rencontrée dans la rue, on la voit naviguant au milieu de plusieurs atmosphères, métamorphosée par celles qui l'entourent, ainsi pendant tout ce temps où elle n'avait fait qu'assister à ce spectacle où, l'heure venue, chacune de ces têtes entrait dans son cadre, Geneviève n'avait pas su que ce qui l'envoûtait derrière tout cela, c'était, plus qu'une expression artistique, une femme, une passion. Soudain, une nuit, elle ne fut plus celle qui regardait de l'extérieur l'aventure que vivaient les autres, ce n'était plus la main d'Élise que Lali prenait dans la sienne, par un retour de privilèges que ne gouvernait aucune loi morale, Élise que Lali avait choisie la veille, n'était plus là, et c'est la main de Geneviève, à sa propre surprise, qui reposait dans celle de Lali. (p. 28)

Ces trois phrases — que la longueur seule apparente à celles de Proust — nous font traverser divers régistres du vécu, dont celui des faits n'est certainement pas le plus important. Faisons d'abord une remarque d'ordre lexical. La plupart des substantifs sont du genre féminin: frontières, liberté, esquisse, lettre, femme, rue, atmosphère, heure, têtes, expression, passion, nuit, aventure, main, loi, surprise. Les substantifs masculins désignent souvent des réalités abstraites: être, cadre, retour, privilèges. Le réel, le concret, exception faite de «bar» et de «spectacle», sont du genre féminin. Quant au plan thématique, ce qu'on nous dit de la «femme rencontrée dans un bar» s'accorde parfaitement avec cette ontologie du féminin pluriel dont j'ai parlé plus haut: il y a une *multiplicité d'atmosphères* autour d'elle, atmosphères où l'on *navigue*, donc liquides, denses comme les eaux du rêve, de la passion, et qui a pour effet de multiplier la femme en la mettant en continuité avec celles qui l'entourent et qui, par leur seule présence, la métamorphosent. Une femme, c'est plusieurs femmes, comme l'affirment maints passages du roman — Lali est faite de «ces étrangères multiples chargées de leurs caresses, de leurs parfums» qui l'ont aimée et lui ont fait don, chacune, d'un flacon d'eau de toilette qui, dans la salle de bains, perpétue leur souvenir... (p. 103); et Geneviève, en ranimant le rite du champagne chez Françoise, ressuscite en même temps «combien d'amitiés mortes?» (p. 222), lesquelles se superposent à son affection et la chargent de tout un poids de souvenirs; et il y a aussi «toutes ces vérités de Françoise, ou tous ces aspects d'elle-même qui avaient représenté tour à tour des vérités stables, le mariage, la vie bourgeoise, la fécondité maternelle (p. 245)»: en vérité le féminin pluriel est constitutif de chaque individualité, et la passion est sans doute la découverte, dans un être, de cette pluralité, qui fait aussi la précarité de toute expérience de possession.

C'est sur le fond de l'ondoyante vérité des êtres que Geneviève noue avec Lali un lien privilégié, moment d'élection que marque sémantiquement la ponctualité de l'adverbe *soudain*, que marque aussi le passage exceptionnel au passé simple (*elle ne fut plus...*); mais on revient tout de suite à l'imparfait très «*Éducation sentimentale*» (*ce n'était plus la main...*), qui est le temps ordinaire du récit: temps d'une action essentiellement diffuse, itérative, résorbée dans la pâte de l'existence. — Aussi n'avance-t-on, dans la lecture du roman, que par un lent glissement, porté d'une phrase à l'autre comme un morceau de bois de vague en vague. On est très loin des proses noires, rimbaldiennes qu'étaient *David Sterne*, l'autobiographie de Jean-le-Maigre ou même *Le Loup*, qui se lisaient tout d'une traite, comme on se jette au gouffre.

Les transitions du récit sont savamment maladroites, l'histoire progresse comme elle peut à travers les impassibles méandres de l'écriture: le réel, répétons-le, est tenu à distance. Mais ce n'est que dans un premier moment. Car de ce récit, où le discours narratif impose si bien sa vérité propre, se dégage pourtant peu à peu l'impression d'une consistance assez extraordinaire du référent lui-même, du représenté, qui est le vécu. Rien de moins formaliste, malgré l'écran des phrases, que *Les Nuits de l'Underground.* L'action en est certes diffuse mais les personnages, les êtres s'imposent avec une exceptionnelle vérité, et une vérité d'autant plus grande qu'elle n'a rien à voir avec les images convenues du réel. C'est la vérité d'un monde où les êtres sont d'abord des visages, où les visages s'imposent comme la quintessence des corps et *des âmes* à la fois. Je dis bien des âmes car, chez Marie-Claire Blais, une métaphysique sous-jacente assure la densité spirituelle de l'univers humain représenté. Les lesbiennes des *Nuits*, par un travail constant de l'écriture, sont restaurées dans l'intégrité de leur humanité, et le livre n'est rien moins qu'une apologie des amours saphiques. Il propose, non la justification mais la compréhension de la condition homosexuelle, laquelle est une façon parmi d'autres de vivre la souffrance qui définit en son cœur la condition humaine. Sur ce point, Marie-Claire Blais me semble rejoindre une conception profondément chrétienne du monde, et je soupçonne que la pitié soit chez elle, comme chez Dostoïevski, l'impulsion déterminante de l'activité créatrice. Voyez en quels termes, dans le passage le plus éclairant du livre, la romancière définit en leur vérité spirituelle ses personnages (c'est moi qui souligne):

> On laissait Lali et ses sœurs à ce *purgatoire* où les *âmes malades* se débattent entre elles, où criminels, voleurs, lesbiennes, suicidés mêlent leurs souffles fébriles, et *malédiction* à ceux qui osaient descendre vers ces *plaies cachées* et ramener à la surface de la terre, sous un soleil plus *compatissant*, ces hommes, ces femmes qui vivaient comme tous les autres, sans être *meilleurs* ou *pires*, qui n'étaient que des autres hommes et des autres femmes, les *frères*, les *semblables*, mais *créés* autrement du sein de la vie, non seulement pour mieux souffrir que les autres, mais peut-être aussi pour mieux vivre, pour mieux répandre autour d'eux, une idée d'harmonie, de tolérance, d'amour. (p. 84)

L'écrivain est semblable à Dante traversant les enfers, mais sans la protection de Virgile et surtout, arrachant les damnés à leur malédiction. Marie-Claire Blais ne semble pas croire à la méchanceté des êtres: les criminels sont, à ses yeux, simplement plus malheureux que les autres et peuvent être transformés, par la compassion, en êtres plus aimants. Ainsi l'assassinat du mannequin Rita June et de son amant («un voyou, un vilain garçon, sans doute»), la disparition de ces deux «anges ténébreux» représente-t-elle la perte, pour le monde, d'encore «un peu plus de joie et de liberté» (p. 256). À la limite, le mal est la forme suprême du bien, et c'est la mission sacrée de l'écrivain que d'en faire la démonstration...

Des visages, donc: ils sont la quintessence expressive de l'être (chair et esprit). Mais aussi, des paroles. Dans ce roman où l'action est inessentielle, les paroles sont importantes car elles contribuent de façon privilégiée à la manifestation des identités individuelles. Chaque personnage a son style, son langage, et le lecteur est du reste passablement déconcerté par le réalisme des reparties. Lali s'exprime dans un mélange de français et d'anglais où l'anglais prédomine nettement, et où le mot «Shit!» introduit une note pour le moins prosaïque, comme le mot «Christ!» dans le langage de René(e). Les dialogues, ou encore les gestes décrits, font souvent un contraste bizarre avec le ton constamment élevé de la narration. Le lecteur n'est jamais sûr d'être en présence d'une ironie voulue de l'auteur — à supposer que l'ironie puisse être involontaire! Ces traits de style se rattachent à toute une dimension baroque de la représentation des êtres, qui est une part essentielle de leur peu conventionnelle vérité. On se souviendra d'*Une saison dans la vie d'Emmanuel*. Ajoutons à cela les «noms à coucher dehors» (p. 127) de Geneviève Aurès, de Lali Dorman, de Jill Lafontaine...; et surtout, fondement de tout le baroquisme du roman, des caractères et des comportements hors du commun, intensément vivants, auxquels manque seulement, pour s'accomplir pleinement, l'occasion d'une intrigue plus articulée. Il y a, certes, un mouvement narratif. La première partie, de loin la plus longue (160 pages), raconte les brèves amours de Geneviève et de Lali. La deuxième (23 pages) constitue un court intermède, avant l'éclosion d'une autre passion de Geneviève, pour Françoise cette fois; le récit de cette passion occupe les deux dernières parties (65 pages et 17 pages). En même temps, on passe de l'hiver à l'été, du blottissement à la délivrance, et tout le roman suggère un mouvement irrépressible vers l'abolition des interdits: «Ces mêmes femmes, hier invisibles, livrées à l'obscurité du silence de la honte, elles s'arrogeaient soudain le droit d'être et d'aimer, et la lumière du jour ne dénonçait plus leurs gestes...» (p. 253)

Pourtant, la trajectoire de Geneviève va plutôt de Lali à Françoise, d'une sexualité assumée à celle, inquiète, d'une génération refoulée (Françoise est beaucoup plus âgée que son amante): ces mouvements en sens contraires assurent la tension dialectique et, au plan esthétique, la complexité de l'œuvre. Cela dit, le discours du roman enlève toute acuité à l'action, qui ne trouve pas à s'y développer, et la faiblesse narrative est encore accentuée par l'inconsistance de la figure centrale, Geneviève, qui semble pâle de toute la vitalité des figures qui l'entourent. La raison d'un tel état de choses est sans doute que la narration adopte généralement son point de vue (pas toujours), mais ce faisant, lui impose un statut de témoin plus que d'acteur.

En conclusion, malgré des lacunes qui tiennent au bridement de la dynamique narrative, nous sommes en présence d'une œuvre riche, très *travaillée*, et qui n'est certes pas, même si l'accent est mis sur l'écriture, un exercice de style gratuit. Il y a une portée philosophique (au sens large) de l'œuvre, une méditation sur la condition séparée de ceux qui vivent une sexualité dite déviante, et un approfondissement de la problématique du vécu particulère à l'auteur. Marie-Claire Blais délaisse peu à peu les révoltes adolescentes pour faire face au mal dans ses formes les plus insidieusement quotidiennes, qui sont les plus absolues. On en augure bien des œuvres à venir.

Mai 1979

Les oiseaux du sabbat

Un ami à moi a rencontré un Gaspésien très en colère à cause du dernier roman d'Anne Hébert[1]. L'histoire qu'elle raconte, prétendait cet homme, est tout ce qu'il y a de réel, cela s'est passé à l'Anse-au-Griffon que le roman transforme (à peine) en Griffin Creek. Pourquoi alors affirmer, dans un avis au lecteur, que l'histoire «n'a aucun rapport avec aucun fait réel ayant pu survenir, entre Québec et l'océan Atlantique» (p. 9)? Voilà de quoi sustenter les chasseurs d'anecdotes. *Kamouraska*, on s'en souvient, exploitait un crime passionnel qui avait défrayé la chronique judiciaire au siècle dernier. N'en irait-il pas ainsi pour *Les Fous de Bassan*? Et qu'est-ce qui motiverait la dénégation de l'auteur?

— Lanson, va! me morigéné-je, en me rappelant mes préventions contre la critique historienne. Je souhaite, du reste, que mon Gaspésien ait tort; ou plutôt, qu'Anne Hébert ait imaginé de toute pièce une histoire réellement arrivée, de même qu'un héros de Borges s'appliquait à inventer avec une rigoureuse logique des pages *réelles* de Cervantes.

Si le roman n'avait décroché le Fémina, je ne l'aborderais sans doute pas par le biais de potins. Mais le voilà très lancé, très chose publique. Pour le nettoyer de ce franc succès, on a la ressource de relire le sévère article de Suzanne Lamy dans *Spirale*[2]. Après quoi, essayons de nous faire une idée.

Héloïse se lisait très vite: on courait après quelque chose qui n'arrivait pas à prendre forme. C'est le roman genre peau de banane, qui nous fait glisser en pleine déception.

---

1. *Les Fous de Bassan*, Paris, le Seuil, 1982, 250 p.
2. «Le Roman de l'irresponsabilité», *Spirale*, n° 29, novembre 1982, p. 3.

L'écriture des *Fous de Bassan* est autrement résistante. Cela se déguste, un petit nombre de pages à la fois. Livre très écrit, avec beaucoup d'effets de poésie emmêlés d'effets de réel, ceux-ci trop nus pour être tout à fait convaincants. Je cite ce bref dialogue:

> — Hello Olivia!
> — Hello Stevens!
> — Y fait beau à matin.
> — Ben beau! (p. 96)

Cette concession au vernaculaire, assez nouvelle chez Anne Hébert, est sauvée de la platitude, ou de la simplicité, si l'on songe que ses personnages sont sans aucun doute des anglophones et que leurs paroles sont rendues en français du pays. Le joual, langue de traduction? Cela lui confère un lustre qu'il n'aurait pas, dans la bouche d'un Percheron pure laine...

Mais ce qui frappe surtout dans le dialogue que j'ai cité, c'est sa parfaite pauvreté. Stevens dit hello à Olivia en lui disant: Hello Olivia. Elle rétorque, du tac au tac, avec la même rhétorique minimale. Les considérations sur le temps qu'il fait ne pourraient être plus dénuées d'effet de surprise et les mots de Stevens sont simplement, très simplement, trop simplement repris en écho par la jolie cousine. Ce qui crée l'impression d'un langage sub-humain, constitué d'un tout petit nombre d'éléments invariables, un langage qui pourrait être un langage d'oiseaux. De fous de Bassan. D'êtres primaires, habités de libres pulsions qui ne sont pas même des passions.

Oui, des oiseaux, ces hommes et ces femmes qui se désirent sans s'aimer, qui s'en vont sans un mot se pendre dans la grange, qui tuent sans préméditation, sans raison discernable — parce que c'est la seule façon qu'ils ont trouvée d'étreindre ...

Au début, on croirait que le révérend Nicolas Jones, pasteur de Griffin Creek, a beaucoup à voir avec la disparition des deux petites Atkins, Nora et Olivia, ce 31 août 1936. C'est que sa toquade ravageuse est connue, il a dansé avec elles le soir du *barn dance* et Irène, sa femme, s'est suicidée au petit matin. De plus Perceval, son neveu idiot, prétend l'avoir vu sur la grève le soir du crime.

Mais on perd de vue le pasteur, que la police du reste n'inquiétera pas. Le meurtrier c'est Stevens, le mauvais garçon; il le confessera lui-même dans l'épilogue. Révélation longuement retardée, qui fait de tout le récit le dévoilement trop calculé d'une énigme. Car il y a disproportion entre les moyens adoptés pour entretenir, censément, la curiosité du lecteur, et la nature de la révélation finale, qui n'a rien de bien surprenant. Eh quoi, Stevens, dans ses lettres à Michael Hotch-kiss et les autres témoignages qui nous l'avaient fait connaître, faisait plutôt sympathique figure; le lecteur s'est apitoyé sur Stevens enfant que son père venait arracher brutalement à la compagnie d'Olivia; il s'est ému de l'attachement passionné que lui voue son frère Perceval. Et voilà que le sympathique mauvais garçon est l'auteur d'un crime abominable. Mais pour que ce paradoxe atteigne tout son sens et manifeste la puissance du Mal auquel les hommes sont livrés (comme oiseaux au vertige du vent), il faudrait qu'on puisse croire à ce meur-tre, qu'on puisse anticiper la nature de meurtrier de Stevens. Or rien ne nous permet de deviner sa psychologie, elle nous reste aussi impé-nétrable que celle des oiseaux, auxquels une symbolique substitutive nous renvoie constamment.

Ce qui nous aide tout de même à pressentir la vérité, c'est le récit, fait du point de vue de Perceval, de l'interrogatoire que l'enquê-teur fait subir à Stevens. Comment l'enquêteur en est-il venu à soup-çonner Stevens? Le lecteur n'en sait pas plus que Perceval, qui est idiot. À la fin, il apprendra que les aveux de Stevens ont été rejetés par la cour parce qu'ils lui avaient été extorqués. Cet acquittement semble pour le moins avoir été facilement obtenu!

Le lecteur comprend alors que l'histoire policière n'a sans doute pas tant d'importance, et il se souvient que, d'emblée, la vraisem-blance était piégée. Elle l'était dans cette succession de témoignages divers sous forme de journal, de lettres et d'on ne sait quelles écritures ou parleries par lesquelles à tour de rôle s'exprimaient le pasteur, Ste-vens, Nora, Perceval, Olivia et, de nouveau, Stevens. Ces écrits n'en sont pas vraiment, ce sont des trucs destinés à focaliser le récit sur l'un ou l'autre des personnages et l'auteur n'hésite pas à les mettre de côté pour assumer elle-même la narration, quand le besoin s'en fait sentir. Comment, du reste, concevoir que Perceval, qui fait penser au Benjy de Faulkner et qui porte le nom du fougueux cheval dans *Le Torrent*, soit le titulaire d'un discours articulé? Puis la fiction de l'écrit s'avoue hautement quand «Olivia de la haute mer» vient nous entretenir depuis l'outre-vie. À ce moment, tout le récit risque de basculer dans la pure écriture, dans la «poésie». — «Il y a certainement quelqu'un qui m'a tuée», dit Olivia qui se souvient du *Tombeau des rois*.

Il faudrait parler aussi des liens de consanguinité qui unissent depuis deux siècles les quatre familles de Griffin Creek, en font le nid du Même c'est-à-dire du Mal, sous les apparences de loyalistes plus bizarres que nature, de mâles machos et de femmes coites, de demoiselles très allumées. Ce qui fait la force et la beauté du livre, malgré les agacements qu'il peut susciter, c'est que les âmes — des âmes très matérielles — y sont décrites directement, par les seules ressources de l'image, sans le secours de la psychologie.

Et qu'elles s'entendent, ces âmes sèches comme des becs, à mener un sabbat de tous les diables.

Juin 1983

Vie de Momo

Tout roman bien fait est une énigme, on ne sait trop ce qu'il veut dire, il dérange. Tel est *L'Épouvantail*[1], qui témoigne à sa façon du recul du Sens dans nos sociétés où les valeurs n'ont plus de cours avouable. Il y a deux moyens de contester le Sens: par la critique du langage, qui est la façon intellectuelle, ou par la représentation *muette* du vécu, qui est la façon réaliste. Lukacs a déjà défini le roman comme la quête de valeurs authentiques, par un héros problématique, dans une société dégradée: cela valait pour des époques qui maintenaient l'idée d'une possible transcendance. De toute façon, l'espace propre du roman était strictement coextensif à celui de la quête elle-même qui, de plus en plus, s'efface comme fondement de la tension romanesque. Momo, le «héros» de *L'Épouvantail*, ne cherche rien. Il est complètement déterminé par son passé: d'abord son enfance misérable à Saint-Emmanuel-de-l'Épouvante (les habitants du village ne sont-ils pas, de droit, des «épouvantails»?), le départ de sa mère et la dévirilisation consécutive du père qui devient, pour tous, «Mame Bélanger» et qu'on retrouvera un jour mort de froid, allongé contre son fusil; puis sa jeunesse, la possession de Gigi dans le champ, «un dimanche midi d'été orageux»; le vol dans un magasin de Laurierville, avec l'intention d'en imposer à Gigi; la prison, pendant que Gigi suit le premier venu dans sa Triumph et devient call-girl au club *Paradise*. C'est elle qui, en révélant le crime à son père, a fait coffrer Momo. Sitôt sorti de prison, il se lance à sa recherche: est-ce pour se venger? On n'en est pas bien sûr, et lui non plus. Il va aveuglément vers elle, pour s'assurer peut-être que tout est fini entre eux. Quand,

---

1. André Major, *L'Épouvantail*, Montréal, Éditions du Jour, 1974, 230 p. Réédité par Stanké, coll. 10/10, en 1980.

caché dans son appartement, il assiste à ses ébats avec un client, il fait le point:

> [...] et c'était comme si, maintenant, il comprenait ce qu'il était venu chercher en ville: la certitude qu'il était inutile de revenir en arrière, ne sachant plus pourquoi d'ailleurs il lui avait fallu cette preuve tangible pour exclure à jamais Gigi de sa vie future, désertée, si vide que repartir comme ça, soulagé de toute attente, n'avait plus aucun sens [...]

Si le retour au passé est inutile, c'est qu'il ne saurait même pas, à défaut de mieux, donner un sens à l'avenir. N'allant vers rien, le personnage vit constamment dans l'*après-coup*. Les premières pages nous le montrent tout en sang, cherchant à se souvenir de ce qui lui est arrivé: Nico, le souteneur de Gigi, et ses hommes de main lui ont administré une copieuse raclée, non seulement parce qu'il est revenu tourmenter Gigi mais parce qu'il a battu l'équivoque Marline. Ce n'est qu'au chapitre IV, après toute une série d'analepses qui précisent les circonstances immédiates et lointaines de son premier heurt avec les hommes du *Paradise*, qu'on s'installe dans le présent narratif, mais pour peu de temps car le chapitre IV nous transporte dans un autre après-coup: Gigi est morte poignardée, à la fin d'une soirée de beuverie en compagnie de Momo et d'un curé, son client; l'arme du crime est le couteau que Nico avait gardé la veille, lors de la raclée servie à Momo. Et Momo ignore sa responsabilité exacte dans l'assassinat, sachant seulement que les apparences sont contre lui. Il veut se venger des hommes du *Paradise*. On le retrouve, au début de la deuxième partie, tout en sang encore une fois et jeté comme un colis devant le magasin général de son village. Pauvre «épouvantail» que ce Momo, qui inspirait sans doute de la crainte et de la haine aux gens de Saint-Emmanuel mais n'était pas de taille à affronter la ville. L'action se passe désormais au village, où on apprend la mort de Gigi. Phonse, le père, veut venger sa fille. Assisté par son frère Calixa, Momo s'installe dans la mansarde paternelle. Il raconte les derniers événements. Laissé seul, il se retranche pour la nuit, craignant la vengeance de Phonse. Marie-Rose, une fille du village, la fiancée de Phil, vient le trouver pour l'engager à fuir. Ils font l'amour et, au matin, Momo décide de fuir. Une voiture de police, en effet, apparaît. Au moment de gagner la forêt, Momo est atteint d'une balle à l'épaule. Qui l'a assailli? L'inspecteur Therrien trouvera finalement la réponse, long-temps après que Momo aura disparu du champ narratif. L'assaillant est Joseph, le père de Phil, qui venge le déshonneur de la nuit passée avec Marie-Rose.

Intrigue touffue, qui n'économise ni les personnages, ni les «visions narratives». D'abord fixé sur Momo, le foyer du récit se déplace par la suite sur plusieurs personnages, et surtout sur l'inspecteur Therrien, venu enquêter sur les circonstances de l'assassinat de Gigi mais vite réorienté, et de façon exclusive (ce qu'on s'explique mal) vers la tentative d'assassinat sur la personne de Momo. Notons que l'intrusion de l'inspecteur dans le récit constitue un ultime *après-coup*, puisqu'il s'agit d'élucider l'énigme de l'assaut contre Momo. La chaîne des événements et de leur reconstitution est la suivante:

le coup (dévoilé par analepse) /	*l'après-coup (présent narratif)*
1- Nico et ses hommes assaillent Momo	Momo reconstitue l'assaut
2- On (Nico? Momo?) assassine Gigi	Momo reconstitue la soirée avec Gigi
3- Nico et ses hommes battent de nouveau Momo	Momo raconte cet assaut à Calixa
4- Joseph tire sur Momo	l'inspecteur recueille l'aveu de Joseph

Dans trois des quatre séquences, Momo est la victime et ses bles-sures sont de plus en plus graves, le rapprochent de plus en plus de la mort à laquelle, par ailleurs, Gigi (séquence 2) a été vouée. Tout se passe comme si, tout au long du roman et dès le début, Momo s'ache-minait vers le destin de son inconstante maîtresse.

D'autre part, plus Momo s'approche de la mort, plus sa position au centre du récit est compromise, et l'«herméneute» (qui est aussi l'auteur) du dernier assaut contre lui est un personnage apparu tardive-ment dans le récit.

L'inventaire des actes de violence serait cependant incomplet si on négligeait les péripéties secondaires dans lesquelles Momo, confor-mément à sa nature d'«épouvantail», agit comme agresseur: vol du commerçant de Laurierville; extorsion à Phonse de l'adresse de sa fille; brutalités à l'endroit de Gigi; coups donnés à Marline; assaut au couteau contre un des hommes du *Paradise*. Ces actes forment une progression continue vers le meurtre, et on ne s'étonne pas quand Momo se demande s'il n'est pas l'assassin de Gigi (il l'aurait tuée pendant son ivresse). Tout au long du récit, il s'achemine *simultané-ment* vers la mort et vers le meurtre. Il n'en reste pas moins que la première forme de progression occupe une place privilégiée dans la narration, et que l'«épouvantail» fait avant tout figure de victime.

Victime, il l'est de la pègre montréalaise mais aussi de Joseph, un «vieux de la vieille» de son village. Il y a une symétrie significative entre la situation de Momo face à son père, ce pauvre homme qui n'a pas su retenir sa femme, et celle de Joseph face à son fils, qui n'a pas su retenir sa fiancée. Momo obtient les faveurs des deux femmes que convoitait Phil: Gigi et Marie-Rose. Ce faisant il affirme une virilité qui manquait à son père. Par ailleurs, Gigi se joue de Momo et, quand il la retrouve en ville après deux ans de prison, il manque de puissance devant elle: connaissant à son tour les déboires paternels. Heureusement il retrouve sa supériorité par rapport à Phil, le colosse sans vertèbres, et c'est le vieux Joseph qui doit rétablir l'honneur familial. Il y a en quelque sorte une revanche du Père sur le Fils à la fin du roman, et par là Joseph devient une sorte de double de Momo, ce qui explique qu'il se voie attribuer le qualificatif d'«épouvantail» (dont on suppose qu'il s'applique d'abord et avant tout à sa victime[1]).

On relève une autre symétrie: entre Momo et l'inspecteur Therrien. Ils sont successivement au centre du récit. Les deux ont une marque distinctive: Momo adore les couteaux, et l'autre, les cigares: deux symboles phalliques, le deuxième étant, bien entendu, sur la voie de la «sublimation». Mais, pas plus que Momo n'a su s'attacher Gigi, l'inspecteur Therrien n'a su profiter des bonnes dispositions d'Émérence, devenue, faute de mieux, la femme de Jérôme l'aubergiste.

Voilà: des équivalences et des symétries de contenu, mais aussi une prolifération de situations, de personnages, de «points de vue» narratifs qui empêche l'instauration d'une quelconque unité et tire le récit du côté de la chronique — c'est-à-dire du vécu, qu'on ne «met» pas en littérature. Subvertie par la réflexion sur le langage, la littérature peut l'être, aussi bien, par l'injection massive du «réel», qui n'a ni contour ni ordonnance. Mais que reste-t-il de ce coup de force? — La violence, la misère, la vie même.

Et c'est quoi, l'écriture?

Printemps 1975

---

1. Dans tout le récit, le mot «épouvantail» n'apparaît qu'une fois, à la dernière page, où il qualifie Joseph.

La poésie dans la prose,
ou le clochard illuminé

Le lecteur qui aborde pour la première fois l'œuvre en prose de Jacques Brault risque d'être surpris par l'atmosphère d'apparente morbidité qui s'en dégage. Et si je m'exprime ainsi, ce n'est pas pour suggérer que les apparences cacheraient leur contraire, qu'une jovialité truculente fleurirait sous les cercueils. Il y a indubitablement une fascination pour la mort chez Jacques Brault. Seulement, on ne peut la réduire à une particularité psychologique, encore moins l'assimiler à quelque trait pathologique. Elle est un système complet d'aperception du monde et contient de ce fait beaucoup plus qu'elle-même, elle rejoint toutes les dimensions de l'existence.

L'œuvre narrative de Jacques Brault comprend trois *Nouvelles*[1] publiées au début des années soixante (avant «Suite fraternelle» et «Mémoire»[2], qui ont révélé le poète), *Chronique de l'autre vie* (extrait)[3], parue en 1972, et surtout *Agonie*[4] qui a valu à son auteur, en 1984, le prix du Gouverneur général. On pourrait y joindre les textes dramatiques regroupés sous le titre de *Trois partitions*[5] (1972); d'ailleurs la première des nouvelles de 1963, «L'envers du décor», recourait à la forme dramatique (dialogue, accompagné d'indications de régie).

---

1. André Major, Jacques Brault et André Brochu, *Nouvelles*, Montréal, Cahiers de l'AGEUM, n° 6, 1963, 140 p. Les nouvelles de J. Brault sont aux pages 69 à 104.
2. Ces deux poèmes ont été réunis dans *Mémoire*, Montréal, Déom, 1965, 80 p.
3. *Liberté*, n° 81, Montréal, juillet 1972, p. 88-102.
4. Publié d'abord aux Éditions du Sentier, Montréal, 1984. Repris par Boréal Express, Montréal, 1985, 78 p.
5. Montréal, Leméac, 1972, 196 p.

Poésie, dialogue, récit sont trois formes d'écriture intimement liées chez Jacques Brault, qui ne peut guère concevoir une prose — qu'elle soit narrative ou dramatique — sans l'inclusion d'un ou de plusieurs textes poétiques. «L'envers du décor» (*Nouvelles*) met dans la bouche d'Albert, le personnage principal, un monologue (récité *recto tono*) formé de vers rimés, puis une chanson de style médiéval, exactement versifiée. La nouvelle suivante, «Le narrateur», insère dans le récit des poèmes en vers libres qui sont comme des commentaires lyriques sur certains personnages. La dernière des nouvelles de 1963, «Celle qui sera», la plus longue et la plus riche, fait exception à la règle par l'homogénéité de son écriture. Elle contient cependant des passages d'un lyrisme appuyé, comme le suivant: «Toi l'entrevue, la présente furtive, toi la tournoyante, la promise fugace, l'enfuie et la revenue, ah! que tout se fige, que les choses prennent, et toi et moi dedans, nous appelant, nous possédant à distance (*Nouvelles*, p. 93).»

Chronique de l'autre vie fait référence à beaucoup d'œuvres du passé, entre autres à *La Chanson de Roland*, et donne une grande valeur stratégique à deux citations du «Livre» (la Bible?), aux saveurs amères, qui rappellent l'Ecclésiaste.

Les *Trois partitions* intègrent la poésie de façon encore plus poussée. Dans «La morte-saison», court téléthéâtre, l'auteur imagine un Roméo et une Juliette bien de chez nous, trente ans après leur mariage. La référence au grand chef-d'œuvre de Shakespeare est partout présente et devient explicite vers la fin, quand les deux personnages récitent la scène de Juliette au balcon. Le désir de recouvrer leur amour et leur jeunesse détermine leur suicide. La poésie a donc une action décisive sur le destin des personnages. «Quand nous serons heureux», téléthéâtre de plus grande envergure, met en scène une sorte d'innocent jovial, Félix, seul capable d'entendre, sur son transistor brisé, une chanson qui est un véritable poème et dont les modulations thématiques ponctuent chaque moment de l'action. La «Lettre au directeur», radiothéâtre, présente un employé de bureau en fin de carrière qui voudrait devancer la retraite en remettant sa démission. Il en est empêché par les objurgations inattendues de la femme de ménage qui ne veut pas être privée des beaux moments où il récite des poèmes, pendant qu'elle travaille en silence. La poésie intervient donc au sein même de l'activité la plus quotidienne, pour en orienter les dispositions.

Mais c'est *Agonie*, l'objet principal de la présente étude, qui réussit l'intégration la plus complète du poème et du récit. Tout le récit, en effet, se présente comme une expansion narrative d'un poème d'Ungaretti cité en exergue, et dont chaque vers sert de titre aux chapitres du livre. Le déroulement du poème correspond donc exactement à celui du discours narratif. Cette particularité formelle nous servira de point de départ pour notre interrogation sur le sens.

❏

La structure textuelle — ou, si l'on préfère, la *texture* — d'*Agonie* est fort complexe puisque le récit, avec ses dimensions particulières (diégèse, discours narratif, narration ou acte de raconter) est en rapport avec un autre texte, qui appartient au genre poétique et qui comporte lui aussi ses dimensions propres. Celle du sens cependant est privilégiée, et exposée dans un commentaire qui fait partie du récit. (Le commentaire du poème est tantôt le fait du personnage principal et relève alors de la diégèse, tantôt le fait du narrateur et procède de l'acte narratif.)

Puisque chaque vers du poème sert de titre aux divisions du récit, on peut affirmer que l'ordre des segments du discours poétique correspond à celui des segments du discours narratif, que les deux syntagmatiques textuelles coïncident rigoureusement — quitte à préciser la nature de l'adéquation pour chaque couple de segments. Mais la succession des segments du discours narratif ne correspond pas nécessairement à celle des événements qui composent la diégèse, c'est-à-dire l'histoire racontée. Du reste, il y a deux histoires: celle du personnage principal, ce professeur de philosophie qui devient clochard, et celle du narrateur, son élève, qui enquête sur le destin de l'autre. L'intervention de l'énonciateur donne consistance à la narration proprement dite, qui prend place (en position terminale, bien entendu) parmi les événements de la diégèse. Ce dispositif n'est pas sans rappeler fortement l'écriture autobiographique, notamment celle du journal intime, où les actes de narration s'insèrent entre les événements racontés et sont souvent eux-mêmes thématisés. La narration, dans *Agonie*, est en position terminale dans la diégèse mais elle n'en est pas moins segmentée, chaque chapitre correspondant à un moment distinct. Entre ces moments, on suppose logiquement l'activité du narrateur prenant connaissance des renseignements dont il peut disposer sur la vie du personnage-objet.

Autre facteur de complexité. Les vers du poème ont une charge symbolique qui les rend aptes à illustrer divers événements de la vie du personnage principal; mais ils sont aussi, de sa part, l'objet d'un commentaire qui se situe dans un segment déterminé de la diégèse, soit les dernières leçons de philosophie qu'il a données (et auxquelles le narrateur a assisté). Tout se passe alors comme si le professeur avait commenté *à l'avance* des événements de sa vie à venir.

Comme si les relations complexes engendrées par les deux dispositifs textuels, poème et récit, ne suffisaient pas, il faut tenir compte d'un autre texte, dont le professeur est l'auteur et où le narrateur puise l'essentiel de ses renseignements biographiques: le journal, sous forme de carnet gris, qui contient des notes éparses et qui a suivi le personnage principal jusque dans sa vie d'itinérant, après avoir été matière à rigolade pour ses élèves peu indulgents.

Comment s'articulent tous ces éléments? La lecture, pas à pas, de ce «roman» dense mais bref permettra de s'en faire quelque idée.

D'abord figure en exergue le poème d'Ungaretti, dans la traduction de Jean Lescure. Il porte le même titre que le roman. Ses trois courtes strophes évoquent chacune un oiseau: les deux premiers, l'alouette et la caille, savent mourir, au bout de l'effort fourni; le troisième, le chardonneret aveugle, se contente de «vivre de plaintes». En somme, il vaut mieux mourir d'avoir pleinement vécu que de vivre à moitié. On pourrait aussi comprendre: rien ne sert, une fois atteint par la vieillesse ou la maladie, de prolonger une vie qui n'en est plus une, d'éterniser l'agonie. L'agonie doit faire nettement et succintement le partage entre la vie et la mort, elle doit être un acte, non un état où l'on s'installe à demeure. Le refus des plaintes rejoint la morale stoïcienne — qui s'exprimait déjà, chez un Vigny, à travers une symbolique animale («La mort du loup»).

Le récit commence à ce point de l'histoire où le narrateur, inscrit à des cours de philosophie, entend plus ou moins son professeur prononcer une parole inquiétante, qui le réveille net. Cette parole, cependant, il lui faudra tout l'espace du récit pour s'en souvenir puisqu'elle ne sera révélée qu'à la dernière page (p. 77). Elle joue donc le rôle d'une énigme, et constitue sans doute un élément important du texte, porteur d'un signifié qui, d'être ainsi différé, se présente comme une clé. Cette phrase, commentons-la dès maintenant, est la belle et pure expression du défaitisme national, ce défaitisme qui est sans doute le moteur réel de ce magnifique rêve d'indépendance auquel les écrivains québécois ont voulu croire pendant quelques années, pour mieux s'enchanter ensuite de leur impuissance et de leur défaite. C'est: «Il n'y a pas, il n'y a jamais eu, il n'y aura jamais de pays.» Rien, en un sens, ne prépare cet énoncé puisque le récit ne fait aucune part à l'idéologie souverainiste ou nationaliste, il remue plutôt les grands thèmes universels que sont l'amour et la mort, d'ailleurs inscrits dès les poèmes de *Trinôme*[1] dans l'œuvre de Jacques Brault. Et pourtant, on n'est pas surpris que l'auteur de *Mémoire* se souvienne du *rêve québécois*, ne serait-ce que pour le donner à désavouer à son personnage: l'échec du moi n'étant pas seulement celui de tout homme, mais aussi et plus précisément celui de tout Québécois. L'«agonie» symbolise ainsi — virtuellement — la mort du pays c'est-à-dire l'assimilation du peuple québécois, lequel doit cesser de «vivre de plaintes» et se faire une raison: disparaître. Pour un peuple comme pour tout individu, il y a plus de dignité à mourir qu'à vivre diminué. Et, bien sûr, l'auteur n'énonce ici aucun précepte, aucun enseignement. Le sens que j'indique est un sens *possible*, inscrit dans une logique des choses que l'écrivain se contente de faire apparaître, sans aucunement l'imposer. Ce sens n'est sûrement pas le seul possible même si, aujourd'hui, il peut sembler plus plausible qu'aucun autre. Si *Agonie* est un chant de défaite, s'il connote l'échec d'une collectivité qui, par bêtise ou impuissance, a choisi le suicide, c'est aussi parce que la défaite est une victoire sur l'insignifiance, que le suicide est préférable à l'infâme compromis d'une existence châtrée.

Mais trêve d'anticipation. Les premières lignes m'ont projeté vers les dernières — le début est *déjà* la fin. Entre l'un et l'autre, il y a cependant tout l'espace du récit, de l'œuvre, de la vie — et rien n'y évoque spécifiquement, je le répète, la réalité nationale.

L'action commence donc par la profération d'une parole, en fin de cours, parole qui échappe à la perception claire du narrateur mais non à sa perception seconde puisqu'elle déclenche en lui le dégoût et détermine même le vomissement. Le récit de cette action s'accompagne d'une présentation du professeur, «gris et malingre», «l'air absent,

---

1. Richard Pérusse, Jacques Brault et Claude Mathieu, *Trinôme*, Montréal, Jean Molinet, 1957, 58 p. Les poèmes de J. Brault, «D'amour et de mort», sont aux pages 21 à 39.

timide, idiot», «minable»: un anti-héros s'il en est un, jamais nommé, et auquel il n'est pas question de s'identifier. Le narrateur, anonyme lui aussi, pourtant le fera mais graduellement, et à son corps défendant.

Il est ensuite question du carnet gris que le narrateur vient, dix ans plus tard, de subtiliser. Le récit présente donc, côte à côte, deux moments éloignés de la diégèse, le deuxième étant tout proche, semble-t-il, du moment de la narration. Après quoi on revient au passé: le narrateur s'inscrit au cours de scolastique du professeur. Le baccalauréat spécialisé lui permettra, espère-t-il, de devenir un grand reporter (en fait, au moment où il écrit, il végète depuis cinq ans dans une petite agence de publicité, son destin est aussi minable que celui de l'«homme gris»). Le cours portera sur les universaux.

Autre prolepse, qui vient simplement préciser la précédente, l'enrichir de détails nouveaux: nous sommes en octobre, le narrateur vient de rencontrer son ancien professeur qui était seul sur un banc du parc Lafontaine, et de prendre son carnet gris posé à côté de lui. La narration a lieu pendant la même nuit, dans l'après-coup du vol du carnet qui déclenche l'enquête sur son propriétaire.

Retour au passé. Le professeur va consacrer les dernières séances du cours au beau — «et aussi à la beauté». Pour expliquer la différence entre les deux, il lit, dans son carnet, le poème d'Ungaretti, dont il commentera un vers à chacune de ses leçons. Et il commente le premier: «Mourir comme des mouettes altérées». Le narrateur reproduit «in extenso» le commentaire, sans le mettre en relation avec la vie de son auteur, comme ce sera le cas dans les chapitres subséquents. On ne sort de la glose que pour en parcourir le *théâtre*: ce professeur au «visage ravagé comme celui d'un enfant, un vieil enfant obscène», la fenêtre où grésille une feuille sèche rabattue par le vent.

L'essentiel du commentaire porte sur le fait de commencer le poème par le mot «mourir», qui signifie la fin. «Mourir, acte initial plutôt que terminal.» À rapprocher de l'expression «vieil enfant obscène», qui suggère symétriquement la subsistance du début dans ce qui va finir. Si la vie est d'emblée la mort, toute l'existence n'est qu'une agonie prolongée, laquelle maintient l'origine qu'elle nie, et pour mieux la nier. L'agonie est alors synonyme de cette survivance dont le «Canada français» — c'est moi qui commente — a fait son devoir (glorieux, abject). Le vieil enfant obscène, c'est cet homme «Plutôt jeune et plutôt vieux» qui, dans un poème de Saint-Denys Garneau, «Commencement perpétuel», réinvente le mythe de Sisyphe en recommençant continuellement, sans succès, à compter jusqu'à cent. Ce temps de l'éternel retour, de l'échec inlassablement répété, c'est celui même de la survivance; et comme il ne peut déboucher sur la vie, la mort seule, qui l'inaugurait, pourra y mettre un terme.

À propos d'«échec» — que traduit le mot *flop* en québécois — je note que la récitation du poème par le professeur le réalise phonétiquement puisque «chaque mot se détachait sur un fond de silence lourd. Cela faisait flop-flop, comme des pas qui s'arrachent à la vase». Au début de tout, chez Jacques Brault, il y a cet enlisement, cet engluement dans une matière indécise entre le solide et le liquide, état crépusculaire où tout est à démêler, vie et mort, amour et mort. Le flop-flop du discours professoral plonge le narrateur (alors son étudiant) dans un véritable état d'hypnose, où point sans doute, mêlée au dégoût, l'espèce d'affection qui le liera au «petit homme gris».

Le deuxième chapitre raconte d'abord les circonstances qui ont permis au narrateur de revoir son ancien professeur. La présentation d'un film sur le Népal, à la salle du Plateau, a attiré celui qui rêvait de devenir reporter. Dans l'assistance, il reconnaît soudain son «ancien professeur de beauté, le minable pour qui j'éprouvais attirance et répulsion». Il se souvient alors du commentaire sur le deuxième vers: «Sur le mirage», dont la sémantique est en harmonie avec l'agitation colorée de Katmandou. Le commentaire ressouvenu, d'abord lexical et proche du texte, dérive bientôt vers la situation présente, et l'alouette altérée qui meurt sur le mirage symbolise maintenant la relation du narrateur au *héros* (professeur): «Et je vois cet homme navré qui m'étonne. Je suis une alouette devenue étrangère à elle-même et qui se mire dans un mystère.» Ce mystère, c'est sans doute l'autre pour autant qu'il est la mort, le pays de l'ailleurs (Népal), le non-pays.

Percevant l'autre comme un mystère, le narrateur imagine que ce dernier a subi une illumination semblable à celle du tantrisme et qu'elle est le secret de sa vie, secret qu'il lui faut chercher par-delà les apparences mensongères. De là le projet d'une enquête et le vol du carnet gris.

Après la représentation, le narrateur suit l'homme-mirage, n'ose l'aborder, prend son carnet (le récit nous ramène au même événement pour la troisième fois, sans que le caractère répétitif du récit soit thématisé, ce qui peut créer quelque confusion dans l'esprit du lecteur) et rentre chez lui.

Le poème, on le voit, n'est plus seulement inscrit dans un moment éloigné de la diégèse, il colore maintenant le passé récent, définit la vérité de la relation actuelle entre le narrateur et le *héros*.

Le vers suivant, «Ou comme la caille», génère un autre segment narratif qui commence par une réflexion du narrateur sur le carnet, qu'il est tenté de rendre à son auteur (ce qui mettrait fin à la narration), et se poursuit par l'évocation, fondée sur des renseignements passablement lacunaires, du passé du professeur: ses études, sa carrière universitaire, son existence de célibataire vivant avec sa mère, vie minable («comment mourir quand on ne vit pas?») et semblable à celle du narrateur lui-même, où les rares «échappées de tendresse» se soldent par un «retour au délabrement». Le narrateur et son héros se rejoignent dans une même «agonie». La connaissance de l'autre, en particulier dans ses aspects de tendresse et de fragilité (que symbolise la caille), provoque une vertigineuse identification.

C'est par une très libre association d'idées qu'est introduit cette fois le commentaire du poème. Le narrateur s'imagine présent à un pique-nique du professeur avec sa mère, présent et dissimulé «comme la caille du troisième vers». La caille, selon le commentaire du professeur, est assimilable à la femme, à l'enfant, aux êtres fragiles que menace le désir meurtrier. La fin du chapitre fait allusion, entre autres choses, à la disparition du professeur, à la fin du cours: il a reçu une «incroyable invitation en Europe». Beaucoup de propos aussi sur le marasme du narrateur lui-même, qui n'a rien à envier à celui de son *héros* (c'est faute de nom propre que je me vois réduit à utiliser cette expression, fatalement dérisoire). Il désespère de connaître jamais «une illumination soudaine au coin de la rue quand je reviens écœuré du bureau». Voilà un schème fréquent chez Jacques Brault, celui du contre-enlisement qui se réalise dans la mort fulgurante, la mort qui est toute vie et qui est connaissance totale, douceur infinie, amour. Cet instant transformateur se loge nécessairement dans la vie la plus plate, la plus répétitive, la plus agonique, et elle justifie donc le choix du plus grand conformisme — vie conjugale, par exemple: «J'aurais dû me marier, avoir des enfants. Je travaillerais dur et petitement, pour quelqu'un.» (p. 30) Cette vie, c'est la prose la plus étroite, au cœur de laquelle éclate soudain le miracle poétique.

Le chapitre intitulé «Passée la mer», grâce aux révélations du carnet, commence à combler l'intervalle de dix ans qui sépare les dernières leçons du professeur de la nuit présente, où le narrateur l'a revu.

En plein mai 1968, notre *héros* se rend à un congrès de latinistes au lac d'Annecy. Un rapport métaphorique s'établit tout naturellement avec le quatrième vers, et le professeur (ou est-ce le narrateur?) commente l'héroïsme inutile de l'oiseau dont l'effort aboutit à la mort — image, probablement, de toute existence.

Suit le récit du départ par le train de nuit; puis l'évocation du temps de la narration, où le narrateur réfléchit sur la solitude du professeur et sur la sienne propre: le destin de l'autre est de plus en plus mêlé au sien, et la logique de cette gémellation, elle est dans le poème qui fonctionne comme un universel, intégralement applicable à l'un et à l'autre, à tout être vivant. Telle est la vérité du poème: il dit l'essentiel de chacun — comme si, en chacun, était l'essentiel; et comme si l'essentiel *faisait* le particulier, non l'inverse.

(Ainsi, ce n'est pas d'être tel pays qui fait du Québec ce qu'il est, mais d'être en instance de mort, de vie, d'amour.)

L'absence de nom du héros, du narrateur, est peut-être la marque de leur universalité, tout en étant celle de leur inexistence, de leur vie agonique. La mort serait alors la «recouvrance de soi» (p. 34), donc le lieu où l'on peut advenir à son nom.

Les tribulations de la traversée, de l'arrivée à Southampton puis dans Paris soulevé, enfin de la fuite vers la Hollande occupent le reste du chapitre et, pour la première fois, une stabilité narrative s'installe (il est vrai, dans le récit de l'instable). Pendant trois pages au moins, le discours narratif suit l'ordre chonologique des événements.

Cet ordre est rompu et, grâce au cinquième vers («Dans les premiers buissons»), on est ramené vers l'enfance du héros qui, avant l'âge de neuf ans, était déjà «tout gris en dedans» (p. 37). Au sein de la détresse quotidienne, continue, un seul rayon de soleil: Michèle, la petite voisine. Bonheur buissonnier. Mais elle déménage et il ne reste rien. Rien que l'absence d'enfance. Dans son commentaire, le professeur fait du buisson le coin d'enfance retrouvée où la bête se cache pour mourir. C'est dire, une fois de plus, que la mort est un acte et un bonheur, un pied de nez à la grisaille des jours. Autre épisode, qui prend place dans l'adolescence. Au cours d'une excursion avec des camarades du collège, dans un restaurant, il rencontre une jeune fille blonde qui est la réincarnation de Michèle. Elle est la «promesse retrouvée» (p. 42). Pas question d'établir avec elle de vraies relations: elle habitera ses rêves, sans plus. À vingt ans, «il se glisse dans une défroque», entre au séminaire. C'est l'époque de la Deuxième Guerre mondiale.

«Parce qu'elle n'a plus désir»: le sixième vers dit la mort du désir, qui prélude à la mort tout court. Dans la vie du professeur, il correspond au retour en Amérique, après l'épisode de Rotterdam qui sera raconté au chapitre suivant. Il correspond aussi à la mort de la mère, que le professeur, parti pour la France, avait laissée gravement malade derrière lui. La mort de la mère, jointe à une aventure en Hollande dont on connaîtra plus loin la nature, détermine cette capitulation qui transforme en «semi-clochard» notre professeur de philosophie. Plus de désir, donc plus de rôle social, de façade, d'extérieur. Chez Jacques Brault, être clochard (et c'est le destin de ses personnages les plus raffinés, depuis ses tout premiers récits!), c'est vivre selon sa seule exigence intérieure, totalement libre mais en même temps imbibé complètement de la grisaille des choses, devenu docile à l'extrême *prose* de l'existence.

«De voler»: le vol de la caille, de la bécasse, c'est la vie, l'amour. C'est, dans la vie du professeur, l'instant de grâce de la rencontre amoureuse avec cette femme de Rotterdam qui réveille le souvenir de Michèle et de sa réincarnation en serveuse blonde; qui invente un roman pathétique pour cacher son identité de prostituée. Le récit lui-même prend son envol, atteint une grâce et une aisance que ne viennent pas briser, pour une fois, les évocations du réel. On atteint sans doute ici un sommet dans la vie du personnage et, en tout cas, dans sa vie amoureuse puisque la «promesse» est enfin réalisée, pour la première et dernière fois. Est-ce bien le moment d'illumination que recherchait le narrateur? Il faut dire que ce chapitre, le plus long du roman, avait commencé sur une note particulièrement sombre: l'échec du personnage principal, vécu plus intensément que jamais à Bruxelles, et l'engourdissement frileux du narrateur, qui se désole à la pensée de l'autre abandonné sur son banc, par une nuit glaciale. Par contraste, les brèves amours hollandaises acquièrent beaucoup de relief. Comme le vol de la caille, qui les figure poétiquement, elles sont coextensives à toute une existence en ce que, au-delà, il n'y a plus que la mort. Ou une indigne survie.

C'est cette survie qu'évoque l'avant-dernier chapitre, «Mais non pas vivre de plaintes», où plus que jamais le narrateur se projette sur l'homme-écran qui le hante, homme qui «ne (lui) est rien» mais qui ressuscite peut-être pour lui son «père bafoué» — *Chronique de l'autre vie* évoquait aussi le souvenir d'un père chômeur, qui se laissait battre par le voisin devant son fils en pleurs. Survivre à une telle honte, c'est s'installer dans la plainte (comme le Québec dans son interminable défaite), dans la contagion de la douleur. Le narrateur est touché («Il aura fallu que ce petit homme gris trottine comme une souris dans quelque recoin de ma vie, et me voilà face au néant, un néant falot, un néant de doux raté. Je me plains...»), comme l'a été avant lui l'infirmier qui a recueilli le professeur tombé dans la «complète clochardise» et terrassé par une attaque.

Mais lui, l'homme gris, tout en survivant — au voyage, à l'amour, mais aussi à la mort de sa mère —, s'installe dans un au-delà de la plainte qui est peut-être la mort, qui est la mort sociale en tout cas, et qui ressemble à un bonheur. La clochardise est un sacerdoce et une transfiguration: tout en se «dépenaillant», en subissant une dégradation physique, l'homme est comme éclairé de l'intérieur, «son visage rayonnait sans raison apparente», «il s'illuminait» (p. 69). Le clochard illuminé, c'est l'en dessous devenu l'admirable, le sous-homme qui triomphe *ailleurs*, qui a laissé derrière lui cette humanité dont le lot quotidien est un pâteux malaise, une boue où l'on «farfouille» péniblement. Et voilà sans doute le secret que cherchait le narrateur: le «grand refus» de tout, le silence. Par lui, les traces de la vie sont effacées: «une sublimation si légère que là où il n'était plus il n'avait pas été». Tel était l'enseignement de ce Zarathoustra cloporte. Le clochard est le seul véritable mystique occidental.

Un dernier chapitre vient faire le raccord entre le passé et le présent. Sorti de l'hôpital où il s'est remis de son attaque, le professeur-clochard décide d'assister à un film sur le Népal... ce qui nous amène au point précis où commençait le récit, et au début de cette nuit où s'élaborera la narration elle-même. Le commentaire sur le «chardonneret aveugle» se rapporte à la problématique du retrait intégral exposée dans le chapitre précédent. Tout est bouclé, diégèse, récit et narration, et pourtant, le titre du poème, «Agonie», n'a pas encore été commenté. C'est alors que la phrase: «Il n'y a pas, il n'y a jamais eu, il n'y aura jamais de pays» est énoncée, et elle commente à elle seul ce mot d'«agonie» dont tout le poème, en fait, et par-delà le poème, tout le récit sont les commentaires *par le vécu*.

Si l'agonie est la décision de mourir, d'outrepasser l'existence plaintive, elle fait du clochard un être lumineux (il titube «dans sa nuit comme la flamme d'une chandelle»). Du même coup, une raison supérieure est introduite dans la vie de tous les jours, et c'est celle même du poème, illuminant la prose du récit. Tout ce roman, très court et très

long, serait la lamentable description de la vie lamentable sans cette
référence à une langue réservée, la poésie, qui tire la beauté de cela
même qui la nie, qui change les infinies disgrâces du réel en images
nécessaires. Et même les destins de l'homme, de l'individu, d'un peuple, d'un pays, si navrants soient-ils, deviennent matière à cette
réflexion transfigurante qu'est la prose du poète, la prose ébranlée de
poésie, ouverte à une angoisse d'être, soudain devenue merveilleuse.

Février 1987

La Quête de l'ourse:
métaphore et retardement

La Quête de l'ourse[1] est l'une des dernière publications d'Yves Thériault. C'est aussi l'une de ses plus incontestables réussites, à ranger aux côtés des *Contes pour un homme seul*, d'*Aaron*, d'*Agaguk* et des *Commettants de Caridad*. Rarement les livres de Thériault ont-ils présenté un tel équilibre entre les tendances diverses qui les sollicitent et qui, souvent, les déchirent. On peut penser ici à *Tayaout, fils d'Agaguk*, qui contient des pages admirables, d'une grande richesse lyrique et symbolique; mais ces pages font un contraste trop brutal avec celles qui dépeignent la déchéance d'Agaguk, et on passe d'une écriture somptueuse à une plate écriture de roman populaire. Ici, rien de tel: le style est soutenu, loin peut-être des fulgurances du lyrisme mais aussi des facilités dont l'auteur est capable.

On notera que *La Quête de l'ourse* est l'œuvre la plus considérable de Thériault, et l'auteur y pousse jusqu'à leur extrême point de résolution esthétique les conflits qui se font jour dans ses autres romans. La violence qui, on le sait, ravage généralement, de toutes les façons possibles, les héros de Thériault est ici aussi présente avec éclat, mais elle est comme épurée et rapportée à une conjoncture tragique qui la vide de toute complaisance. Une sagesse, éclose au sein même de la pulsion et la magnifiant, régit l'invention du récit et lui confère une intelligibilité exemplaire.

La Quête de l'ourse sera donc pour nous l'occasion de faire le tour de certaines significations fondamentales chez Thériault; nous le ferons à partir de la question précise que le roman adresse au lecteur, sous forme d'un magistral *retardement*.

---

1. Montréal, Stanké, 1980, 384 p.

Le retardement narratif

Le récit comporte quatre grandes divisions, de longueur fort inégale. La «première journée», d'environ dix pages, raconte la poursuite d'une ourse par Antoine, jeune Métis qui vient d'avoir vingt-sept ans. On ignore les mobiles de cette action. Des allusions sont faites à une femme, Julie, qu'Antoine a aimée; mais quelle place a-t-elle occupée dans sa vie? et quel rapport avec l'action présente?

La «deuxième journée» répondra longuement à ces questions. Elle occupe à elle seule trois cent trente-cinq pages, soit près des neuf dixièmes du livre. Sur le plan formel, on peut la caractériser, les premières pages mises à part, comme une analepse externe qui nous raconte le passé du personnage principal et qui éclaire la conjoncture présente; mais aussi, comme un énorme roman venant s'enchâsser dans un conte qui met aux prises un homme et une bête plus grands que nature. Le roman retrace l'enfance et l'adolescence d'Antoine, son amour pour Julie — et le roman est aussi celui de Julie, qui quitte sa famille pour s'installer en forêt avec ce Métis d'ascendance montagnaise soumis aux croyances de son peuple et lent à comprendre le point de vue des Blancs. Les concessions réciproques, la rupture rendue inévitable, l'escapade de Julie et la poursuite d'Antoine, leurs retrouvailles compromises par l'intervention d'une ourse qui, déjà, avait assailli Julie la première fois qu'Antoine l'avait emmenée en forêt et qui, maintenant, la tue, sont les jalons essentiels d'une histoire d'amour qui s'étend sur environ quatorze ans.

La «troisième journée» (trente pages) raconte l'arrivée d'Antoine au pays de l'ourse, où doit avoir lieu l'affrontement, et rappelle de façon détaillée le premier haut fait du Métis qui, à dix ans, avait abattu un puma.

La «dernière journée», la plus courte avec ses quatre pages, relate l'affrontement de l'ourse, qu'Antoine doit accomplir à mains nues pour obéir aux intimations de la tradition... et du conte, dont la loi première est le merveilleux. Puis Antoine, vainqueur et partiellement remis de ses blessures, rapporte les restes de Julie à sa famille (on a seulement alors la confirmation explicite de la mort de Julie, qui n'avait été que suggérée à la fin de la «deuxième journée»).

Un roman inséré dans un conte, une excroissance narrative monstrueuse mais qui, dans l'économie du livre, pèse du même poids que le court récit mythique où elle prend place: cette égalité dans la disproportion, n'est-ce pas la même qu'on trouve dans le corps à corps d'Antoine et de l'ourse? D'un côté l'homme, rendu semblable à la bête par son abandon au fondamental instinct d'agression, sans armes, pure nature; et de l'autre l'animal, masse intelligente (l'ourse possède une intelligence très au-dessus de celle de ses congénères) porteuse d'une malveillance digne des hommes, et peut-être porteuse de la colère des manitous. L'homme-nature contre l'ourse-culture; David-chêne et Goliath-roseau (pensant): ces rapports reprennent et recroisent ceux du conte bref, merveilleux et du roman long, réaliste. Le roman concerne avant tout Antoine dans sa vie quotidienne, son existence pratique, celle de technicien de la vie en forêt; et le conte est polarisé par cette ourse maléfique aux pouvoirs surnaturels, qui poursuit Antoine comme une allégorie de la vengeance. Le conte est court car le merveilleux, comme le miracle, est l'affaire d'un *instant*, ici celui de l'affrontement. D'autre part, le roman n'a pas trop de ses centaines de pages pour faire équilibre au langage dense du conte. Son discours ressemble au pédestre calcul arithmétique, face au calcul algébrique, beaucoup plus ramassé. Que le roman d'Antoine soit gros et lent et le conte de l'ourse, dense et bref, institue un chiasme entre le contenu et l'expression, non une inconséquence.

L'insertion du passé d'Antoine et de Julie dans le récit de la «quête» montre aussi que la confrontation avec l'ourse est le sens même de ces deux vies, en particulier de celle d'Antoine; et que, ainsi orientée vers un moment décisif, un moment conçu d'entrée de jeu comme la conclusion du livre, son point final, son amen, cette vie n'est pas une simple vie — matière à roman — mais un destin. Le récit de quête est toujours épique parce qu'il installe la transcendance au cœur du trivial et qu'il transfigure ce dernier, l'arrache à la contingence.

L'analepse qui, peu après le début de la «deuxième journée», nous ramène vers l'enfance d'Antoine, suspendant pour une longue suite de pages la thématique de la poursuite, prépare donc la conjonction du quotidien et du merveilleux. Elle survient après un épisode particulièrement risqué du point de vue de la vraisemblance. Antoine, en effet, est abordé par Met'sho, vieux Montagnais ami de son père, qui lui recommande, au nom d'une raison supérieure qui a à voir avec la volonté des dieux («Dieu par la bouche de l'homme» [p. 25]), d'affronter l'ourse sans arme, «loyalement», à mains nues. On est bien ici dans le monde des Titans, non des hommes. Met'sho demande à

Antoine d'agir en Hercule, en Samson, de réaliser l'impossible. Et Antoine le réalisera, il sera ce héros de conte. Mais il y aura eu, pour le lecteur, le long retardement dépliant chaque facette de la conjoncture, le long train d'épisodes réalistes préparant l'épisode mythique. Toute une vie en face d'un instant qui la cloue à sa vérité de destin, lui donne son aura d'éternité.

Entre la poursuite et l'affrontement, il y a donc enchâssement d'une vie. On songe au paradoxe de Zénon: la flèche se hâtant vers la cible parcourt *sans fin* la moitié du chemin qu'il lui reste à parcourir, celui-ci étant divisible à l'infini. L'ourse, en fait, est rejointe mais au prix d'un parcours complet effectué à un autre niveau; et dans le cadre de ce roman conjugal vécu par Antoine et Julie, de nombreux épisodes reprennent la structure diégétique de la quête, structure constituée d'un retardement préludant à une action décisive.

Le schème narratif

On peut d'abord se demander pourquoi Antoine ne peut affronter l'ourse avant qu'elle ait regagné le lac Kinounish, son pays. Il la talonne, il pourrait facilement l'atteindre et éviter ainsi les inconvénients d'un éloignement qui l'isole et complique son retour. La réponse vient du mythe: «Il n'était pas prêt. Il ne le serait que là-bas, plus loin, lorsque lui et l'ourse seraient au bord du lac Kinounish, et pas avant.» (p. 13) La quête consiste à pénétrer dans les lieux originels, accordés à cette ourse diabolique qui, pendant près de quinze ans, a poursuivi Antoine de sa malveillance surnaturelle: «On eût dit qu'une puissance mystérieuse et destructrice avait un jour soulevé toute la terre, l'avait rejetée en ces morceaux informes, en cet entassement cataclysmique.» (p. 359) La nature retournée à l'état de masse, et de masse «hostile» (*id.*), tel est bien le pays de l'ourse — elle aussi est décrite comme une «masse sombre» au «rugissement enragé» (p. 74). C'est en ses lieux, dans son espace propre, là où le monde et elle participent de la même fureur native, que l'ourse doit être affrontée: la quête d'Antoine, dès lors, est une descente aux enfers, non pour en ramener Euridyce mais pour y interroger, de ses mains nues, le secret de sa mort.

L'acte décisif se produit donc dans le lieu d'origine. Là seulement, peut-être, Antoine est-il en mesure de *surprendre* l'ourse, trop bien accordée à son espace. Point de victoire sans «une ruée, l'élément de surprise, l'attaque ouverte» (p. 382). On pourrait penser que ces termes se contredisent, mais l'assaut franc déconcerte car il fait rupture avec l'interminable retardement qui l'a précédé. L'initiative de cet assaut revient naturellement à l'intrus: l'ourse n'avait-elle pas attaqué Julie, puis dévasté à plusieurs reprises les pièges loin de chez elle, en plein pays d'Antoine? Dans le corps à corps final, Antoine est l'assaillant, la bête est sur la défensive. Sans doute voit-elle venir l'attaque, mais celle-ci est malgré tout une sur-prise, une effraction des origines, d'autant plus grande qu'elle est précédée d'une quête qui est coextensive, comme on l'a vu, à une tranche de vie considérable.

Ce schème de l'effraction est déjà présent en plusieurs passages importants. Le premier, cela va de soi, est celui où l'ourse, qui fait chronologiquement sa première apparition, s'en prend à Julie alors âgée, comme Antoine, de treize ans. Julie visitait la forêt pour la première fois, en réponse à la pressante invitation de son camarade.

La jeune fille s'abandonne donc en toute confiance à l'émerveillement des lieux. Antoine s'éloigne pour faire le relevé des pistes qui mènent au lac. Malgré sa connaissance des bois, son instinct surhumain (animal...), le jeune Métis ne se méfie pas un instant. L'ourse survient de façon complètement imprévue, fracassant la rêverie amoureuse de Julie: «Ce fut le rugissement enragé de l'ourse qui soudain la tira de son paradis.» (p. 74) Paradis: le mot est à souligner car il dit bien le bonheur, l'absence totale d'inquiétude, la paix des origines. Le drame éclate comme un coup de foudre en plein ciel bleu, et en quelques instants c'est la terrible mutilation: «elle râcla le corps frêle du cou jusqu'au bas-ventre» (p. 75). Du bonheur édénique, Julie est déchue et rejetée aux portes mêmes de la mort.

Dans le contraste de la longue et euphorique quiétude et de l'assaut rageur, imprévu, on retrouve un schème semblable à celui de la poursuite, accompagnée du retardement de la rencontre et de l'attente des lieux d'origine où la surprise deviendra possible. Au terme de l'assaut, les résultats diffèrent: d'une part, Julie, l'assaillie, est affreusement blessée et l'ourse s'en tire indemne; d'autre part, l'ourse est étranglée mais Antoine, l'assaillant, se voit infliger des blessures fort semblables à celles de Julie lors du premier assaut. Dans les deux cas, la victoire est à l'assaillant mais la distance avec sa victime n'est jamais que de vivant à demi-mort ou de demi-mort à mort. La mutilation apparaît dès lors comme un moyen terme et, si l'on peut dire, un horrible équilibre entre des conditions extrêmes.

Dans une autre circonstance, dont le récit est passé sous silence, la victoire de l'assaillant sera complète: c'est l'épisode de la mise en pièces de Julie par l'ourse, qui détermine et précède immédiatement la «quête[1]». Après son escapade à Québec, où Julie a connu les dangers des amours faciles et s'est rendu compte de l'attachement invincible qui la lie à Antoine, la jeune femme se prépare, avec une joie grandissante, à accueillir l'homme de sa vie. Elle vit comme «une sorte de retraite ardente, de voyage au-dedans d'elle-même, de méditation désordonnée et magnifique, où enfin Julie pesait au poids d'or et de joie toute la vie qu'elle avait vécue en la donnant librement à Antoine» (p. 345). De même que, à treize ans, elle lançait un appel joyeux à Antoine avant que l'ourse ne se précipite sur elle, de même elle s'élance au-devant du jeune homme qu'elle voit revenir en pensée lorsque, ayant ouvert la porte, elle se trouve devant l'ourse fatidique. Cette fois, la bête accomplit jusqu'au bout sa féroce besogne, mais le récit en est sous-entendu et l'événement est le point de jonction entre le roman et le conte, le temps quotidien fusionne avec le temps du sacré.

Le schème qui mène de l'attardement euphorique à la mutilation ou à la mort est reflété en plus petit dans les nombreuses scènes où Julie, toute à la joie de son amour et de sa découverte de la forêt, se heurte aux exigences de la réalité, qui lui sont signifiées brutalement par Antoine. À quinze ans, le lendemain de son arrivée dans les bois, Julie se croit au paradis. «Elle fredonnait une chanson tout en marchant. Le matin était brillant, toute la forêt vivait. Partout des chants d'oiseaux et partout aussi ce grand bruissement doux qui est la caresse du vent dans les branches. Il faisait bon vivre, vivre auprès d'Antoine, le rêve enfin réalisé.» (p. 108) La vie est là, au-dedans et au-dehors; une même animation régit la nature et la rêverie, le désir circule librement et *réalise* le rêve, onirise le réel. Éclate alors la colère d'Antoine,

---

1. La distance de l'assaillante et de l'assaillie est tout de même réduite sur le plan symbolique, si l'on tient compte que Julie a déjà été mutilée et que l'ourse, d'une certaine façon, reprend le travail de l'agression là où elle l'avait laissé, après un *retardement* de quatorze ans; d'autre part, l'ourse est elle-même mutilée, détail qui ne sert pas seulement l'intrigue en permettant à Antoine l'identification à partir d'une empreinte caractéristique («à la patte d'avant la bête portait une profonde cicatrice sur la paume lisse, car la trace était sectionnée en deux parties bien distinctes» [p. 175]), mais qui fait de l'ourse l'«égale» de ses victimes. C'est, du reste, de sa patte avant qu'elle laboure la chair de ses victimes, comme pour se venger de sa blessure.

qui assène à Julie quelques vérités bien senties: on n'est pas en forêt pour rêver mais pour travailler. Fin de l'Éden; voici venu le temps de la sueur au front, du corps harassé. Sans doute n'est-ce pas la mutilation, mais tout un destin de fatigue, révélé avec une brutalité qui rappelle la férocité de l'animal.

Un peu plus loin, Julie, dans la ferveur de sa vie nouvelle, demande à Antoine si elle peut l'accompagner dans sa tournée des pièges. Malhabile à s'exprimer, Antoine n'arrive pas à lui dire qu'une telle pratique est contraire aux traditions. Finalement, il éclate:

> — Ce n'est pas la place d'une femme sur la *trail*, dit-il.
> Sa voix claquait comme un fouet.
> — Jamais une femme ne va aux pièges avec son mari. Jamais.
> Elle reste à la maison, parce que c'est sa place et non ailleurs!
> (p. 120)

La voix qui claque, et qui cingle Julie en plein bonheur, affirme une idéologie de la femme à la maison qui est fortement connotée, en nos sociétés... Elle dit surtout ici la violence d'une tradition intraitable, qui ne supporte aucune discussion, et que l'ourse est chargée, semble-t-il, de faire respecter en châtiant la moindre dérogation à la volonté toute-puissante des manitous. Ainsi, les colères d'Antoine contre Julie, ignorante de la forêt et des coutumes montagnaises, font-elles paradigme avec la rage meurtrière de la bête: la spontanéité «blanche» est raturée jusqu'au vif par une Torah jalouse, plus rigoureuse encore que la Torah chrétienne, du reste tombée en désuétude. Les manitous montagnais ont gardé toute la virulence que le Dieu de Julie a laissée se perdre, et c'est eux qui font irruption dans le bonheur des hommes, en particulier celui de la jeune femme mal accordée aux sévères mystères de la forêt.

Antoine, du reste, au cours d'une autre colère, va comparer ses manitous au Dieu des Blancs et prouver leur supériorité comme protecteurs, en mettant en parallèle son corps sans marques avec le corps mutilé de Julie (p. 149): on n'est pas plus odieux! Ici encore, la colère prend le relais de la griffe ravageuse pour affirmer les droits d'un sacré terrible.

La vie du couple, dès le début, est ponctuée d'orages, d'abord assez vite apaisés, en particulier grâce à l'attitude conciliante de Julie. Antoine fait aussi des «progrès», c'est-à-dire des concessions de plus en plus importantes aux besoins et aux aspirations de sa compagne, mais il agit à l'encontre de la volonté des manitous et se trouve donc en rupture avec lui-même.

Les sujets de mésentente, au cours des mois et des années, prennent de l'ampleur. L'infertilité de Julie, qui tarde à donner un descendant à Antoine, est le plus grave et fournit là encore à Antoine l'occasion de paroles et d'attitudes odieuses. Mais il y a aussi des accalmies, des moments d'entente profonde où Julie découvre des qualités insoupçonnées à son compagnon: «Julie n'en revenait pas de le voir s'intéresser à des aspects aussi peu primitifs, aussi peu aborigènes de leur installation. [...] Non, Julie, devant la bonté d'Antoine, si peu semblable à ses complexes de l'hiver précédent, oubliait toutes leurs dissensions passées.» (p. 196) On peut dire que la vie en commun oscille entre deux pôles de plus en plus marqués, et que le plus grand amour est appelé à succéder au plus grand éloignement. C'est ce qui se produira quand Julie, qui a perdu son deuxième enfant à la suite des agissements imposés par les coutumes montagnaises, abandonne Antoine et s'enfuit à Québec; mais là, victime d'un sinistre personnage qui abuse de sa confiance, elle redécouvre son attachement pour le Métis, et son amour atteint une intensité jamais connue. C'est dans cette plénitude de dispositions que, revenue dans sa maisonnette de la forêt, elle ouvre à celui qu'elle croit être Antoine, et qui est l'animal diabolique. On passe toujours abruptement de la plus grande ferveur amoureuse à l'agression meurtrière, du paradis à l'enfer. Un autre passage montre bien cette contiguïté des extrêmes. Julie, enceinte, est contrainte d'accomplir sa besogne sans ménagement et croit Antoine inaccessible à toute pitié. Or ce dernier trahit, par un geste empressé, la préoccupation qu'il a, malgré la tradition, pour l'état de sa compagne. Cette révélation plonge Julie dans le ravissement: «Une belle et grande chanson montait en elle. Un espoir fou. Et cela lui redonnait des forces.» (p. 268) Mais quand elle accouche prématurément, quelques heures plus tard, d'un fils mort-né, «elle n'était nullement préparée à la colère d'Antoine» (*id.*). Les reproches, atrocement injustes mais dictés par les préjugés culturels indéracinables, ajoutent, à la douleur au ventre de celle qui vient d'accoucher, une autre douleur, «sise au nœud de l'âme» (p. 269). On voit ici se conjuguer la douleur physique — une douleur interne mais analogue aux souffrances que l'ourse avait infligées — et la douleur morale, occasionnée ici comme chaque fois par les croyances d'Antoine resté étranger à la raison «civilisée».

En voilà assez pour nous permettre d'entrevoir un rythme fondamental du récit, caractérisé par le passage subit d'un extrême à l'autre
(mais ce basculement est précédé d'une longue stagnation). L'assaut a
constamment pour effet d'arracher la victime à un bonheur qui rétablit
le temps des origines, le paradis initial. L'assaut détermine chute et exil,
il marque, mutile et parfois même, il tue. L'agent de l'assaut est le délé-
gué des manitous, des traditions, des préjugés séculaires: on peut se souvenir ici d'André Langevin dont l'œuvre est hantée par le mythe d'une
Providence mauvaise, acharnée à faire le malheur des hommes[1].

Antoine est, avec l'ourse, l'intermédiaire entre les dieux et Julie,
et l'instrument involontaire de la vengeance — de là ses colères irré-
pressibles, dont il souffre autant que sa compagne. Mais Antoine n'est
pas qu'un «bourreau», il est lui-même la victime de la colère divine,
étant le premier coupable. C'est ce que nous allons maintenant examiner plus en détail.

La métaphore de l'ourse

L'ourse appartient de plein droit à l'univers du conte, c'est-à-dire
du surnaturel. Son comportement n'a rien de commun avec celui de
ses congénères. Le pouvoir qui fait d'elle autre chose qu'un animal est
notamment celui d'arriver à l'improviste sans qu'on puisse détecter
son approche, telle une apparition. Chose tout à fait étonnante si l'on
songe aux sens suraiguisés d'Antoine:

> Comment se fait-il que cette ourse puisse venir à deux pas de
> la maison quand elle le veut, et que je ne l'entends pas?
> Qu'elle puisse approcher de mon feu, venir me flairer quand je
> dors, voler des choses à côté de moi, et que je ne m'éveille
> même pas? Une belette viendrait à trois pas et je serais debout,
> immédiatement en alerte... Mais l'ourse vient, et je dors sans
> m'éveiller... Pourquoi? (p. 175)

Ces questions en cachent peut-être une autre: comment se fait-il
que l'ourse vienne flairer Antoine quand il dort et ne s'attaque pas à
lui? Pourquoi s'en prend-elle uniquement à Julie et aux bêtes retenues

---

1. *Cf.* mon ouvrage intitulé *L'Évasion tragique, essai sur les romans d'André
Langevin*, Montréal, Hurtubise HMH, 1985, 358 p.

par les pièges? Ce couplage situationnel suggérerait, du reste, que Julie est *prise au piège d'Antoine*, qu'elle est métaphoriquement sa proie, qu'une relation d'inégalité fondamentale unit la jeune femme au Métis pour autant que ce dernier est montagnais, fort de ses traditions et dominateur.

Un couplage semblable se dessine entre ceux qui exercent la domination: Antoine... et l'ourse. Également «bêtes» — quand il tue le puma, Antoine arrive à «se vider l'âme complètement», atteint à «l'élan total, bestial» (p. 376) et c'est la même chose quand il affronte l'ourse: «C'était comme animal qu'il se présentait devant l'ourse» (p. 382) —, également rusés, l'homme et l'animal sont commutables. On a vu que les colères d'Antoine rappelaient la rage de l'ourse et sanctionnaient des dérogations semblables aux lois de la nature (ou des manitous). On peut montrer aussi que l'ourse, quand elle apparaît à Julie, est toujours là *pour Antoine*, horrible quiproquo qui fait d'elle la métaphore du jeune «sauvage». C'est le cas lors de la première visite en forêt, quand Antoine s'éloigne, paradoxalement occupé à relever des pistes; c'est au moment où Julie lance une salutation à Antoine que se manifeste l'ourse, en lieu et place d'Antoine lui-même. L'horrible mutilation, dirigée vers le ventre, est l'équivalent d'un viol — d'ailleurs les villageois ne se priveront pas de dire «que le jeune Métis l'avait violée dans la forêt et que, si on envoyait la fille au loin, c'était pour qu'elle pût avoir un enfant à l'insu de tous» (p. 96). Les derniers moments de Julie sont encore plus révélateurs puisque c'est à son homme qu'elle croit ouvrir, quand elle livre passage à la bête meurtrière. L'ourse dès lors peut apparaître comme cette part d'Antoine, inconsciente, qui refuse Julie et la condamne au malheur. Quand, par exemple, Antoine provoque la deuxième fausse-couche de Julie au nom des traditions montagnaises qui prescrivent l'indifférence à l'état de la femme enceinte, la croyance religieuse est évidemment le paravent de pulsions plus fondamentales, de nature névrotique. Ou plutôt, la forêt avec ses puissances mystérieuses, ourse, wolvérine (carcajou), fonctionne comme un inconscient *en extérieur*, les Manitots (ou manitous) inscrivent au sein de la nature une transcendance qui reproduit exactement le surmoi «montagnais» d'Antoine. Voilà pourquoi le roman, qui est la part du moi, s'inscrit dans le cadre d'un conte, lequel *réalise* l'inconscient.

Quant à identifier exactement les forces névrotiques en présence, laissons cette tâche à un analyste plus averti... Il nous suffira d'avoir indiqué la collusion entre une forme narrative, le rythme du récit et un système de substitutions qui donne au texte son épaisseur signifiante et sa cohésion profonde.

Mais si l'ourse et sa forêt sont l'inconscient d'Antoine, lequel compromet et finalement détruit sa relation à Julie, quel sens donner à la victoire finale d'Antoine sur l'ourse? Triomphe-t-il de ses manitous, de son surmoi (qui est indien) alors même qu'il refuse le secours des armes (qui sont «blanches»)? Et sa mutilation, si semblable à celle de Julie, n'est-elle pas une dénégation janséniste de la chair, semblable à celle de tant de héros de Thériault qui transgressent les interdits mais jamais impunément?

Plusieurs passages donnent à penser que la mutilation puis la mort de Julie sont la punition des manitous pour une faute d'Antoine, qui consiste à avoir introduit une Blanche en forêt et compromis par là le délicat équilibre de la nature (*cf.* p. 148). Mais pourquoi punir Antoine indirectement, à travers Julie, et non dans sa personne même? Du reste, la même intransigeance qui exclut toute possibilité d'intégration de la jeune femme aurait dû jouer d'abord au détriment du Métis, dont le père seul est montagnais, et qui a dans ses veines du sang blanc. Le choc des inconciliables, civilisation blanche et civilisation indienne, se fait essentiellement à l'intérieur d'une conjoncture personnelle hybride, favorable aux équilibres comme aux ruptures.

Si l'ourse se substitue à Antoine pour Julie, c'est dans la mesure où il s'identifie, par l'inconscient, à une entière primitivité; la mort de Julie, c'est la mort du roman et le triomphe du conte. Mais quand Antoine étrangle l'ourse de ses mains nues, l'auteur mène le conte lui-même aux limites du vraisemblable, là où les histoires de chasse expirent de rire, et renvoie dos à dos les formes et les thèmes contraires, dans l'ironique lumière de l'énigme irrésolue.

Juin 1988

Le schème organisateur
chez Gabrielle Roy

Dans une étude sur *La Montagne secrète*[1], je me suis naguère attaché à dégager un schème directeur, c'est-à-dire une structure dynamique qui commandait les principaux développements du texte. Ce schème, on peut se demander s'il ne se retrouve pas dans d'autres œuvres de la romancière et s'il ne correspond pas, en somme, à une matrice permanente du vécu ou, si l'on préfère, du champ existentiel. L'œuvre serait ainsi le révélateur d'un récit fondamental, celui que l'auteur se raconte dans la plus immédiate distance à soi-même et qu'il réinvente, sous des formes diverses, tout au long de sa vie, à chaque nouvel acte de création.

Pour vérifier cette hypothèse, qui procède moins de l'approche scientifique que de l'écoute proprement critique, celle qui promeut la compréhension du texte par une démarche d'empathie, j'interrogerai deux textes, une nouvelle et un roman, dont les rédactions sont sensiblement rapprochées mais qui diffèrent cependant beaucoup par le sujet et les thèmes.

Voici donc une nouvelle de *Un jardin au bout du monde*, la première, intitulée «Un vagabond frappe à notre porte». Le livre qui la contient paraît en 1975, mais la première version du «Vagabond», précise l'auteur dans sa préface, date de plus de vingt ans, donc à peu près de l'époque où paraît *Alexandre Chenevert*, dont je parlerai en second lieu[2].

---

1. Reprise dans *La Visée critique*, Montréal, Boréal, 1988, p. 186-203.
2. En fait, «Un vagabond frappe à notre porte» a déjà paru dans *Amérique française*, Montréal, janvier 1946, p. 29-51. Mais la rédaction d'*Alexandre Chênevert* a commencé peu après la parution de *Bonheur d'occasion*, signale François Ricard (*Gabrielle Roy*, Fides, 1975, p. 76; et «La métamorphose d'un écrivain: essai biographique», *Études littéraires,* vol. XVII, n° 3, hiver 1984, p. 448).

Je rappelle les principales données narratives. Un soir d'automne, quelqu'un se présente à la maison où vit Ghislaine, la narratrice, qui est alors une enfant et qui ressemble beaucoup à la Christine de *Rue Deschambault*. On peut penser qu'elle en est la préfiguration puisque la rédaction du recueil de nouvelles a dû suivre de près celle du «Vagabond». La ressemblance s'étend au reste de la famille: le père de Ghislaine, Arthur Trudeau, est un sosie d'Édouard et la mère, Albertine, une sœur jumelle d'Éveline, figures dérivées de Léon et de Mélina Roy. On retrouve, en somme, la famille des écrits semi-autobiographiques, avec des noms différents. On a l'impression curieuse, due à l'illusion rétrospective, d'un exercice de mise au point onomastique quand l'auteur fait défiler, dans la bouche du vagabond, les noms qui seront ceux des sœurs de Christine. En effet, il demande à Ghislaine: «Tu dois être ma petite cousine Alice?» (le nom rappelle, bien sûr, celui d'Alicia) puis: «C'est-y Agnès alors?» (p. 13) Plus loin, le nom d'Édouard est donné à un frère d'Arthur établi en Alberta.

Un homme se présente donc et il prétend être de la famille du père, un Trudeau, venu du Québec pour visiter ses cousins éloignés. Le lecteur se doute vite qu'il s'agit d'un imposteur, et la mère, femme sensée et perspicace, ne semble pas du tout partager l'enthousiasme de son mari à l'égard de l'étranger. Pourtant, elle s'abstient de formuler ses doutes, même si elle vient bien près de le faire. Est-elle sensible à la douceur, au côté chaleureux, humain du visiteur? Ou mieux, comprend-elle l'importance de ce qu'il apporte à son mari, c'est-à-dire tout un passé retrouvé, une famille quittée parce qu'elle ne comportait rien d'attirant et qui maintenant se met à revivre sous des traits plus positifs?

Bien sûr, c'est un tour de force de se faire passer pour le membre d'une famille qu'on ne connaît ni d'Ève ni d'Adam, et le lecteur est tenté de taxer le récit d'invraisemblance, ou en tout cas d'accuser le père de naïveté. C'est lui qui, sans s'en rendre compte, fournit au vagabond les éléments biographiques que ce dernier, avec beaucoup d'habileté, utilise pour ses récits. D'autre part, la mère semble parfaitement lucide; mais voilà, elle se tait, et le lecteur, en quelque sorte, suit son exemple, sachant que quelqu'un, sur la scène représentative, partage son point de vue et reste prêt à intervenir.

Le vagabond a donc tôt fait de mettre le père dans sa manche, comme on dit. Il joue sur une corde sensible, le mal du pays, en ces plaines de l'Ouest où la nostalgie du Québec natal est restée très vivace. Mais la mère, elle, est beaucoup plus difficile à apprivoiser. Pourtant, à la fin, quand le père aura été détrompé par la police, qui a recueilli de nombreux témoignages incriminants, la mère se portera au secours du vagabond, allant même jusqu'à contester l'imposture. C'est qu'elle aura reconnu en lui, par-delà ses pauvres subterfuges, un membre méritant de la grande famille humaine, laquelle est plus importante que la famille selon le sang qui est bafouée ici, et qu'elle lui aura pardonné en raison de la joie que véhicule son mensonge de pique-assiette, mais aussi et surtout de ce mensonge supérieur qu'est le *récit*. Le vagabond est l'homme des récits, celui qui raconte à chacun ses origines et qui le met en relation avec la famille universelle. De ce point de vue, il est, parmi tant d'autres dans l'œuvre de Gabrielle Roy, une figure de l'écrivain.

Où est notre schème narratif? Je dois d'abord en rappeler les composantes, telles que je les formulais dans mon analyse de *La Montagne secrète.*

> Il nous apparaît comme la succession de trois moments principaux:
>
> *a)* une longue activité, extrêmement répétitive, visant à éliminer une quantité considérable de matière inutile pour faire apparaître un objet unique et précieux;
>
> *b)* un moment «théorique», parce que vécu dans l'inconscience et reconstitué après coup, de doute si profond que la croyance en Dieu en est ébranlée — ce moment est indispensable pour que le créateur, par exemple, réalise son dessein qui suppose, qu'il le veuille ou non, une rivalité avec l'auteur de l'univers;
>
> *c)* faisant contraste avec le découragement, imprévue, la découverte éblouissante de l'objet de la quête, grain d'or ou œuvre d'art, qui reflète le sujet et le magnifie, lui apporte à la fois peine et joie (superlatives). *(La Visée critique,* p. 195.)

Le moment initial, celui de l'activité répétitive visant à isoler un élément essentiel, dans *La Montagne secrète*, correspond au travail du chercheur d'or qui sasse et ressasse interminablement les eaux de la rivière, ou au travail de l'artiste, Pierre, qui fait d'innombrables pochades avant de s'attaquer au grand sujet, cette montagne incomparable en laquelle il étreindra l'absolu.

Dans «Un vagabond frappe à notre porte», il correspond à ces mille et un récits — car le conteur, ici, fait beaucoup penser à Schéhérazade — par lesquels le vagabond construit la fresque familiale, avec une prudence et une habileté admirables. Un à un, les personnages du passé entrent en scène, au gré de pseudo-confidences qu'il ne faut pas précipiter (p. 22), et, bien sûr, avec la complicité inconsciente du père:

> Il procédait par courtes étapes dans ses narrations, s'interrompant souvent au moment le plus pathétique ou le plus captivant, de sorte que pour entendre la fin de son histoire nous étions sans cesse disposés à lui accorder une autre journée d'hospitalité. (p. 30-31)

Le conteur procède donc par fragments, par bribes, dans la construction de la fresque familiale — un peu comme Gabrielle Roy elle-même qui, ne pouvant écrire cette saga de la conquête de l'Ouest dont François Ricard nous a révélé le projet[1], a abordé le sujet de façon ponctuelle, discontinue, dans ses nombreuses nouvelles semi-autobiographiques. On peut penser aussi aux innombrables croquis de Pierre Cadorai reculant longtemps devant le projet de la peinture, que viendra fixer de façon plus définitive la découverte de la «montagne secrète».

Gustave — c'est le nom que s'attribue le vagabond — ne fait pas que ressusciter les membres d'une famille qu'il ne connaît que par ce qu'il en apprend de ses interlocuteurs. Il entremêle ses portraits d'évocations du pays, décrit «avec minutie des fêtes de Noël et du Jour de l'An, des veillées d'hiver, des noces, et, tout à coup, Montréal, la grande ville, et, tout à coup, Joliette, la petite ville où les gens de Saint-Alphonse allaient acheter», etc. (p. 24) Bref, il donne consistance à un ensemble très varié de faits, où les véridiques font passer ceux qui sont inventés. De même, il choisit les héros de ses récits moins parmi les membres de la famille que parmi des «personnages inoubliables», des «êtres bizarres, cruels et obsédants» et donne alors libre cours à sa verve de conteur. Il apporte l'imaginaire et peint l'homme universel, justifiant ainsi l'élargissement de la scène narrative:

> — Ah, notre parenté avec les hommes! Où elle commence, où elle s'arrête, qui donc pourrait le dire! (p. 31)

---

1. François Ricard, *Gabrielle Roy*, Montréal, Fides, 1975, p. 112 et *sq.*

En somme, imposteur dans son rôle de cousin, Gustave apporte une vérité d'ordre supérieur dans son rôle de conteur. En cela, il pourrait ressembler au dompteur d'ours, de Thériault, qui révolutionne tout un village en incarnant un idéal de puissance virile qu'il est bien loin de réaliser effectivement.

Mais insistons surtout sur le côté fragmentaire, discontinu du récit de Gustave, côté qui est d'ailleurs un élément important du suspense, qui est une habileté («ce Gustave, il devint très habile. Il laissait filer ses histoires. Il les morcelait en petites tranches selon une manière à laquelle la radio plus tard nous accoutuma. Tout lui servait à les rallonger» [p. 31]). Le morcellement est encore accentué par le fait que tout le jour, Gustave n'est plus un conteur mais un homme à tout faire qui gagne sa croûte et qui file doux, de crainte d'être démasqué.

Le premier moment du schéma, celui de l'accumulation de gestes ou d'activités semblables, correspond donc à la narration sans cesse reprise et ajournée de la saga familiale.

Puis vient le moment où tout flanche, et c'est le moment du doute, le moment où Pierre Cadorai perd en un instant le fruit de son travail et remet en question sa destinée. Il n'est pas peintre et la preuve, c'est que toutes ses toiles sont englouties par la rivière, après que son canot a chaviré.

De même, le vagabond est repris par l'appel de la route. «Il était tout semblable à un grand chien maigre de notre enfance que le mauvais temps faisait entrer et qu'un pire temps invitait dehors.» (p. 44) Et il disparaît, pour aller refaire ailleurs son numéro, laissant derrière lui un intérêt renouvelé pour la famille, intérêt alimenté par le rêve. Or voici que, après des années, il revient, souffrant d'une grosse fièvre. Dans son délire, il avoue implicitement son imposture en s'attribuant successivement plusieurs identités. La pluralité qui marque le premier moment du schème se réfléchit donc en cet épisode du deuxième. Et l'imposture est confirmée quand le père, Arthur, communique avec la police, qui a ouvert une enquête. Voilà donc le foisonnement des contes, des histoires, des identités, du rêve, réduit à une réalité fort sombre, l'imposture: «Il n'a pas un nom, cet homme, il en a dix, vingt, autant de familles qu'il lui convient» (p. 55), s'exclame le père, dont l'immense déception alimente la colère. Et c'est là que la mère entre en scène. Elle qui n'a jamais été dupe, elle veut à tout prix empêcher que le père, déçu dans son rêve, ne retombe dans une affligeante réalité: «Dans les yeux de mon père, écrit la narratrice, on vit revenir le manque d'amour dans lequel si longtemps il avait dû vivre.» (p. 56) L'imposture du pseudo-Gustave, une fois dénoncée, devient la mortelle blessure du père, et le drame de tous ceux, autour de lui, que le rêve aide à vivre. Quand le rêve se retire, qu'il ne reste plus que la froide vérité quotidienne, c'est comme si Dieu lui-même se retirait du monde. L'écrivain, le conteur, l'artiste sont ceux par qui Dieu, ou l'art, ou le rêve, vient aux hommes.

Le troisième moment du schème sera donc la reconduction du rêve, mais un rêve qui n'est plus un mensonge, un déni de la réalité, du simple fait que ce déni est désormais voulu, choisi. Le mensonge conscient et volontaire n'est plus le mensonge, l'imposture acceptée n'est plus imposture mais reconnaissance de l'identité non plus selon la loi mais selon les hommes, selon la grande famille humaine. Famille que la mère incarne par excellence. On la voit dans sa cuisine, associée au «spectacle d'un rayon de soleil qui [traversait la pièce] de part en part, éclairant finement la buée des plats mis à mijoter sur le poêle» (p. 57). Rencontre de l'eau, du feu, de l'air, assomption poreuse d'une lumière entièrement amicale et réconfortante, maternelle. Une conjonction s'établit entre Albertine et Gustave. «Enfin il leva les yeux sur ma mère. Les vieilles prunelles au regard usé brillèrent de nouveau.» (id.) Le feu de la vie se communique à celui qui avait apporté le rêve dans une maison assaillie par les morosités de la mauvaise saison. Dans un adieu plein de charité et de gratitude, la mère salue «notre cousin Gustave» — et il n'est pas sûr qu'il entende, lui qui est déjà loin: comme Elsa, dans La Rivière sans repos, n'est pas sûre des mots que son Jimmy lui a adressés en son absence du haut de l'avion et qu'on lui a rapportés, tant bien que mal; Elsa doit se rabattre sur la sensation lumineuse des filaments de plante que son souffle fait s'élever dans l'air du soir, semblables aux cheveux dorés de son enfant — et cette sensation rappelle celle du rayon de soleil éclairant finement la buée des plats, dans le «Vagabond».

On voit que la destinée du mendiant, qui est un conteur et, à sa façon, un artiste, un artiste populaire c'est-à-dire qui tire son inspiration de ce peuple même qui est son public et qu'il raconte à lui-même, comporte les mêmes moments fondamentaux que celle de Cadorai, artiste lui aussi, et errant, et resté très près de ce peuple qu'il représente dans ses dessins quand il ne s'enfonce pas dans une exigeante solitude.

Qu'en est-il, maintenant, d'Alexandre Chenevert, petit homme sans éclat qui, malgré ses projets d'écriture — il ne vise pas au-delà des lettres aux journaux — ne saurait être considéré comme un artiste, même au sens le plus large?

On peut s'attendre à ce que le dernier moment du schème, qui met en conjonction la réalité et le rêve dans les textes que j'ai cités, ne corresponde pas à une réussite aussi complète. Et la mort d'Alexandre, effectivement, n'a rien d'exaltant. On verra tout de même qu'elle n'est pas un échec absolu. De la même façon, les conclusions de *La Montagne secrète* et du «Vagabond» comportent des éléments d'ambiguïté. Pierre rejoint finalement sa montagne, il réalise son rêve de la peindre, mais il le réalise de façon tout à fait partielle et paradoxale puisque la mort l'empêche d'aller au-delà d'un simple commencement de réalisation. Il réalise son rêve pour lui, non pour les autres. Quant au vagabond, il est réhabilité par Albertine, la mère, mais il n'en est pas moins obligé de fuir, vieux et malade. Bref, le rêve est sauvé, mais la réalité reste fort cruelle pour ceux qui en sont les agents.

Mais voyons d'abord ce qu'il en est du premier moment du schème. Le début de la séquence existentielle est marqué, on le sait, par une activité répétitive, visant à la découverte d'un «grain d'or», d'un élément idéal qui transformera l'existence. Cet aspect répétitif, il est superbement présent dans la vie d'Alexandre. Semblable aux «petits *gophers* des Prairies» qui n'arrêtent pas «de fouiller la terre de leurs pattes fines pour y enfouir leurs provisions» (*La Montagne secrète*, p. 16), Alexandre est tout occupé à assurer sa survie et il vit dans une fébrilité perpétuelle. Fébrilité de la pensée d'abord, exaspérée par l'insomnie et qui le fait sauter constamment d'une idée à une autre, dans un papillotement continuel, accomplissant ainsi un tour du monde qui aboutit à un «désert» (p. 20). Et cette pensée est scandée par le tic-tac de l'horloge, qui est le chant même de la répétition compulsive, ennemie du repos. Celui-ci est finalement obtenu, mais au moment même où va sonner le réveil. Le repos reste un *point* seulement, un grain de réconfort alors qu'il devrait s'étaler dans la durée.

De même, au travail, Alexandre derrière son guichet voit défiler un à un ses clients, qui correspondent tout à fait à ce que Sartre, dans la *Critique de la raison dialectique*, appelle la *série*, cette pluralité de solitudes structurée de façon purement extérieure. La série est à la fois continue et discontinue, elle est continue extérieurement mais chacun de ses éléments est un cas à part, qui cependant ici ne s'écarte guère d'un certain profil: les opérations bancaires sont peu nombreuses et peu complexes. De là l'aspect fort répétitif du travail d'Alexandre, dont il ne se plaint pas mais qui marque sa vie au coin de l'uniformité.

Or, dans cette succession mécanique des mêmes opérations, un événement, à la fois menu et considérable, se produit:

> Penché sur ses papiers, Alexandre entendit tout à coup, pres-
> que indistincte à travers l'allure folle des additionneuses,
> s'élevant à peine au-dessus du frottement des pieds, une voix
> douce à son oreille, qui disait: Merci.

Les additionneuses, le frottement des pieds, font entendre le bruit innombrable de l'existence fonctionnelle, vouée aux opérations répéti-tives de la survie. Au milieu de cela, le petit mot de gratitude produit un arrêt. Il suspend la routine, instaure un temps et un espace nou-veaux, événementiels, ponctuels. Deux points, en particulier, résument l'excellence de ce qui est introduit: un point de lumière d'abord — «ses yeux brillaient de bienveillance» —, une lueur du regard qui matérialise la bonté, l'ouverture de l'âme; et un point de discours puis-que, à son merci, le vieux monsieur joint le nom qu'il vient de lire sur la plaque du caissier: «Merci, monsieur Chenevert». Être reconnu, être salué par son nom (on sait que «Alexandre Chenevert» est le dernier mot du roman), en toute bienveillance, voilà ce qui peut donner un sens à la vie, la mettre au-dessus de la répétition compulsive. Peu après cet heureux incident, on voit Alexandre retirer ses lunettes: «Ses yeux apparurent à nu, des yeux gris fer, clignant à la lumière, presque sans regard et beaux cependant de leur contenu humain. Dans l'iris brillait le reflet de la lampe.» La lumière est ici aussi associée à la manifestation de l'humain, qui est le principe même de la beauté: est beau ce qui dévoile un «contenu humain», une identité pleinement vécue.

Malgré les quelques instants de grâce auxquels aboutissent les séries particulières et qui sont les germes de ce troisième moment du schème vers lequel tend la dynamique du texte, c'est la répétition compulsive qui régit une grande partie du roman et qui génère de nombreuses séquences énumératives, par exemple la promenade noc-turne où Alexandre lit les plaques des médecins, spécialistes de l'esto-mac, du cœur, des maladies nerveuses, des troubles de la peau, les chi-ropraticiens, homéopathes, dermatologues, etc.; puis la réclame des pharmacies pour divers remèdes ou médications, pénicilline, strepto-

mycine, «sérum frais gardé sur la glace», «injections par voies muscu-
laire ou intraveineuse». Alexandre est le type même du citadin qui
subit à tout moment le bombardement d'une information qui est soit
celle des actualités, avec tout ce qu'elle charrie de propagande, soit
celle de la publicité; et dont la conscience est peuplée de slogans obsédants, de toute une chaîne de signifiants aliénants, hallucinés.
Quand, au lac Vert, Alexandre voudra exprimer dans une lettre au
journal la pure joie d'exister qu'il vient de connaître pour la première
fois, c'est cette batterie de formules creuses qui refera surface, impi-
toyablement: «L'huile était principalement en Iran, Dieu se composait
de trois personnes, le monde était un et indivisible...» (p. 246)

Le deuxième moment du schème, c'est celui qui précède et prépare le moment merveilleux, inattendu de la satisfaction du désir fondamental. Et c'est un moment très sombre. C'est celui où Pierre Cadorai, toujours si courageux, connaît un abattement où il revit ses innombrables échecs, son «infortune» originelle. Notamment la perte, en dix
circonstances diverses, du produit de sa vie: ses croquis, ses toiles.
C'est le moment du doute. C'est le moment où Arthur Trudeau prend
conscience d'avoir été la dupe du vagabond; et où il comprend que
tous les fragments de la belle fresque familiale, celle qui lui redonnait
le pays des origines, sont faux. C'est le moment où le vagabond, convaincu d'imposture, perd le nom sous lequel il s'est fait connaître, et
en même temps tous ses autres noms d'emprunt, engouffrés dans la
débâcle comme les toiles de Pierre emportées par le courant.

Alexandre aussi perd son nom. D'abord sous le regard («ennuyé
à l'excès») du docteur Hudon, qui «vit tout à coup en quoi cet homme
l'agaçait tellement: c'était qu'il était pour ainsi dire innombrable. / Le
matin, à heure fixe, il descendait de mille escaliers à la fois, courant de
tous les points de la ville vers les trams archicombles. Il s'y entassait à
cent, mille exemplaires» (p. 164). Telle est, si l'on veut, la vérité
d'Alexandre *pour autrui*, pour ce médecin compatissant qui se penche
sur lui et qui découvre un être aliéné, sans identité parce que sans bonheur. Mais plus loin, c'est la maladie qui s'abat sur Alexandre et qui le
rend conscient de sa dépossession. «Soudain, il parut intolérable à
Alexandre d'être offert pour ainsi dire à la maladie, à la mort peut-
être.» (p. 303-304) Il est alors pris au piège de sa chambre d'hôpital:
«Il avait l'air d'un homme emmuré qui aurait quand même, de tous
côtés, cherché une voie possible.» (p 304) Et alors, par la fenêtre, face
à la tempête déchaînée, il s'imagine un autre passé: «être allé au pôle

Sud avec Scott ou Amundsen [...] Il aurait voulu s'approprier les belles vies.» (p. 305) La rêverie d'Alexandre devant la tempête qui suscite et disperse à mesure ses fantasmes, ses images idéales du moi, se superpose au délire du vagabond malade qui laisse filer ses identités, au regard navré de Pierre devant le tourbillon des eaux qui engloutit ses œuvres.

La souffrance arrache aussi à Alexandre une protestation souveraine contre un Dieu qui «a inventé de faire souffrir» (p. 368); elle rejoint le sentiment de Pierre, que sa vie est privée de sens.

Le dernier moment du schème, dans *Alexandre Chenevert*, c'est celui de la mort. Tout le roman nous mène vers cette irréductible catastrophe. J'ai signalé déjà qu'elle était sous-jacente à l'histoire de Pierre Cadorai, qui trouve enfin sa montagne au prix de sa vie. Elle se lit en filigrane dans le départ du «cousin Gustave», qui ne peut plus espérer recommencer sa joyeuse imposture dans la petite colonie francophone du Manitoba. Il restera l'homme du rêve et du récit, le porteur de fiction, lui-même estompé dans la légende du souvenir.

Tel sera aussi Alexandre. Sa survie, certes, semble assez mince:

> Cependant, ailleurs que dans les églises, il arrive encore aujourd'hui, après ces quelques années, que le nom soit prononcé — et n'est-ce point chose mystérieuse et tendre, qu'à ce nom corresponde un lien?... Il arrive qu'ici et là, dans la ville, quelqu'un dise:
> — ... Alexandre Chenevert... (p. 373)

Le nom, c'est un lien, une mise en relation du présent et du passé, des vivants et des morts, de l'accidentel qui est le réel avec le nécessaire, qui est le rêve. Par la mort, Alexandre devient un symbole de douceur et de tendresse, il devient l'homme même:

> Dans les derniers moments, une telle douceur avait touché ce visage que les témoins se persuadaient avec ce mourant que la seule assurance, sur terre, vient de notre déraisonnable tendresse humaine. (*id.*)

La mort réalise, entre Alexandre et les êtres humains, une communion qu'il avait rêvée toute sa vie, sans pouvoir la réaliser autrement que dans la solitude la plus extrême. Cette solitude, qui ramène aux origines, c'est celle du lac Vert, qui est la montagne secrète d'Alexandre, et il ne la retrouve, comme Pierre Cadorai, que dans l'illumination finale, dans ce moment où tout le corps sombre et où ne reste plus que le cœur.

C'est le moment du repos — du repos éternel, sans doute, mais d'un repos ardemment désiré depuis cette inlassable, cette compulsive activité répétitive par laquelle l'artiste, comme le vagabond, comme le caissier, assurent leur survie, espérant toujours qu'elle fera place à la vie véritable, cette vie qui est le rêve, sous toutes ses formes: art, lac Vert ou île du Sud, famille des origines comme dans le Québec lointain ou la Petite Poule d'eau, Jimmy revenu honorer cavalièrement, du haut du ciel, sa mère éperdue d'un tel bonheur. À la lumière de ce schème, on peut se demander si la destinée de Florentine Lacasse, qu'on a souvent interprétée — moi le premier[1] — en termes très négatifs, la réalité supplantant brutalement le rêve comme Emmanuel succède à Jean Lévesque, ne connaît pas une conclusion plus heureuse. Certes, le réalisme succède à la passion après cette nuit d'enfer, chez Marguerite, où le cœur de Florentine «était devenu dur comme une roche» (ch. XXIII). Mais Florentine aboutit à un repos qui n'est pas sans rappeler celui d'Alexandre, après les agitations de sa petite vie: «Le calme qui l'enveloppait lui était aussi bienfaisant, après le bouleversement des derniers mois, qu'un banc au soleil à qui a marché des nuits et des nuits.» (ch. XXXIII) Belle image d'un bonheur d'occasion, ce banc dans le plein jour, qui récompense la marche interminable et nocturne d'une existence. La lumière est au bout du livre, dans un repos qui est la mort et qui est la vraie vie, qui est la vie tout humaine, tout âme, et amen.

Novembre 1988

---

1. *Cf.* «La structure sémantique de *Bonheur d'occasion*», dans *La Visée critique*, Montréal, Boréal, 1988, p. 169-185.

Autres

Poussière sur la ville au cinéma

C'est un drôle de roman, *Poussière sur la ville*[1]. On y est littéralement piégé par le discours du narrateur, qui s'avance ingénument dans son drame de cocu, dans son amour de Madeleine d'autant plus vif qu'elle le fuit, qu'elle s'amourache d'un grand dadais sans importance, simplement parce que le désir est ainsi, bête et aveugle, et voue tout le monde à la catastrophe. Le désir, c'est le destin et on ne peut s'y livrer sans signer un pacte avec la mort.

Le film d'Arthur Lamothe, tourné en 1965[2], douze ans après la parution du livre, est intéressant à plus d'un titre même si son accueil fut on ne peut plus tiède et que les auteurs du *Dictionnaire du cinéma québécois* le déclarent «inexistant[3]». Non sans raison, comme on verra, mais le film m'intéresse tout de même, non comme cinéphile (ce que je ne suis à aucun degré) mais comme littéraire. J'ai fait du roman une étude[4] où je m'applique à en décrire certains aspects formels et à faire apparaître, au sein des significations immédiates, celles qui régissent souterrainement l'univers romanesque. J'ai voulu savoir si le film présentait l'équivalent de ce qui constitue, pour moi, l'essentiel de l'œuvre, non pas de l'œuvre *en tant que* littéraire mais de ce qu'elle est au-delà des langages particuliers qui

1. André Langevin, *Poussière sur la ville*, Montréal, Cercle du Livre de France, 1953, 216 p.
2. *Poussière sur la ville* ou *Un hiver trop doux*, film d'Arthur Lamothe, scénario d'André Langevin, 1967. Tourné en 1965, le film ne fut projeté sur les écrans qu'en 1968. Il est en noir et blanc et dure 95 minutes.
3. Michel Houle et Alain Julien, *Dictionnaire du cinéma québécois*, Montréal, Fides, 1978, 363 p.; page 154.
4. *L'Évasion tragique. Essai sur les romans d'André Langevin*, Montréal, Hurtubise HMH, 1985, 358 p.; on lira en particulier les p. 107-174.

peuvent la communiquer. Il n'est pas sûr, du reste, qu'une telle «œuvre» existe, sinon de façon purement tendancielle et pour les fins de l'analyse, au titre de mythe opératoire. En somme, il se peut fort bien que *Poussière sur la ville* en tant que film n'ait de droit rien à voir avec le roman. Mais alors, finie toute tentative pour jeter son petit pont entre les arts!

La question serait donc: peut-on rattacher le roman et le film à une même œuvre matricielle, ni littéraire ni cinématographique mais esthétique, celle-là même qui serait visée à travers les langages différents où elle s'invente concrètement (et chaque fois à nouveaux frais)?

Cette œuvre matricielle, il ne faut pas la concevoir comme le commun dénominateur entre le livre et le film mais, bien au contraire, comme le lieu d'une plénitude de signification, diversement réalisée par l'un et par l'autre. On peut donc se la représenter à partir du roman, comme totalisant non seulement l'histoire racontée (diégèse) mais tout ce qui lui confère sa dimension singulière, tant dans l'ordre formel que dans celui des connotations (ou significations médiates). *Poussière sur la ville*, c'est l'histoire d'un jeune médecin nouvellement installé dans une ville minière, Macklin; marié depuis trois mois seulement, il apprend que sa femme le trompe; plutôt que d'agir «en mari», il laisse Madeleine libre et cherche refuge dans l'alcool. Le curé intervient pour faire cesser le scandale, et trouve une fiancée à l'amant de Madeleine. Celle-ci, désespérée, se suicide après avoir tenté de tuer son amant. Voilà l'histoire et on peut dire que le film, en gros, la respecte. Elle est, à quelques détails près, le commun dénominateur entre les deux œuvres.

Mais le reste, qui donne son sens véritable à l'histoire? Qu'en est-il?

Le reste, c'est d'abord, dans le roman, une formule narrative singulière. Le roman est écrit au présent et à la première personne. Alain Dubois est, formellement, le narrateur: c'est par lui qu'on apprend tout ce qui arrive. Mais c'est un narrateur abstrait, de pure convention, car il ne parle ni n'écrit, il n'a aucun interlocuteur (narrataire). On pourrait dire qu'il *se* raconte ce qui se passe, et encore: se raconte-t-on que l'inquiétude qu'inspire le comportement de son conjoint va bientôt devenir consciente («Il s'en faudrait de peu que mon inquiétude ne se précisât»)? Ou qu'on tombe endormi («Puis tout s'embrouille et je m'endors[1]...»)? Et comment interpréter la contradiction logique du passage suivant, où les réponses non écoutées sont reproduites en toutes lettres:

> Sans but aucun, j'interroge les femmes sans écouter leurs réponses.
> — Y a-t-il longtemps qu'elle a mangé?
> — Un léger repas à six heures.
> — Est-ce qu'elle a bu?
> — Un peu[2]...

Le secret de ces incohérences, c'est qu'Alain n'est pas le véritable narrateur. Il est le titulaire purement formel de la narration, donc un narrateur artificiel; mais non toutefois gratuit ou arbitraire car la narration à la première personne permet une focalisation maximum sur le personnage. Elle en fait le sujet absolu du *point de vue* narratif. Alain est ce regard posé sur tous et sur lui-même. Il est un témoin beaucoup plus qu'un acteur, dans le drame qui se joue. Le personnage actif, c'est Madeleine. C'est par elle que quelque chose arrive, que le désir fait irruption dans le couple, bouscule toutes les certitudes. Alain, victime des agissements de sa femme, en est le spectateur impuissant. Non pas indifférent, certes, mais il y a un divorce entre son être immédiat, susceptible d'agir ou de réagir, et son être conscient, qui regarde tout de haut. La narration à la première personne matérialise ce divorce. Elle fige en constat tout l'ordre du vécu, Alain est toujours dans l'après-coup de l'action, il est celui que Kouri vient d'avertir, il est celui qui vient d'apercevoir sa femme au bras d'un autre, il est celui qui se penche sur le corps ensanglanté de Madeleine.

Dans le film, on chercherait en vain l'équivalent de ce procédé narratif. La focalisation-sujet du roman, qui fait qu'on ne voit pas Alain mais qu'on voit tout par lui, n'est pas réalisée. Certes, je ne veux pas suggérer que le rôle du jeune médecin aurait dû être tenu par la caméra, comme cela s'est déjà vu: le procédé est par trop singulier et tient du tour de force plus que de l'art. Mais la focalisation-objet (focalisation *sur* Alain) est trop constante pour nous restituer la vision *du* personnage. Deux procédés auraient pu, à l'occasion, rendre cette vision: le «monologue intérieur», qu'Henri Agel définit par le gros

---

1. *Poussière sur la ville, op. cit.*, p. 38-39.
2. *Ibid.*, p. 117.

plan sur le visage immobile du personnage et «cette voix de l'intérieur, cette voix exprimant distinctement pour nous des phrases que
l'on formule à peine en soi-même[1]»; et ce que j'appellerai la caméra
subjective, procédé qui réalise de façon limitée la focalisation-sujet en
faisant voir momentanément la réalité immédiate «par les yeux» du
personnage. Or le film présente constamment le personnage de l'extérieur. Certes il utilise surtout les plans américains et les plans rappro-
chés, très peu les plans d'ensemble, ce qui, d'après Agel, «accentue la
tension interne d'un film (*Journal d'un curé de campagne*[2])». Mais le
dédoublement du personnage, créé par la fausse narration en «je» dans le
roman, n'est reproduit d'aucune façon, de sorte que la diégèse s'impose
au détriment du récit, du discours narratif qui, dans le livre, est éminemment significatif et sans lequel l'histoire perd beaucoup de son sens.

Abordons maintenant le domaine des significations. Dans toute
œuvre d'art, on peut distinguer les significations dénotées, immédiatement perceptibles à la lecture, à l'audition ou au visionnement, et des
significations plus secrètes, plus diffuses, non thématisées comme telles mais surgissant aux points d'articulation des thèmes et esquissant,
sur le mode implicite, toute une représentation du rapport à soi et à
l'autre, un être-au-monde spécifique, support d'un imaginaire personnel. Le langage littéraire offre un ensemble de ressources inépuisable
pour la constitution de cet espace de résonance qu'est la connotation
poétique ou littéraire. L'usage suggestif des mots, par l'écrivain qui
maîtrise la langue et sait la plier à l'expression de sa vision intime du
réel, permet d'inscrire la connotation au cœur même de la dénotation,
l'infini au sein du fini. D'autres langages plus transitifs, plus exclusivement représentatifs comme ceux du théâtre ou du cinéma, peuvent
produire un effet esthétique aussi complet mais par une gamme de
moyens forcément moins étendue. Soumis à une représentation limitée
dans le temps, l'univers existentiel, affectif et symbolique que contient
chaque «histoire» est traduit en actes, en images ou situations dynami-
ques, en chocs visuels ou scéniques qui doivent *porter* immédiatement
et faire entrevoir, dans-et-derrière l'histoire (la diégèse, l'anecdote),
cette plus-value qui en accomplit le sens.

Mon analyse du roman m'a permis de déceler, conformément à
l'indication du personnage principal dédoublé en personnage-sujet (ou

---

1. Henri Agel, *Le Cinéma*, Paris, Casterman, 1963, 412 p.; page 128.
2. *Ibid.*, p. 49.

narrateur) et personnage-objet, l'existence de deux scènes distinctes. Il y a celle où se croisent, sans établir de véritable communication, Alain Dubois, Madeleine et les comparses qui leur donnent la réplique. C'est la scène des rapports quotidiens (sphère conjugale, sphère sociale) où les personnages accomplissent leur destin individuel. Mais il est une autre scène, plus fondamentale car c'est celle où l'on décide du destin des personnages, qui sont en réalité de simples jouets entre les mains d'une Providence méchante, acharnée à les perdre. Cette scène relève essentiellement de la connotation et ne fait donc pas l'objet d'une représentation directe. Elle est cependant suggérée avec précision par de nombreux passages. C'est vers elle que s'élève Alain Dubois quand il se dissocie de son identité immédiate (jeune médecin qui débute dans la profession, qui est mal accepté dans une ville de mineurs, mari bafoué...). Constitué témoin de lui-même comme des autres, en particulier de cette Madeleine dont on ne sait jamais vraiment s'il l'aime en dehors de cette possibilité qu'il a de la perdre, constitué témoin par un sort contraire qui le traînera jusqu'au bout du malheur, Alain se hausse au-dessus de la scène quotidienne où les êtres humains sont *agis*, manipulés, comme des marionnettes qui jouent sans l'ombre d'une liberté la grande farce tragique de l'existence. Dans la position où il se place, Alain n'est pas capable de se substituer vraiment à la Providence méchante, de lui ravir son pouvoir et de modifier le cours de sa destinée ou de celle de Madeleine. Seulement, il voit les ficelles du mécanisme tragique, il perçoit l'action du Dieu cruel, et il adopte alors une attitude qui, même si elle ne modifie en rien les rapports de force, lui permet d'accéder à une relative sérénité et de supporter l'affront qui lui est fait. Cette attitude, c'est la pitié, qui fait de Dubois une sorte de saint laïque, selon une formule chère à Camus. Pourquoi un saint? Parce que la scène supérieure est occupée par Dieu. S'évader de la scène quotidienne, c'est forcément accéder à quelque chose qui est de l'ordre du surnaturel. Pourquoi laïque? Parce que Dieu est une ordure, et qu'on ne saurait renier ceux qui souffrent: les hommes.

On voit tout ce qui, en filigrane, vient compliquer, enrichir, ouvrir à des perspectives très vastes l'histoire, apparemment simple et morne, d'une mésentente conjugale. Que retrouve-t-on, dans le film, de cette double scène et de cette présence écrasante de Dieu?

À vrai dire, il faut tout en deviner. Alain Dubois prononce bien, une fois, le mot «pitié» au cours de son dialogue avec le curé, mais rien ne permet de comprendre le sens et la profondeur de cette pitié. Et si le dialogue avec le curé, nécessaire à l'intrigue car il débouche directement sur le dénouement, est repris dans le film et manifeste, dans l'appréciation des conduites humaines, une différence fondamentale entre les protagonistes, il manque, pour éclairer vraiment les rapports de Dubois avec la religion, les importants dialogues avec le docteur Lafleur que le film réduit au rang de simple figurant. Sans doute n'était-il pas indispensable de donner au docteur Lafleur la même place que dans le roman; mais il aurait fallu, quitte à modifier quelque peu l'histoire, trouver un équivalent. Dans le film, *Poussière sur la ville* est amputé de presque toute sa dimension métaphysique, et en tout cas, de ce qu'il comporte de plus significatif.

Cela dit, le réalisateur de cinéma peut fort bien choisir une œuvre pour son histoire et détourner cette dernière de son sens littéraire, la réinventer à ses fins personnelles. À ce moment, il substitue à l'arrière-plan symbolique initial un autre arrière-plan, conforme à son imaginaire particulier. Il est impossible, du reste, de concevoir l'adaptation (ou mise à l'écran) d'un roman sans un investissement profond de la part du cinéaste: il ne peut, s'il choisit d'être fidèle à l'œuvre, en respecter le sens plénier s'il n'est pas lui-même *capable* de cette œuvre, non seulement dans ses aspects immédiats mais dans ses plus subtiles résonances. Une adaptation fidèle est celle où le sens du connoté, chez le cinéaste, coïncide avec celui de l'écrivain — où l'*esprit* du roman est rendu, ce qui peut entraîner d'ailleurs d'assez grandes libertés prises à l'égard de la lettre (diégèse). On peut concevoir au contraire un film qui respecte l'histoire racontée, mais s'écarte de son esprit, soit qu'il l'investisse d'un sens différent, soit encore qu'il la prive de sens véritable, se contente d'une narration à courte vue, sans perspective médiate.

Dans *Poussière sur la ville*, le réalisateur fait d'évidents efforts pour respecter l'histoire. Certes, il supprime beaucoup d'actions secondaires: un «mot à mot» du texte serait impossible et s'il était possible, serait désastreux. Le seul personnage important que le film laisse de côté est le docteur Lafleur, qui d'ailleurs ne participe pas de façon indispensable à l'intrigue. Le réalisateur aurait pu, cependant, imaginer un épisode qui l'eût rendu nécessaire à l'action et qui eût introduit par là les significations que véhicule le personnage.

Autre déperdition du scénario: dans l'épisode de l'accouchement, l'enfant qui naît est un enfant mort-né alors que dans le roman il est un hydrocéphale, que le docteur Dubois doit sacrifier sous peine de mettre en danger la vie de la mère. Ce meurtre obligé du monstre, que ne comprend ni ne pardonne la famille éprouvée, était évidemment difficile à reproduire au cinéma, mais son effet symbolique est perdu.

En général, toutefois, le film se modèle étroitement sur le roman, dont il reprend tels quels plusieurs dialogues. C'est pour cette raison d'ailleurs, et pour cette raison seulement, que le nom d'André Langevin apparaît dans le générique au titre de scénariste. D'après Luc Perreault, dans l'article sévère mais documenté et réfléchi qu'il a consacré au film lors de sa parution[1], il n'y a pas eu d'autre scénario... que le roman lui-même! Et nulle part, dans les nombreuses interviews qu'Arthur Lamothe a accordées au moment du tournage (1965), on ne trouve mention d'une quelconque collaboration entre le réalisateur et le romancier. Une anecdote prétend même que le réalisateur «s'amenait au tournage le livre en main et décidait chaque matin de la scène à tourner». Luc Perreault, qui la rapporte sans en garantir l'authenticité, l'assortit du témoignage suivant de Lamothe lui-même, «à savoir qu'il a pris le roman de Langevin tel quel, sans rien en changer sauf quelques détails, et qu'il a cherché tout simplement à le mettre en images le plus fidèlement possible[2]».

On constate donc qu'il n'y a aucune récriture de l'histoire en vue d'une plus grande conformité à l'esprit de l'œuvre. La seule transformation, à part les suppressions que j'ai mentionnées, est l'adjonction de deux scènes qui doivent tout au hasard et qui s'intègrent mal à la suite des événements. Le premier, c'est une rencontre de René Lévesque, alors ministre des Richesses naturelles dans le gouvernement de Jean Lesage, avec les citoyens de Thetford Mines (devenue Macklin pour les fins de la fiction). Alain Dubois qui, dans le film, s'intéresse «aux questions sociales», assiste à cette réunion, ce qui est le prétexte d'une assez longue citation des propos du conférencier. L'autre est un incendie qui fit, toujours à Thetford Mines, d'importants ravages et qui fournit de belles images à un film qui aurait eu plutôt besoin de *nécessité* interne.

Si ces épisodes, malgré tout, ne jurent pas trop avec le contexte, c'est que la structure du film est justement fort lâche et que tout semble y advenir (dans la mesure où quelque chose y advient) au hasard. C'est le règne de l'improviste, de l'improvisation dans la mesure où la

_____

1. *La Presse*, le 11 mai 1968, p. 37.
2. *Ibid.*

raison des épisodes est située ailleurs, dans un roman qui dicte de l'extérieur le comportement des personnages. De ce comportement, le réalisateur néglige de recréer le contexte, de sorte qu'il demeure impénétrable au spectateur. Quel est l'arrière-plan de la mésentente entre le médecin et sa jeune épouse? Le roman suggère toute une métaphysique des rapports humains, qui rend l'amour impossible sauf dans le cadre d'une évasion qui est la négation du quotidien et qui débouche sur la mort. Le film va chercher ses raisons plutôt du côté de la sociologie, car telle est la pente d'esprit du réalisateur. Dans les interviews qu'il accorde aux journaux, Arthur Lamothe se défend d'avoir fait un film psychologique, aux résonances freudiennes — là-dessus du reste, il a parfaitement raison: l'intériorité langevinienne n'a rien à voir avec le ressassement des complexes. Mais ce qu'il ne donne pas à la psychanalyse, Lamothe le donne à la sociologie: «J'explique [le] comportement [d'Alain Dubois], et le suicide de sa femme, par des schémas sociologiques plus que psychanalytiques, c'est cet aspect qui m'intéresse[1].» Et ailleurs: «Pour exposer cette action [...], il me semble qu'il faudrait remonter à Durkheim, à sa théorie du «suicide anomique», à ses explications du déracinement de la vie affective. C'est un peu le problème de Madeleine, et, différemment, celui du mari, celui d'un émigré inadapté qui ne perçoit plus de rapports avec le groupe et avec l'autre, et qui fait un effort constant qu'il faut tâcher de percevoir au niveau du sens caché des gestes[2].»

Cette dernière citation montre, chez Lamothe, les éléments d'une réflexion qui aurait certes pu mener à une réinvention fort valable du sujet, dans une perspective différente de celle de Langevin mais qui aurait pu contribuer à l'enrichissement de l'œuvre, c'est-à-dire du mythe — dans le même sens où les *Antigone* d'Alfieri, de Cocteau, d'Anouilh enrichissent cette *Antigone* qui fut d'abord, et qui demeure, celle de Sophocle. Tirer *Poussière sur la ville* du côté de la sociologie, tout en la dotant de cette épaisseur ou de cette profondeur de sens qui en fait la valeur comme roman, lui donner, par la fraîcheur du style cinématographique, l'impact que créait l'écriture romanesque, le tour eût été joué. Hélas! les intentions du réalisateur ne sont guère mises à exécution. Cette projection de lui-même, qu'on devine dans l'évocation d'Alain en «émigré inadapté qui ne perçoit plus de rapports avec

---

1. Interview accordée à Michèle Favreau, *La Presse*, le 27 avril 1968, p. 28.
2. Interview accordée à Alain Pontaut, *Le Devoir*, le 20 février 1965, p. 11.

le groupe et avec l'autre», n'est nullement le point de départ d'une appropriation et d'une refonte du sujet.

Par ailleurs, on reste un peu surpris devant cette déclaration du cinéaste: «Le roman de *Poussière sur la ville* était un mélodrame réaliste; par souci antithéâtral, pour éviter le style de théâtre de boulevard, je l'ai volontairement tiré vers la tragédie, ramassée en trois actes, et j'ai organisé à l'intérieur de chaque acte des mouvements, au sens musical[1]...» *Poussière sur la ville*, un mélodrame? En fait, pour Alain Dubois qui a un sens critique très poussé et qui analyse ses moindres gestes, tout comme ceux de son entourage, la vie prend très vite une allure théâtrale, mélodramatique; plus exactement, comme je l'ai dit plus haut, la scène immédiate où évoluent les personnages est un théâtre de marionnettes où un Manipulateur sadique s'amuse à créer les affrontements et, en fin de compte, le massacre. De là à décrire le roman comme un mélodrame réaliste, il y a un pas énorme à franchir, qui consiste justement à oublier la conscience de cette autre scène que perçoit Alain, conscience par laquelle il échappe, par toute une part de lui-même — la part essentielle —, au mélodrame. Et Madeleine y échappe aussi, par ce besoin d'absolu qui lui fait préférer l'évasion amoureuse au dépérissement dans une quotidienneté accablante.

En éliminant la dimension «mélodramatique», le réalisateur ne fait ni plus ni moins que ramener au seul plan de la réalité immédiate l'action des personnages. La «tragédie» qui est alors proposée — et on cherche en vain la rigueur de développement qui justifierait la comparaison avec les mouvements d'une pièce musicale — est une tragédie sans justification, puisque la scène d'où le Dieu vengeur fait peser son implacable volonté est inexistante.

En conclusion, il faut souligner le cas particulier que représente, pour la mise en rapport des langages littéraire et cinématographique, la comparaison entre un roman réussi et un film aussi lacunaire que celui qui nous occupe ici. Le rapprochement de deux réussites égales en leur ordre, par exemple *Le Tambour* de Günter Grass et celui de Volker Schlöndorff, œuvres majeures du roman et du cinéma contemporains, permet d'étudier la gamme infinie des équivalences entre les

---

1. Article paru dans *Sept-Jours*, le 12 mai 1968. L'auteur (anonyme) de ce compte rendu cite ici une déclaration d'Arthur Lamothe parue dans le numéro de novembre-décembre 1966 de la revue *Take One*.

deux sphères signifiantes complètes, complexes, dont l'histoire (repré-sentation) n'est qu'une dimension, même si c'est à travers elle que les autres prennent appui et consistance. Le film *Poussière sur la ville* ne tire ce qu'il a de consistance que de sa fidélité à un roman qu'il n'arrive pas à recréer vraiment, que de sa fidélité aux significations immédiates, à l'histoire; et on y chercherait en vain ces nombreuses équivalences qui sont les solutions proprement cinématographiques aux problèmes de la conversion du premier des arts — le littéraire, il va sans dire — au septième.

Mai 1986

Ernest Gagnon,
penseur de la vie intérieure

La pensée d'Ernest Gagnon, s.j., n'a rien de systématique et déjoue les systématisations possibles. Et pour cause: les systèmes sont affaire de raison, de concepts, de définitions, ils procèdent de ce qu'on pourrait appeler une *statique* de l'esprit. La pensée du père Gagnon est axée, au contraire, sur la dynamique de la vie intérieure. Et, «sincèrement, écrit-il, dites-moi comment parler de la vie intérieure?»

Cette phrase, qui termine l'introduction à la nouvelle édition de *L'Homme d'ici*[1], révèle assez bien que la relation au lecteur, dans l'esprit de l'essayiste, tend à se confondre avec une relation à l'auditeur: «sincèrement, dites-moi...», l'apostrophe confère au lecteur une présence réelle en lui attribuant un pouvoir de réplique; la communication prend le tour concret d'un entretien à vive voix. On sait que les textes qui composent *L'Homme d'ici* furent conçus d'abord pour la radio[2]; l'amicale intervention de Gilles Marcotte (on le sait moins) est à l'origine de leur publication en livre. Le père Gagnon est avant tout un homme de la *parole*, une sorte de Socrate dont l'enseignement est mal dissociable d'une mimique extraordinairement expressive, d'une voix au timbre riche et assez grave. Les rares renseignements biographiques dont on dispose font état d'une carrière toute centrée sur la communication orale: enseignement de l'histoire de l'art, notamment à

---

1. Édition augmentée de deux courts essais, «Visage de l'intelligence» et «Infantilisme religieux», Montréal, HMH, «Constances» (n° 3), 1963, 191 p. Préface de Robert Élie. La première édition a paru en 1952 (Québec, Institut littéraire du Québec, 139 p.). Nos références renvoient à l'édition récente.
2. Ils furent présentés dans le cadre des émissions de Radio-Collège.

l'École des Beaux-Arts, causeries à Radio-Collège, enseignement des lettres à l'Université de Montréal. C'est dans ce champ d'activités que le penseur exercera principalement son influence, qui fut considérable. Il est peu d'étudiants inscrits à ses cours (sur le Moyen Âge, la symbolique; sur des auteurs tels que Valéry et Nerval, sans compter les fameux cours de création littéraire) qui n'avouent une dette à l'endroit de cet éveilleur d'idées et de vocations intellectuelles et littéraires, cet «inquiéteur», disait-on aussi, lui-même profondément inquiet et, comme Saint-Denys Garneau, ne trouvant son équilibre qu'entre «cette chose» et «celle-là», en un point difficile où l'on se repose «sans appui».

C'est à dessein que j'évoque Saint-Denys Garneau. Le père Gagnon me semble appartenir sensiblement à la même génération intellectuelle — celle de *La Relève* — bien que, par la naissance, il la précède de quelque cinq à dix ans[1]. Ce qui me semble caractériser cette génération, c'est l'expérience des profondeurs de la vie intérieure, qui impliquait une façon personnelle, donc inconfortable, de vivre la relation avec Dieu; qui impliquait aussi une expérience du délaissement, de la solitude, de l'incommunicabilité entre les êtres, même si cette génération, mieux qu'aucune autre, a su inventer l'amitié. On trouve difficilement, dans notre littérature qui, du reste, n'en manque pas, des livres plus noirs que *Les Solitudes* ou *La Fin des songes*, dont les auteurs sont pourtant de fervents croyants. On ne trouve pas non plus de pensée plus essentiellement aimantée vers les réalités spirituelles que dans le *Journal* de Saint-Denys Garneau ou les essais de Robert Élie, de Jean Le Moyne et, bien entendu, d'Ernest Gagnon. On avait la tête croyante et le cœur désolé, l'espérance du salut final permettant de pousser très loin l'expérience de la détresse quotidienne.

La génération de *La Relève*, qui trouve son inspiration majeure dans le mouvement personnaliste en France, dans les idées de Maritain, de Gilson (qu'on a fini par trouver plus «existentialiste» que le précédent), de Mounier, d'Albert Béguin et de la revue *Esprit*, nous apparaît aujourd'hui comme une génération charnière entre le Québec d'autrefois, au catholicisme omniprésent et rétrograde, et le

---

1. Le père Gagnon est décédé au printemps 1978, à l'âge de 72 ans. Saint-Denys Garneau est né en 1912, Robert Charbonneau en 1911, Jean Le Moyne en 1913 et Robert Élie en 1915.

Québec d'aujourd'hui, massivement agnostique. À l'instar de Jean Le Moyne et de Robert Élie, Ernest Gagnon a voulu introduire, dans notre problématique culturelle, certains acquis de la modernité tout en cherchant à les réconcilier avec la foi. On se souviendra que Robert Élie fut, dès le début, un ardent défenseur de Borduas et qu'il le resta même après le *Refus global*, dont il discuta les thèses anti-religieuses[1]. Le père Gagnon fut, de son côté, le discret mais sincère promoteur de toutes les aventures intellectuelles et artistiques contemporaines — pourvu qu'elles ne rejettent pas explicitement le sacré ni ne débouchent sur une lucidité ou une systématique étouffantes. Il s'intéressa particulièrement à l'art noir et réunit au fil des ans, comme on le sait, une des collections de masques africains et océaniens les plus riches en Amérique du Nord[2]. En relation avec l'art primitif, il s'intéressa à la symbolique, discipline-carrefour issue de l'anthropologie, de la psychanalyse, des philosophies existentielles et de l'herméneutique contemporaine. Gaston Bachelard, Mircea Éliade et Gilbert Durand sont les principaux piliers de cette discipline qui fut à la mode entre 1955 et 1965, et qui fut depuis supplantée par la sémiotique.

Les thèmes de la réflexion du père Gagnon sont nombreux, variés et attestent une culture fort étendue, bien que cet universitaire peu conformiste ait détesté par-dessus tout l'esprit encyclopédique. Les dix chapitres de *L'Homme d'ici* représentent une partie somme toute infime de la production intellectuelle du père Gagnon, et leur coloration religieuse en limite peut-être la portée, mais ce sont les seules traces écrites dont nous disposons. De toute façon, il est possible d'y discerner quelques-unes des préoccupations constantes de l'essayiste. À travers tous les sujets qu'il a abordés, c'est peut-être un certain exercice de la *contradiction* qui donne, à sa pensée, son relief particulier.

---

1. Les textes de Robert Élie consacrés à Borduas forment une section distincte dans l'édition monumentale de ses *Œuvres* (Montréal, Hurtubise HMH, 1979, 867 p.), p. 573-613. Le premier est daté de 1943 et le dernier, de 1968. La discussion de *Refus global* s'intitule: «Au-delà du refus». Elle parut dans la *Revue dominicaine* (Montréal, vol. LV, tome II, juillet-août 1949, p. 5-18 et septembre 1949, p. 67-78).
2. La compagnie de Jésus a fait don, en 1975, de cette précieuse collection au Musée des Beaux-Arts de Montréal, où une salle porte maintenant le nom d'Ernest Gagnon.

L'homme vit de contradictions, répétait souvent le père Gagnon dans son enseignement, rejetant par là les «systèmes» qui visent, eux, à la cohérence et à la rigueur parfaites. La vie est la contestation permanente des théories, elle tient en échec les constructions rationnelles. La dialectique hégélienne, qui couronnait toute une tradition de systématisation de la pensée et de la connaissance, mord la poussière devant la révolte kierkegaardienne qui lui oppose les apories de l'existence. Ernest Gagnon est du côté du vitalisme de Bergson, de l'existentialisme (chrétien) et du personnalisme, de tout ce qui exalte la conscience libre et spontanée, la conscience *vive* face aux représentations prétendument objectives et, le plus souvent, mécanistes ou déterministes de l'homme.

Une pensée qui assume la contradiction et qui y trouve le fondement même de son élan sera facilement dualiste, ou du moins binaire: elle convoquera les *contraires* devant tout ce qu'elle cherche à comprendre, les fera jouer, opérera leur renversement l'un en l'autre, les «compliquera» l'un de l'autre jusqu'à ce qu'un effet de complexité soit obtenu. Telle peut apparaître, en gros, la stratégie discursive du père Gagnon, à ceci près qu'elle échappe, chez lui, à la facilité, grâce à un don de poésie et un sens de l'écriture peu fréquents chez nos essayistes. L'image prend alors le relais de l'argumentation (ou encore, si l'on veut, d'une certaine prédication) et pousse la pensée vers sa plénitude signifiante.

La dualité initiale oppose «l'homme d'ici» à «l'homme de là»: l'homme de la vie intérieure à celui qui vit toute chose sur le mode de l'extériorité. Car le problème fondamental de notre époque est sans doute le divorce qui s'est établi entre la connaissance et l'expérience. Chateaubriand, déjà, regrettait que l'homme moderne fût «habile, sans expérience» et que, «sans avoir usé de rien», il fût «désabusé de tout[1]». Le père Gagnon affirme la nécessité de *vivre* son savoir, de faire de cet *avoir* un *être*. «S'habituer à penser en termes d'expérience humaine, cela est aussi rare qu'essentiel.» (p. 7) L'accumulation des connaissances, «quand elle n'est que livresque, extérieure et abstraite», est comparable à un «cancer» (p. 8). Une position en elle-même juste peut être corrompue par un manque d'engagement personnel: «Toute vérité humaine profonde qu'on proclame, débite et répète,

---

1. *Génie du christianisme*, IIe partie, liv. III, ch. 9, intitulé «Du vague des passions».

armée d'une logique purement technique, bien qu'objectivement vraie, devient fatalement semence de mort.» (p. 8) Dirigée contre tout ce que la pensée religieuse de l'époque comportait de dogmatique et de scolastique, cette réflexion est également aux antipodes de courants postérieurs à elle, tels le fonctionnalisme ou les divers structuralismes (aussi bien l'archivisme des uns que le formalisme des autres). L'homme n'a pas tant intérêt à savoir qu'à réaliser sa liberté intérieure. Avant d'être étendue, la connaissance doit être *personnelle*, et favoriser l'épanouissement spirituel.

Chez Ernest Gagnon comme chez Robert Élie, la *nuit* est une ambiance privilégiée où l'âme se met à l'écoute d'elle-même et, du sein de la douleur, fait recours à la lumière du Verbe. L'*homme d'ici* est fidèle à une certaine obscurité (où d'aucuns aujourd'hui verraient un obscurantisme), contrairement à l'«impie» qui se montre avide des clartés de la Raison. «Pour avoir ignoré que l'intelligence est fille de Dieu et sœur du mystère, pour avoir méconnu que la nuit des choses participe, en quelque sorte, à la nuit de la foi, [...] l'homme s'est fait une idole de la Raison.» (p. 56-57) Suit l'exemple de *Huis clos*: «[...] l'enfer de Sartre est dominé par cette lampe électrique qui ne s'éteint jamais: la damnation de l'existentialisme, c'est la clarté impitoyable et impie sur soi et sur les autres» (p. 57). À la clarté crue de la lucidité, du concept, l'homme d'ici préférera une pensée ouverte au mystère et dont les opérateurs langagiers seront «le symbole et le mythe, soleils de la vie intérieure» (titre du chapitre VII). Parce que «la vie déborde l'intelligence de toute part» — et ici (p. 102) le père Gagnon se réclame explicitement de Bergson —, il faut en rendre compte par autre chose que des définitions: «La définition était le royaume du mot. Nous voilà au firmament de la parole.» (p. 103) L'opposition entre le mot, «ossature au service de la pensée», et la parole ouverte, par le symbole, au «mystère des choses», confirme tout à fait l'analyse ultérieure d'un Derrida, qui montre la collusion entre la parole et la métaphysique de la Présence (du centre plein), en opposition à la problématique moderne de l'écriture et du centre vide[1]. Elle rejoint aussi la notion de «méta-

---

1. «[...] le phonocentrisme se confond avec la détermination historiale du sens de l'être en général comme *présence* [...].» *De la grammatologie*, Paris, Éditions de Minuit, «*Critique*», 1967, p. 23.

phore vive» que Paul Ricœur, récemment, défendait contre une sémiotique réductrice issue de la linguistique[1].

Le symbole est chose ambivalente. «[Point] de rencontre de lumière et d'ombre» (p. 109), il abrite et concilie les contraires, semblable en cela à la vie qui est «pleine de paradoxes» (p. 57). Il unit en particulier le sensible et l'intelligible et, par là, il confirme, dans l'ici et le maintenant, l'antique alliance de l'homme avec le monde. Celui qui accueille le symbole «se reconnaît lui-même, son moi profond il le sent. Il s'apparente à la montagne et au roc, il est mer et étoile, il est pierre ou pain, il est firmament et abîme» (p. 108). On pourrait croire qu'une réalité intellectuelle (ou spirituelle) à ce point liée à la subjectivité de chacun, puisqu'elle assure justement la rencontre de la pensée et de la vie, n'a aucune valeur universelle. Or il n'est rien de plus universel, en vérité, que le symbole: «[...] il est étrange de constater que malgré leur indétermination rationnelle, de tous temps, les mêmes symboles, pour tous les peuples ont au fond signifié des mystères analogues. *Les symboles sont aussi anciens que le monde, c'est la vie qui offre à l'intelligence ce qui la dépasse*[2].» (p. 109)

Le symbole est à l'œuvre dans les mythes, où s'exprime «l'âme même d'un peuple» (p. 111), et dans les œuvres d'art, ces produits de l'«instinct intelligencié» (p. 91), qu'il s'agisse des «merveilleux bisons» que l'homme primitif a tracés sur les murs des cavernes, des masques sacrés de l'Afrique noire ou de l'art occidental, en particulier celui qui «a su faire échec à tous ceux qui voulaient le forcer à imiter la nature, le forcer à représenter des portraits ressemblants, des paysages photographiques et des couchers de soleil où déjà la nuit était depuis longtemps tombée» (p. 95). On déduit, de cette charge contre l'art figuratif qui, dans le Québec des années cinquante, demandait encore un certain courage, le refus du conformisme esthétique — le souci de conformer la représentation au modèle débouchant fatalement sur le culte du stéréotype — et, par-delà, le refus de tout simulacre. S'il est une valeur que le père Gagnon privilégiait, en art et dans toutes les conduites humaines, c'est celle qu'il nommait (dans sa forme d'adjectif substantivé, qui la signifie plus fortement que le substantif dérivé): l'*authentique*.

---

1. *La Métaphore vive*, Paris, Seuil, «L'ordre philosophique», 1975. *Cf.* en particulier les études 4 et 5.
2. C'est l'auteur qui souligne.

L'authentique se réalise quand l'homme est en plein accord avec soi, que toutes les composantes de la vie intérieure, instincts, passions, raison, entrent en convergence, ce qui nécessite du reste une soumission de tout l'être à une intention spirituelle, reconnue ou non. Et c'est ici, sans doute, que le christianisme du père Gagnon peut gêner le lecteur actuel alors que les premiers lecteurs, ou les auditeurs de la radio, étaient surtout sensibles aux aspects libérateurs de sa pensée. Le père Gagnon ne conçoit pas d'accomplissement humain qui ne soit, en même temps, un accomplissement d'ordre religieux. Au sujet de l'œuvre d'art, il écrit qu'«elle ne se suffit pas à elle-même» et que son «expression définitive est liée à l'ensemble du cosmos dont la géométrie suprême et les nombres rigoureux l'articulent aux rythmes pléniers du Verbe créateur» (p. 98). Après un magnifique éloge des hymnes de la Rig-Védas, dans le chapitre consacré à «L'Inde: terre de symboles», l'essayiste se sent tenu de souligner ce qui manque à «l'âme hindoue», la reconnaissance du «Dieu incarné» sans laquelle elle est «immobile et debout au cœur du Vide, dans une faim sans cesse grandissante, dans une lumière qui l'aveugle, désaxée au centre d'un tout irréel, qui veille, attentive et fervente devant le Rien» (p. 124). Souvenons-nous ici des rédacteurs de *La Relève* à qui on a pu justement reprocher leur méconnaissance des problèmes économiques et sociaux, eux qui ramenaient la crise des années trente à une question de malaise spirituel. De même, il serait tentant de faire observer au père Gagnon que la «faim sans cesse grandissante» de l'Inde n'est peut-être pas avant tout celle d'un Dieu incarné, mais de pain, de pain réel, non symbolique...

Au reste, le père Gagnon n'ignore pas le sens négatif du mot *symbolique*. Il écrit que le mystique hindou «ne confère aux choses qu'une valeur de symbole» et que, rejetant la matière, il ne saurait atteindre le réel. Le vrai symbole assume le monde dans sa matérialité et le conjoint à l'esprit dans la vérité du Verbe.

L'homme authentique, comme le montre l'échec de la pensée hindoue, est un homme pour qui le corps existe. Rien n'est plus néfaste, pour soi et pour autrui, qu'une pensée désincarnée. La reconnaissance du corps suppose, au XXe siècle, celle de l'inconscient tel que la psychanalyse l'a révélé, donc de puissances, en soi, étrangères à la volonté et à la raison et capables de les déjouer. Bien entendu, on ne trouve pas, dans *L'Homme d'ici*, de profession de foi freudienne, et les concepts de libido ou de pulsions n'y apparaissent pas. On en trouve cependant un équivalent partiel dans la notion d'*instincts*, qui présente l'avantage de se rattacher à une tradition de pensée moins compromettante. L'enfant, dira volontiers le père Gagnon, est un «paquet d'instincts», conception démystifiante qui rejoint celle de la psychanalyse pour qui l'enfant est un pervers polymorphe. Et l'adulte doit continuer d'accueillir «sa nuit intérieure», c'est-à-dire «l'opacité de son corps matériel où sont logés, comme dans un lieu impénétrable et sacré, chacun de ses instincts» (p. 59). Instincts que «l'intelligence devra, non [...] exorciser, mais [...] comprendre et [...] sanctifier dans un juste jeu de liberté et d'intégration, de nature et de grâce» (p. 59). Les images que l'intelligence enfantine arrache à la nuit où elle baigne, et qui conservent quelque chose de ces ténèbres, deviendront les symboles recteurs de toute une vie d'homme. Aucune maturité n'est possible sans un équilibre de l'intelligence et de nos «facultés noires» (chapitre III), sans le dialogue en soi du jour et de la nuit:

> Le mépris des passions étouffées par une moralité infantile, aura introduit chez le faux adulte un dualisme profond: d'une part, la nature, le corps, les passions et le monde niés globalement et rejetés comme dangereux. De l'autre, l'esprit (c'est-à-dire le sien), sa foi artificielle, sa morale infantile et Dieu (c'est-à-dire le sien). Alors que la grande réalité, la réalité émouvante, la sainte réalité de Dieu, celle qu'il a voulue et pour Lui et pour nous, est une réalité d'amour. (p. 37)

On ne peut s'empêcher de retrouver, dans cette description du dualisme, une problématique chère aux écrivains du groupe de *La Relève*. On sait jusqu'à quel point Saint-Denys Garneau a souffert de la dissociation entre le corps et l'esprit («Un bon coup de guillotine / Pour accentuer les distances // Je place ma tête sur la cheminée / Et le reste vaque à ses affaires[1]»); et Robert Élie, qui s'insurge, dans ses essais, contre le dualisme, écrit *La Fin des songes* où le personnage,

---

1. *Poésies complètes*, Montréal, Fides, «Nénuphar», p. 161. On lira aussi le commentaire que l'auteur fait de son poème dans son *Journal* (dans *Œuvres*, éd. critique par J. Brault et B. Lacroix, Montréal, Presses de l'Université de Montréal, 1971, p. 561). On y lit: «À travers ma vie, l'impression que l'innocence était refoulée de plus en plus de bas en haut. Un désir en même temps de n'avoir rien à faire avec la partie corrompue [...]. Ainsi, durant l'adolescence, une sorte de désir que mon corps finisse à la ceinture.»

Marcel, se hait et se méprise dans son physique disgracieux, et se suicide d'horreur après avoir osé tromper sa femme... La condamnation théorique du dualisme est chose plus aisée que son élimination de fait. Les séquelles affectives d'une éducation morbide persistent longtemps après que l'esprit s'est avisé des solutions. Quoi qu'il en soit, Ernest Gagnon est, avec Jean Le Moyne, un des dénonciateurs les plus ardents de ce que ce dernier qualifie d'«hérésie fondamentale» et de «névrose planétaire[1]».

Le dualisme, pour le père Gagnon, a partie liée avec deux autres défauts, qui n'en sont peut-être que des modalités particulières. L'un est l'infantilisme, qui se traduit par la recherche d'une morale tout extérieure, faite de négations et d'interdits, et par une attitude globaliste sur les plans intellectuel et affectif. Et ce mal est fort répandu dans notre peuple. Tout se passe comme si les Canadiens français, isolés, abandonnés, restaient fixés à quelque stade archaïque du développement de leur personnalité collective. Le monde grouillant des «instincts» est brutalement confronté à la loi morale, défendue par une «Église juriste et surveillante», véritable «gendarmerie de la faute» (p. 138-139) — sans la médiation de la vie intérieure (ou de l'*expérience*), seule capable d'introduire, en relation avec le réel, la «différenciation» nécessaire. La vie intérieure est médiatrice en cela qu'elle conjugue, justement, l'action de l'intelligence et des sens: «[...] l'intelligence ne croît, ne s'approfondit, ne demeure dans le vrai que dans la proportion où elle échange avec des sens de plus en plus sensibles et diversifiés au contact du réel» (p. 42). Et c'est pourquoi le corps est le «purificateur de l'esprit» (titre du chapitre II). L'adulte affine son savoir en le vivant concrètement. L'adolescent, lui, vit d'abstractions... et beaucoup de penseurs sont des adolescents qui s'ignorent, tentés qu'ils sont par «l'angélisme, la désincarnation, les paroles vaines, les doctrinaires affirmations sans portée» (p. 45).

L'autre défaut est le narcissisme, où l'on peut voir la contrefaçon par excellence de la vie intérieure mais aussi, sans doute, le danger qui la guette le plus. En effet, comment l'homme à l'écoute des profon-

---

1. Jean Le Moyne, *Convergences*, Montréal, HMH, 1961, p. 55. L'essai, intitulé «L'atmosphère religieuse au Canada français (Esquisse et notes)», est de 1951. Il est donc contemporain de *L'Homme d'ici*. Plusieurs années plus tard, Fernand Ouellette reprendra la dénonciation du dualisme dans un témoignage intitulé «La poésie dans ma vie» (1963), dans *Les Actes retrouvés*, Montréal, HMH, «Constantes» (n° 24), 1970, en particulier aux pages 14, 15, 18 et 19.

deurs de soi évitera-t-il le piège de l'introversion? Comment ne se coupera-t-il pas du monde et des autres? La distinction entre l'homme de là et l'homme d'ici ressemble fort à cette autre que propose le père Gagnon entre *le monde du présent* et *le monde du passé*. L'un est «celui où j'ai décidé de faire telle chose et où je l'exécute» (p. 104). C'est le monde de l'action, «sans mystère» et «sans problème». L'autre est le monde du souvenir:

> Monde des souvenirs où jamais aucune décision n'existe sans poser tout à côté le problème qui l'a provoqué [sic], et tous les antécédents de chaque problème avec chacune des conséquences et toutes les répercussions possibles et les personnes aimées ou haïes qui furent atteintes. Un tout coexiste, vivant, présent, offrant tour à tour à l'esprit et au cœur chacun de ses visages tour à tour attirants ou répulsifs. (p. 104-105)

Le voilà bien, le monde de la subjectivité plénière, de la totale immanence à soi où le réel retourne à l'état de virtualité, où «rien n'est jamais définitif» et «où rien n'est jamais aboli» (p. 105), monde où l'acte n'est qu'anticipation ou souvenir de lui-même, c'est-à-dire possible parmi les possibles. L'homme d'ici risque fort de s'y enfermer et de s'en satisfaire. Les romans de Robert Élie, en tout cas, sont fondés sur cette distinction entre l'homme d'action, superficiel mais heureux, et l'homme de réflexion, qui savoure les ténèbres d'une vie intérieure complexe, dont le sentiment de l'échec est la pièce de résistance. Même polarité chez les personnages d'*Une maison... un jour...* de Françoise Loranger (née en 1913...). Au fil des années, le père Gagnon deviendra de plus en plus conscient du danger du narcissisme, peut-être au contact d'auditoires nouveaux, moins aliénés par un catholicisme dogmatique et davantage séduits par les sirènes littéraires de la solitude et du désespoir.

Il va de soi que le passage du moi à l'autre, pour le chrétien fervent qu'est le père Gagnon, se prolonge nécessairement dans le passage à l'Autre, à la Présence divine (*cf.* p. 81). La vie béatifique permettra de réaliser ce beau rêve — la fusion du moi et de l'autre, de tous les autres: «Être ainsi soi-même et tout le genre humain à la fois. Être ainsi soi-même et tout le ciel à la fois.» (p. 86)

L'essai du père Gagnon représente un jalon important dans l'évolution de la pensée au Québec. Il s'agit d'une réflexion de moraliste, d'abord et avant tout, puisqu'elle réclame inlassablement un dépassement de la connaissance au profit de la maturité affective et spirituelle. On pourrait y voir une forme supérieure de prédication, habile à subordonner des savoirs de toute sorte à une intention idéologique sincère et, au moins en partie, démystificatrice. Ainsi il y a du vrai dans le rejet du cartésianisme, qui fait violence au réel, même si l'auteur y voit, avec un peu trop de zèle, la «longue apostasie dans l'orgueil qui a mis, par une fausse clarté, l'intelligence en état de péché depuis trois siècles» (p. 61). Certaines pages annoncent les percutantes analyses de McLuhan: «À peine né, le XVIe siècle fut aussitôt vêtu d'une chemise de papier imprimerie, invention récente et très à la mode. On le coucha sur une épaisseur de papier buvard: il était né dans une bibliothèque.» (p. 47) D'autres pages, par l'ampleur et la profondeur du lyrisme, font penser à Rina Lasnier: «La mer est soumise aux étoiles. Par-delà tout souvenir accessible, c'est au sein de ce firmament noir que se logent, effacées mais lumineuses, anéanties mais présentes, les étoiles initiales et souveraines de nos trajectoires intérieures.» (p. 106-107) La poésie de nombreux passages, la clairvoyance prophétique de certains aperçus conservent, au texte, beaucoup d'intérêt.

D'autre part, le père Gagnon appartient, comme j'ai tenté de le montrer, à une génération qui a tout misé sur la vie intérieure, et cela à une époque où le Québec se mourait doucement de la possession tranquille de la vérité, et où l'Histoire pointait ses lourds béliers contre les portes de la cité. Il y avait de quoi être inquiet, et demander à Dieu de révéler un autre visage, non plus celui de la justice mais de l'amour: il saurait peut-être, celui-là, apitoyer l'intruse... L'Histoire, on le sait, fut sévère. Le jeune lecteur d'aujourd'hui pénètre difficilement dans la problématique à la fois trop subjective et trop religieuse des écrivains de *La Relève* et des esprits apparentés. Sans doute, le génie narratif d'un Bernanos fait-il qu'on relit avec plaisir des romans comme *La Joie* et *Sous le soleil de Satan* (auxquels on doit plusieurs personnages de prêtre dans notre roman des années cinquante...). Mais l'époque où l'on méditait sur la grâce et sur les dangers de l'intelligence est passée, bien passée. L'exemple de l'abbé Cénabre ne trouble plus le sommeil de nos intellectuels. Son fantôme hante l'un des grands cimetières sous la lune...

Juin 1979

La critique face à elle-même
ou
heurs et malheurs de Sophie Todorov

Face à elle-même, la critique est toujours un peu mal à l'aise. Par vocation, elle s'installe plutôt devant une œuvre, un texte fort, plein, dont elle détaille les mérites et cherche à découvrir le beau secret. À l'instar des miroirs de qualité, elle se fait alors très fidèle, très attentive à tout comprendre, tout refléter, à ne rien déformer. Ce dévouement, je dirais même cette *dévotion* à l'autrui, fait sa force. Elle est comme le pour-soi de Sartre face à l'en-soi, le néant face à l'être. Elle se fait rien pour être tout. Qu'on lui demande d'accomplir un retour sur soi et le vertige, aussitôt, se déclare. Quand ce n'est le vertige, c'est l'injure. La critique ressemble à cette reine orgueilleuse à qui son miroir dit: «Blanche-Neige est la plus belle.» Blanche-Neige, c'est l'ineffable créateur, invétéré mangeur de pommes empoisonnées; c'est ce malheureux que la reine, déguisée en sorcière, expédie au pays des rêves. Face à elle-même, la critique prend volontiers conscience de son essentielle méchanceté, et de son indignité. Mais c'est là chose trop connue, et je vous en fais grâce. Je préfère adoucir mon propos, passer des frères Grimm à la comtesse de Ségur, et vous entretenir plutôt de quelques bonheurs et malheurs récents de la critique.

Ces bonheurs et ces malheurs sont souvent liés. Par exemple, dans la critique dite universitaire, on a vu défiler, au cours des quarante dernières années, un grand nombre de mouvements, de tendances, de crédos qui ont suscité d'acerbes polémiques, surtout chez les épigones des grands et petits maîtres qui se sont succédé. La critique a vécu de secousse en secousse, dans un état de crise perpétuelle. *Crise* et *critique*, ces mots d'ailleurs s'appellent l'un l'autre, retrouvant, dans le cauchemar étymologique, la même racine *Kri* qui signifie choisir, trier. Eh bien, ce tohu-bohu a quelque chose de réjouissant puisqu'il a vu naître bon nombre de concepts, de théories, de perspectives utiles pour l'analyse. Mais en même temps, toute cette fébrilité, ce privilège consenti à la mode, cette exacerbation de la polémique ont entraîné une rapide disqualification des divers courants, et finalement, c'est peut-être bien *la* critique moderne dans son ensemble qui a perdu une partie de son lustre. De là le retour quelque peu hypocrite aux méthodes éprouvées de la recherche érudite et philologique, sous le nom pompeux de la critique génétique ou de la textologie.

Tout de même, depuis le début des années quatre-vingt, un climat d'une relative sérénité s'est établi dans les études littéraires, comme, du reste, dans la littérature elle-même et dans les arts en général. Au modernisme des écrivains, ceux du Nouveau Roman ou de Tel Quel, qui prétendait faire place nette et disqualifier globalement une encombrante tradition, proposant des œuvres de plus en plus originales et «illisibles» et qui s'excluaient du même coup de la communication littéraire, succède un post-modernisme impossible à définir, mais qui autorise beaucoup de choses. Après l'interdiction d'interdire, voici la permission de permettre, et les terroristes d'hier se réincarnent en douce dans les bons papas d'aujourd'hui, à peine marxistes ou délicieusement catholiques.

En critique, il redevient possible d'éviter les jargons lourds, ceux de la sémiotique dérivés des différents courants de la linguistique, ou cet élitiste charabia qui combine les obscurités de Lacan et de Derrida. Il est de nouveau possible de parler, à propos du récit, de retour en arrière plutôt que d'analepse, de bond en avant plutôt que de prolepse. Il reste que Genette aura apporté une salutaire attention aux techniques de la narration et à ces «figures du récit» qui les matérialisent. Les perspectives de Barthes, moins scolaires, restent une inspiration pour la critique d'aujourd'hui, survivant à l'état d'urgence où elles se sont développées et à la faveur duquel le zèle des acolytes les a brutalement imposées.

Une question se pose: comment la critique universitaire, débarrassée de son jargon, se distinguera-t-elle de la critique de journal, qui prétend livrer des impressions de lecture plutôt que des analyses détaillées? Et ces analyses, au fait, comment le critique universitaire les mènera-t-il sans le support d'une langue spéciale, seule capable de construire un objet précis et de conduire à des découvertes rigoureuses? On s'en rend compte aujourd'hui: les problématiques très spécialisées de la critique moderne, dont on voit bien les inconvénients, avaient aussi leurs avantages. L'inconvénient majeur, à mon avis, c'est la polémique qu'elles soulevaient immanquablement, en vertu de leurs ambitions totalitaires. Mais il y avait l'avantage d'engager le critique dans une aventure intellectuelle somptueuse, exigeante et, à certains égards, fort gratifiante. Cependant cette aventure était solitaire, rejoignait un public restreint et, en quelque sorte, sectaire, c'est-à-dire gagné d'avance à un certain langage, une certaine façon de poser les questions et d'y répondre. On était althussérien, derridien, lacanien, greimassien, kristevien, et j'en passe — ou on n'était rien du tout. Aujourd'hui, on est beaucoup moins disciple ou sectaire, mais on est quoi?

Eh bien, on est encore un peu tout cela, mais de façon plus souple, moins dogmatique. Et puis, on se rabat sur les tâches utiles, qu'on essaie de rendre plus glorieuses en y investissant partiellement les préoccupations de naguère. On s'intéresse aux manuscrits, aux différentes versions des œuvres, en sachant bien que la version définitive est la seule valable, mais on essaie de voir par quels chemins elle en est venue à se fixer — et puis, il y a tout de même, dans nos sociétés en mutation, un privilège du mouvant sur le fixe. On raffole des failles, on découvre avec joie que *La Recherche du temps perdu* pourrait n'être pas ce texte définitif qu'on a prétendu, que des leçons jusqu'ici inédites ébranlent nos certitudes, et alors quel régal, quel vertige!

Oui, on est toujours encore un peu disciple de Barthes, de Genette, de Gilbert Durand, de Greimas, de Kristeva, de Lacan, de Bakhtine; de l'un ou l'autre ou de plusieurs ensemble. Il le faut bien; sinon, que deviendrait la Recherche?

La Recherche, c'est cette institution universitaire qui, à mon avis, cause le plus grand tort à la critique en l'obligeant à renier sa vocation proprement littéraire au profit d'une orthodoxie pseudo-scientifique.

On sait quelle formidable machine représente la recherche universitaire. Les professeurs d'université, en plus de leur enseignement, doivent «faire de la recherche» c'est-à-dire obtenir, des différents organismes fédéraux ou provinciaux, des subventions; ces subventions permettent à un professeur ou, de préférence, à une équipe composée de professeurs et d'étudiants, de travailler sur un projet donné. De cette façon, les chercheurs contribuent au financement des études supérieures, et l'administration universitaire voit d'un très mauvais œil les professeurs qui ne participent pas à l'opération.

Or, si la recherche subventionnée est une pratique normale et souhaitable dans le domaine scientifique — d'ailleurs, tout le protocole de la recherche est issu directement de ce secteur —, on peut douter de sa pertinence dans de nombreux secteurs des sciences humaines, et en particulier des études littéraires.

Certes, il y a des projets, des entreprises qui sont utiles et qui s'accommodent fort bien du système actuel. Je pense à la mise sur pied d'instruments de travail comme le *Dictionnaire des œuvres*, les manuels d'histoire littéraire, les guides bibliographiques, les éditions critiques, tout ce qui relève de l'érudition et qui peut, qui doit même être accompli en équipe. Cependant, reconnaissons que ces travaux, pour nécessaires qu'ils soient, relèvent davantage de la vulgarisation que de la recherche proprement dite. Ou alors, ils portent sur des sujets si spécialisés qu'ils perdent souvent toute justification ou toute pertinence. En histoire littéraire, se spécialiser, c'est délaisser Racine pour Campistron, et troquer la lanterne pour la vessie.

La véritable recherche en critique, c'est celle qui, par l'écriture, s'associe au mouvement créateur de l'œuvre littéraire et le met en rapport avec le savoir. Elle ne plaque pas des grilles toutes faites, celles de la linguistique, de la psychanalyse ou de la sociologie sur le texte ainsi réduit à la dimension de document; mais elle invente son objet dans le *sens* où lui-même invente le monde et le savoir; elle réinvente tout le champ de la connaissance à la lumière du poème ou du roman qui aime, qui désespère ou qui s'insurge. L'œuvre refait, de mots, la vérité de ce qui vit, et la critique tente d'ajuster à ce frémissement les schèmes d'une compréhension en droit indéfinie. L'écriture seule sauve alors la critique du désastre auquel l'expose l'insuffisance de ses moyens.

Eh bien, cette critique-écriture est peut-être menacée de disparition, tant sévit cette dégradation de la recherche que représente la recherche subventionnée. Pourtant, et fort heureusement, plusieurs parutions récentes sont des apports remarquables à la critique du meilleur aloi: *Écrire dans la maison du père*, de Patricia Smart; *Stratégies du vertige*, de Louise Dupré; *L'Écologie du réel*, de Pierre Nepveu et *Littérature et circonstances*, de Gilles Marcotte, pour ne nommer que ceux-là, sont autant de démentis à mes propos pessimistes.

Ce pessimisme, qui est un vilain trait de caractère, me souffle aussi à l'oreille que les jeunes Québécois ne lisent plus guère; que la littérature locale, pourtant pleine de vitalité si on fait le bilan des parutions intéressantes dans tous les domaines, finira bien par ressentir le contre-coup de cette désaffection, à commencer par les genres les plus vulnérables. Quand tout l'intérêt se porte vers les romans les plus faciles, qu'advient-il de la critique? Comment peut-elle espérer rejoindre l'honnête homme, le public cultivé, alors que celui-ci depuis longtemps s'est dissous dans les acidités de la spécialisation? On sait maintenant que la culture générale n'existe plus, et que la littérature ne s'enseigne plus vraiment, comme le droit ou la médecine, qu'au niveau universitaire. Cette situation est préoccupante, pour le critique qui croit à la réflexion personnelle sur les œuvres — à une époque où les étudiants ont plutôt le réflexe de réduire celles-ci à un phénomène d'information, qui éveille en eux l'unique souci de la documentation.

Voilà, brièvement évoqués, quelques aspects, heureux et malheureux, relatifs à la situation présente de la critique. Je les ai évoqués avec un certain détachement parce que, comme tout critique qui se respecte, j'aspire à trahir ma vocation et espère me réincarner quelque jour sous les traits d'un poète ou, comme on dit, d'un créateur. Peut-être est-ce un effet des temps présents où l'érudition, subventionnée ou pas, occupe de nouveau, après une longue éclipse, une part fort considérable de la scène critique.

Novembre 1989

Note bibliographique

La conférence intitulée «Le travail de la lecture» fut prononcée à Rimouski en septembre 1985, dans le cadre d'un colloque «réseau» de l'Université du Québec. A. J. Greimas était l'invité principal. Le texte paraît ici pour la première fois.

Tous les autres textes ici réunis ont déjà été publiés:

«Ébauche d'une rhétorique de *La Malemer*», Paris, *les Pharaons,* n° 55, automne 1974, p. 42-53.

«Absence de Rina Lasnier», *Voix et images,* Vol. I, n° 2, décembre 1975, p. 173-181.

«Rina Lasnier miniature», sous le titre: «De menues échappées», dans *Rina Lasnier ou le langage des sources,* Estuaire/Écrits des Forges, 1988, p. 29-37.

«Lettre sur la lettre en poésie. Rhétorique de Claude Gauvreau», dans *Collages,* Paris, *Revue d'esthétique,* Coll. 10/18, 1978, p. 132-149.

«Paul Chamberland: une poésie engagée», préface à *Terre Québec* suivi de *L'afficheur hurle* et de *L'Inavouable,* de Paul Chamberland, l'Hexagone, Typo, 1986, p. 7-18.

«Fernand Ouellette, ou le centre est partout», compte rendu de *Ici, ailleurs, la lumière,* de Fernand Ouellette, dans *Livres et auteurs québécois 1977,* p. 127-130.

«Michel van Schendel, poète de combat», *Voix et images,* Vol. XI, n° 2, hiver 1986, p. 220-227.

«La ville / pour une utopie de l'actuel» (sur un poème de Claude Beausoleil), *Estuaire*, n° 39, 1985, p. 41-45.

«Julien Bigras: *L'Enfant dans le grenier*», *Voix et images*, Vol. II, n° 1, septembre 1976, p. 119-123.

«La critique interminable» (sur *L'Enfant dans le grenier*, de Julien Bigras), *Interprétations*, n° 21, 1978, p. 103-115.

«L'inceste, *of course*», compte rendu de *Kati, of course*, de Julien Bigras, dans *Livres et auteurs québécois 1980*, p. 28-30.

«Féminin pluriel», compte rendu des *Nuits de l'Underground*, de Marie-Claire Blais, dans *Livres et auteurs québécois 1978*, p. 30-33.

«Les oiseaux du sabbat», compte rendu des *Fous de Bassan*, d'Anne Hébert, dans *Livres et auteurs québécois 1982*, p. 54-56.

«Vie de Momo», compte rendu de *L'Épouvantail*, d'André Major, *Livres et auteurs québécois 1974*, p. 23-26.

«La poésie dans la prose, ou le clochard illuminé» (sur *Agonie*, de Jacques Brault), *Voix et images*, Vol. XII, n° 2, hiver 1987, p. 212-221.

«*La Quête de l'ourse*: métaphore et retardement», *Études littéraires*, Vol. XXI, n° 1, printemps-été 1988, p. 121-132.

«Le schème organisateur chez Gabrielle Roy», *Voix et images*, n° 42, printemps 1989, p. 414-422.

«*Poussière sur la ville* au cinéma», sous le titre: «Le destin n'était pas au rendez-vous», *Revue d'histoire littéraire du Québec et du Canada français*, n° 11, hiver-printemps 1986, p. 57-64.

«Ernest Gagnon, penseur de la vie intérieure», dans *L'Essai et la prose d'idées au Québec*, Archives des lettres canadiennes, Fides, 1985, p. 653-661.

«La critique face à elle-même, ou heurs et malheurs de Sophie Todorov», *Écrits du Canada français*, n° 70, 1990, p. 58-65.

Table

Cet ouvrage composé en times corps 11 sur 13
a été achevé d'imprimer sur les presses
de l'imprimerie Gagné à Louiseville
en janvier mil neuf cent quatre-vingt-douze
pour le compte des Éditions
de l'Hexagone.

Imprimé au Québec (Canada)